DERNIER MOT DES PROPHÉTIES

Deuxième partie inédite.

# LA PROPHÉTIE
## DES PONTIFES ROMAINS

Texte, explication depuis Célestin II (1143), jusqu'à la fin du monde, avec notes, avertissements, introduction, discours sur la prophétie en général,

**LA VIE DE SAINT MALACHIE**,

DES OBSERVATIONS SUR LA PROPHÉTIE DU PRIMAT D'IRLANDE

et une dissertation sur la fin du monde.

TRADUIT DE L'ITALIEN

*suivent plus de 200 textes sur les temps présents, parmi lesquels les prédictions complètes de la*

**V. ANNA-MARIA TAÏGI**

LE VÉRITABLE SECRET DE

**MÉLANIE (de la Salette)**

et beaucoup d'autres révélations du plus grand intérêt, etc.,

avec un discours sur la proximité des évènements prochains

ET LA GRANDE RÉNOVATION SOCIALE

d'après des prophéties contemporaines

PAR

## ADRIEN PELADAN

chevalier de Saint-Sylvestre, de l'académie des Arcades, etc.,
**HONORÉ DE PLUSIEURS BREFS DE S. S. PIE IX**

**Prix : 2 francs 50 c.** *(franco-poste).*

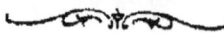

### NIMES
CHEZ L'AUTEUR
rue de la Vierge, 10
1880

Droits réservés.

# DERNIER MOT

### DES

# PROPHÉTIES

---

### Deuxième partie inédite

---

DERNIER MOT DES PROPHÉTIES
Deuxième partie inédite

# LA PROPHÉTIE
## DES PONTIFES ROMAINS

Texte, explication depuis Célestin II (1143), jusqu'à la fin du monde, avec notes, avertissements, introduction, discours sur la prophétie en général,

**LA VIE DE SAINT MALACHIE;**
des observations sur la
**PROPHÉTIE DU PRIMAT D'IRLANDE**
et une dissertation sur la fin du monde,
TRADUIT DE L'ITALIEN

Suivent plus de 200 *textes sur les temps présents, parmi lesquels les prédictions complètes de la*

**V. ANNA-MARIA TAÏGI,**
Le véritable secret de
**MÉLANIE (de la Salette),**
et beaucoup d'autres révélations du plus grand intérêt, etc.
AVEC UN DISCOURS SUR LA PROXIMITÉ DES ÉVÉNEMENTS
ET LA GRANDE RÉNOVATION SOCIALE
D'APRÈS DES PROPHÉTIES CONTEMPORAINES,

PAR
ADRIEN PELADAN
chevalier de St-Sylvestre, de l'académie des Arcades, etc.
HONORÉ DE PLUSIEURS BREFS DE S. S. PIE IX

**PRIX : 2 fr. 50 c.** *(franco-poste)*

NIMES
CHEZ L'AUTEUR,
rue de la Vierge, 10,
1880.
—
Droits réservés.

Roanne. — Imp. É. FFRLAY.

# AVERTISSEMENT

La *Prophétie des Souverains-Pontifes romains*, expliquée et commentée, fut publiée en 1794, à Ferrare, par un esprit élevé, avec permission des supérieurs. Ce sont les 112 symboles latins attribués à saint Malachie, archevêque d'Armach, en Irlande, au XIe siècle, correspondant à pareil nombre de Papes, qui, d'après le document révélateur, mènent à la fin des temps.

Ce précieux écrit, que nous avons traduit de l'italien, imprimé en des jours agités, est rare au-delà des monts et n'est pas connu en France. Nous n'en avions jamais entendu parler nous-même et pas un recueil prophétique ne l'a encore signalé. Il aura donc tout l'intérêt de la nouveauté. La Prophétie elle-même, c'est-à-dire les symboles en latin, d'une ligne chacun, auront paru pour la première fois dans notre langue, et à plus forte raison l'interprétation successive, avec les discours qui la précèdent ou la suivent.

Ces pages mémorables, entièrement inédites pour la France, sont donc de nature à attirer l'attention des érudits et du public religieux. Elles contiennent, indépendamment des vaticinations commentées, la chronologie, des synchronismes et un abrégé substantiel de l'histoire du souverain pontificat, depuis la fin du onzième siècle.

Un manuscrit de l'auteur ferrarais, soudé à l'exemplaire qui nous est si heureusement échu, et que nous estimons celui-là même du commentateur, nous conduit jusqu'en 1823, date de la mort de Pie VII. Pour Léon XII, Pie VIII, Grégoire XVI, Pie IX, Léon XIII, papes contemporains, nous avons recueilli ou recherché ce qui a trait à leurs symboles respectifs. Quant à leur règne et en particulier à celui du Pontife Saint, qui doit porter le trirègne en même temps que le Grand Monarque promis à la France et au monde, nous laissons la parole aux prophètes contemporains, nous voulons dire les âmes privilégiées que l'Eglise honore déjà d'un culte ou dont elle considère les paroles comme pouvant être l'objet d'une croyance humaine et ne contenant rien de contraire à la foi catholique.

A ce propos, nous déclarons nous conformer dans ce volume comme dans tous nos ouvrages, au décret de saint Pie V et aux décisions du Concile de Trente et de celui du Vatican, sur les ouvrages traitant de matières religieuses, et nous nous soumettons d'avance aux rectifications que pourraient ultérieurement demander le Saint-Siége, s'il avait à rencontrer dans ces pages quelque chose qui ne serait pas absolument conforme à son esprit.

Relativement aux Papes de la prophétie, conduisant de nos jours à ceux de l'Ante-Christ, nous expliquons de notre mieux les symboles qui les concernent, et nous n'écartons qu'avec prudence les voiles mystérieux de l'avenir.

Tel est, en quelques mots, cet *avertissement au lecteur*. Ce volume fait suite à notre *Dernier Mot des prophéties* ; les deux recueils, bien que se complétant réciproquement, conservent cependant chacun le caractère qui lui est propre.

Adrien PELADAN.

# INTRODUCTION

Il y a déjà deux siècles (en 1794) que la Prophétie des Papes a été publiée. Dès qu'elle parut, elle rencontra un fort parti de contradicteurs, qui firent tous leurs efforts pour la discréditer et l'avilir. Les tentatives de ceux qui la défendirent ne furent pas moins vigoureuses ; animés par l'esprit de piété ou par trop de crédulité, ils se vouèrent à la défendre, à la soutenir ; au point que l'on peut dire avec raison, que le crédit de cette prédiction se maintint dans un certain équilibre au point de tenir en suspens le jugement des personnes éclairées de cette époque. En la voyant ainsi défendue avec louange et admiration par des hommes recommandables par leur sagesse et leur doctrine, il faut reconnaître qu'il n'a pas été toujours fait alors un aussi bon usage de la critique qu'il l'aurait fallu. Le temps qui, en avançant, calme la fièvre des partis, finit par amener le moment où il ne reste plus debout que les questions garanties par l'évidence et la vérité, sans que la discussion puisse se prolonger. La Prophétie, en subissant les démentis des uns, les affirmations des autres, est arrivée à conserver l'estime dont elle a d'abord joui, et a été considérée comme une de celles qui, sans préjudice de la foi chrétienne, sont réputées comme vraies.

Est-elle réellement telle ? C'est ce que nous entreprenons d'examiner. Personne jusqu'à présent ne l'a fait, et il serait bien difficile de se former un jugement droit sur ce point, alors même que l'on se résoudrait à supporter l'ennui de lire les écrits de tous ceux qui ont parlé pour ou contre. Les uns semblent avoir exposé et élucidé la question avec une telle apparence d'énergie et de rectitude, qu'on n'hésiterait pas à y voir un véritable oracle, une merveilleuse vaticination. Et pourtant la majeure partie de leurs arguments se rattache à des dates fausses, à de puériles conjectures. D'autres y ont mis tant de confusion et l'ont tellement dépréciée, qu'à leur sens, elle n'est autre chose qu'une solennelle imposture. Et pourtant beaucoup de leurs raisons contradictoires sont totalement erronnées et n'ont aucunement le poids qu'elles affectent. A ce propos donc, nous voulons placer la Prophétie à son vrai point de vue, de manière que chacun puisse par lui-même juger de sa valeur ; en outre, comme elle est devenue assez rare, nous croyons être agréable au public en la reproduisant.

Voici le plan que nous nous sommes proposé dans ce travail : Il sera précédé d'un aperçu sur la prophétie en général. Afin de pouvoir avec plus de facilité et de précision former q[uelques] raisonnements sur celle-ci, il sera nécessaire de présenter [un] exposé de principes et de règles, lesquels étant appliqu[és à] leur sens réel, applaniront une grande partie des diffic[ultés qui] pourraient se présenter.

Suivra en même temps une vie sommaire de St. Malachie, archevêque et primat d'Irlande, considéré comme étant l'auteur de cette Prophétie. Nous devons avertir qu'ici nous sommes entièrement privé de documents, pour la pouvoir attribuer à une personne déterminée : en agissant de la sorte, nous entendons ne rien avancer que ce qu'a dit la tradition, laquelle nous a transmis la Prophétie avec le nom du Saint loué ci-dessus. Cette affirmation n'est pas hors de propos, parce que ceux qui prétendent déduire l'origine de la vaticination du nom respectable qu'elle porte au frontispice, peuvent aussi bien se méprendre que ceux qui prétendent conclure à la fausseté de l'incertitude de son auteur. Ce n'est pas le titre ou le nom qui constitue le prix d'une chose quelconque, mais sa valeur intrinsèque : c'est ainsi que les dates incertaines ne sont en rien préjudiciables aux auteurs, quant à l'authenticité et à l'autorité auxquelles leurs livres ont réellement droit.

Après cela, nous passerons à l'explication des Symboles de la Prophétie, depuis son commencement jusqu'à nos jours. S'est-elle vérifiée toujours et entièrement ? N'a-t-elle jamais été détournée de la simplicité du texte pour lui faire dire autre chose que ce qu'elle contient ? N'y a-t-il rien à reprocher à ceux qui l'ont interprêtée avant nous ? Ce sont autant de questions auxquelles nous satisfaisons dans la série des explications que nous donnerons des Symboles. Nous avons pour unique objet la vérité; rien ne sera omis, rien ne sera dissimulé de tout ce qui a été énoncé en faveur ou au préjudice de la vaticination. Pour rendre, en outre, plus intéressante l'énumération chronologique des Pontifes contemplés dans leurs symboles respectifs, nous avons cru bon d'y annexer des notices historiques, qui conservent un étroit rapport avec l'histoire de l'Eglise, laquelle est le but de la Prophétie elle-même : ainsi, par exemple, la série des Conciles généraux, la succession des empereurs, la fondation des Ordres, et quelques autres faits singuliers, qui nous semblent dignes de la curiosité publique.

Le jugement à se former sur cette Prophétie doit absolument résulter de l'issue qu'elle a eue. Cela conduit à la double et simple exposition des symboles qui la composent : il n'est pas besoin d'autre chose pour décider de chacun de leurs caractères. Et afin que rien ne manque à l'accomplissement de notre tâche, nous présenterons encore un examen particulier des objections qui ont été faites contre la Prophétie.

Nous traiterons finalement une question qui peut être prise comme le corollaire de la Prophétie des Papes; question utile et intéressante ; celle de la fin du monde. D'après le dernier symbole, qui semble annoncer ce terrible et inévitable événement, un petit nombre de Pontifes doivent encore régner, et cet objet intéresse trop les hommes, curieux outre mesure et avides de pénétrer les secrets de l'avenir, pour ne pas effectuer des recherches profondes, dont la conséquence soit de s'écrier : *Donc le monde est proche de sa fin.* A cet effet, vénérant avec le plus sincère attachement les oracles infaillibles de l'Esprit-Saint, nous parlerons sur ce point délicat autant que cela est permis, et nous ferons en sorte que celui qui entreprendra la lecture de cette prophétie, ne puisse en inférer des propositions fausses et dangereuses. Les divines Ecritures, les Pères de l'Eglise, les plus éminents docteurs nous serviront de guides ; c'est là que s'éclaireront elles-mêmes nos propres réflexions.

Voilà ce qui doit composer ce travail. Deux seuls avertissements restent à être donnés : le premier, que lorsque nous en serons à dire que nous nous en rapportons au jugement de la sainte Eglise Romaine, nous protesterons que, quelle que soit l'apparente dissemblance avec ses inviolables enseignements et décrets, ils sont par nous tenus pour tels, et par conséquent désavoués et rectifiés. En second lieu, que nul ne s'imagine que nous ayons entrepris cette légère fatigue dans un intérêt humain, ou pour toute autre fin légitime ; nous nous y sommes livré pour occuper nos heures de loisir dans un but honnête, agréable ; si elle n'est pas sublime et d'une grande utilité, du moins n'est-elle ni blâmable, ni coupable. Nous sommes bien éloigné d'en vouloir à quiconque entendrait la Prophétie autrement que nous ; nous serons même reconnaissant envers ceux qui relèveraient les erreurs dans lesquelles nous pourrions être tombé, ou qui suggèreraient quelque meilleure pensée que la nôtre. En poursuivant donc notre œuvre, quelque don qu'il soit pour le public, nous espérons qu'elle aura pour lui quelque attrait, ne serait-ce que pour lui avoir offert sous un double aspect la *Prophétie des Papes*, dont il n'avait eu jusqu'ici qu'une idée confuse et une assez imparfaite connaissance.

# DE LA PROPHÉTIE EN GÉNÉRAL

Tous les pays du monde ont eu leurs prophètes. Il suffit de lire les histoires sacrées pour être convaincu de la vérité de cette proposition; d'où les Pères de l'Eglise ont pu affirmer que chez le peuple de Dieu, la prophétie avait été un des plus fermes appuis de la foi et de la religion. C'est ainsi qu'Adam, à qui le Créateur avait primitivement révélé les plus sublimes arcanes de la souveraine Intelligence, transmit à ses fils les divins mystères; et depuis, dans un ordre qui ne fut jamais interrompu de siècle en siècle et de génération en génération, la lumière prophétique passa aux patriarches si glorieusement, qu'ils formèrent la splendeur de l'antique Loi de nature. Cette Loi fut abrogée au temps de la sortie d'Egypte. Depuis lors la Loi écrite passa successivement de Moïse à Josué, puis à Gédéon, puis à Samuel, puis à David, et à tous ceux qui dans l'Ecriture s'élèvent avec le nom de prophète, jusques au temps des Machabées, époque où cette loi commençait à décliner. Finalement elle éclata dans la Loi nouvelle dite aussi de grâce, où se vérifient la plus grande partie des prophéties anciennes. Le Sauveur, parmi les dons que nous fait en son nom le Paraclet, laisse encore en crédit au sein de l'Eglise, son épouse, le même don de prophétie.

Cela promis, il ne doit pas paraître étrange ni absurde de dire que, bien des siècles à l'avance, ait été vue et prédite la succession des Souverains Pontifes. Ce serait nier un des attributs divins que déclarer cela impossible. Nous ne prétendons pas que cette même prédiction soit regardée comme révélation céleste, car l'Eglise ne l'a pas proposée comme telle. Il appartient uniquement à son autorité auguste de prononcer. Car il n'y a pas de sujet, quelque saint qu'il paraisse, dont l'humaine malice ne puisse abuser, et l'Eglise a sagement décrété quels sont les oracles que nous devons universellement tenir pour être de l'Esprit-

Saint. Elle a en outre arrêté des règles et des principes formels, au moyen desquels nous pouvons éviter les impostures et les erreurs qui, dans les questions du même genre, seraient très-faciles à commettre. Toutes les fois que l'Eglise n'a pas prononcé définitivement sa sentence, ses enfants sont libres de suivre l'opinion qui les attire. Ainsi, par exemple, rien n'a été absolument décidé, au même point de vue, sur les révélations de Ste Brigitte, celles de Ste Gertrude et de tant d'autres vénérables personnes, malgré la sainteté desquelles rien ne confirme ou ne désavoue qu'il y a eu don de prophétie : et c'est pourquoi chacun a la faculté d'embrasser le sentiment que sa piété lui inspire, ou qu'un plus grand talent lui fait adopter. L'Eglise, par ce silence, a voulu faire connaître qu'il était indifférent pour le bien des fidèles et pour la gloire de Dieu, que l'on pensât sur ce point affirmativement ou négativement.

Tel est l'état de cette vaticination qui, depuis deux cents ans, circule sous le nom de St. Malachie (1). Chacun en pensera nettement à sa manière. En la redonnant au public, il nous semble bon d'exposer brièvement les règles et les canons principaux qui constituent le caractère de la révélation, à cause précisément que la foi ne parle pas ici, et que nous sommes en droit d'user de notre raison et de recourir à l'examen qui se présentera à elle. De la sorte chacun pourra plus aisément juger de notre prédiction, et éviter les conséquences de la crédulité et du fanatisme.

La prophétie donc, selon la définition de Cassiodore et de tous les théologiens, est une révélation faite de Dieu à une intelligence créée, à qui, avec une infaillible certitude, il fait connaître les choses lointaines, secrètes et cachées. *Prophetia est divina inspiratio rerum à nobis procul distantium, eventa infallibili veritate, et maxima cum certitudine prænoscens atque prænuntians* Elle est par essence un don surnaturel gratuit, et pourtant, Dieu, pour avoir dans toutes les sectes des témoins de la vérité de sa

---

(1) L'auteur écrivait en 1794, comme nous l'avons déjà indiqué. (*Note du traducteur*).

foi, la communique quelquefois à des âmes infidèles et non lui appartenant, telles qu'à Balaam et à d'autres, comme on lit que cela est arrivé ; ceux-ci, sans le comprendre, parleront merveilleusement des plus sublimes mystères de la Divinité ; à cela près toutefois que, régulièrement parlant, l'inspiration a été accordée toujours à des âmes élevées et grandes. Or, comme il y a trois moyens de recevoir la révélation divine, celle-ci se divise en trois classes inhérentes à la faculté humaine de connaître. La première, qui est la faculté imaginative correspondante, est dite révélation imaginaire, puisqu'elle est sans opération aucune des sens, lesquels ne viennent pas en elle suscités du Dieu de l'univers, retracer des fantômes sans danger de nuire à tout ce que le Seigneur veut communiquer. La seconde est nommée révélation intellectuelle, laquelle se forme alors que, éclairé d'une manière inexplicable, l'esprit de l'homme arrive à connaître et à savoir quelles profondes vérités sont dans l'Eprit éternel : tel est le sentiment des Pères relativement au sommeil d'Adam dans le paradis terrestre, qu'il vit et comprit les mystères de l'Eglise future. La troisième, plus commune que les autres, est la révélation sensible, puisqu'elle arrive par le moyen d'un sentiment qui lui fait connaître ce que Dieu manifeste. A cette classe doivent être rapportées la majeure partie des révélations de l'Ecriture, qui sont celles des prophètes eux-mêmes, nommés pour cela *voyants*, et leurs prophéties *visions*.

La matière de la prophétie est variée, et favorise la vulgaire distinction du temps en passé, présent et avenir ; elle doit donc être considérée sous divers aspects. On ne peut mettre en doute le passé, à moins de nier la prophétie de celui qui a écrit le Pentateuque ; attendu que dans le récit de la création et des premiers témoins de notre élémentaire univers, il était dépourvu de témoignages humains, qui pussent lui raconter comment le monde a été tiré du néant, et comment parmi eux, les créatures auraient pu arriver à former une nature si belle et si sagement distribuée. Les choses présentes, pour cette raison, toujours secrètes et cachées, et qui sont surtout dans les idées et dans la conscience des hommes, ont offert en tout temps un vaste champ pour prophétiser à un grand nombre de héros de la religion catholique.

Mais si nous voulions parler en toute rigueur et dire la propriété du mot *prophétiser*, qui est l'équivalent de prédire, la vraie et spéciale matière de la prophétie est l'avenir, et comme l'enseignent les Docteurs, elle embrasse les choses contingentes et libres, c'est-à-dire celles qui n'ont pas une cause nécessaire, mais qui dépendent immédiatement de la seule volonté de Dieu et des hommes. En ceci, et non autrement, sont distinguées les prophéties des philosophes et des astronomes, qui, par des signes et des raisons naturelles, peuvent parfaitement prévoir les événements naturels et les effets multiples qui en dérivent. L'avenir donc est le domaine propre de la prophétie, qui est conséquemment l'indubitable marque caractérisant l'excellence d'un si grand don, qu'il appartient à Dieu seul de départir. Cela est manifeste en beaucoup d'endroits des Ecritures sacrées et plus particulièrement dans la bouche d'Isaïe voulant gourmander la dure obstination des ennemis du nom et de la gloire du Seigneur. Le prophète, parfois, provoquant les idoles de la gentilité à faire montre de la science et du pouvoir souverain dont elles se vantaient de pouvoir annoncer ce qui aurait lieu dans l'avenir, ou de donner une preuve incontestable de leur divinité, dit : *Annuntiate quæ ventura sunt in futurum et sciemus quia Dii estis vos.* Is. XLI. 23. Ainsi parlait le Seigneur dans l'ancien Testament. Il voulait dire que ceux qui étaient séparés de lui ne pouvaient être inspirés comme ses prophètes, qui annonçaient les choses futures avec une précision et une clarté sans égales, au point qu'ils indiquaient et déterminaient en toutes circonstances les événements humains, de manière à ressembler plutôt à des historiens qu'à des prophètes. Les prophéties, dit S Jean Chrysostôme, forment un tel concert, une telle unité, qu'elles nous sont parvenues formant un corps complet et animé, embrassant toute la divine Ecriture Grâce à ce fait, dans ce que les prophètes ont écrit, nos pères et dans un grand nombre d'occasions nous-mêmes, bien que sans observations faites sur ce point, nous n'en voyons pas moins de jour en jour les choses se succéder de la même manière.

C'est ainsi qu'insensiblement informé, le lecteur, pensons-nous, fera ses réflexions relativement au sujet que nous venons lui présenter. Les qualités qui distinguent les révélations vraies de celles qui sont fausses concourront-elles ou non à éclairer sur celle de St. Malachie ? En la lisant, en observant la déclaration, en examinant toutes ses parties, il n'y aura rien de plus facile que de se former un sage jugement.

## ABRÉGÉ DE LA VIE DE St. MALACHIE

St. Malachie, pris communément pour être l'auteur de la *Prophétie des Papes*, naquit à Armach, ville d'Irlande, sur la fin du onzième siècle, de parents illustres par leur race et signalés par leur piété. Ayant, dans son premier âge, parfaitement correspondu par ses progrès dans les lettres et dans les vertus, à l'assiduité de ses maîtres et à la vigilance de sa mère, il passa sous la direction d'Imazius, homme d'une austérité de vie qui le faisait admirer de tous ceux qui connaissaient sa pénitence. Ce fut alors que l'évêque Colse, malgré la répugnance de Malachie, lui conféra les ordres sacrés et le fit prêtre, à l'âge de 30 ans. Il fut bientôt pour le prélat un coadjuteur, qui lui aidait à soutenir le poids de son ministère. Celui-ci lui ayant confié la prédication, on vit bientôt les vices déracinés, et la vertu produire ces fruits qui sont l'ornement de l'Eglise. Il s'appliqua d'une manière spéciale à extirper la superstition qui dominait dans le pays, et il rencontra des contradictions : mais à quoi servent les contradictions, sinon à aviver de plus en plus le zèle d'un apôtre ? Sa persévérance et ses douces persuasions triomphèrent de tout. Dieu permit qu'un oncle de Malachie lui léguât le monastère de Bencor, situé dans l'Ultonie, aujourd'hui Guilli, et toutes les terres qui en dépendaient, et dont il était propriétaire depuis que les communautés religieuses étaient déchues. Ce lieu était vénérable pour avoir été arrosé du sang de neuf cents moines martyrisés par des corsaires, sous l'abbé Congild, et pour avoir donné asile à des milliers de saints religieux. Notre jeune prêtre pensa à le rendre à sa première destination, et par de continuelles fatigues et le bon exemple, il rétablit la discipline monastique et la pureté du culte divin. En même temps, l'évêché de Conneret, dans cette province, étant devenu vacant, il fut appelé à l'occuper. Ses résistances furent grandes, mais aucun autre avis ne pouvait prévaloir que celui du métropolitain. Longue serait l'énumération des sollicitudes pastorales constamment exercées par Malachie, comme aussi des tribulations qu'il dut supporter de la part d'un peuple qui avait plus de rudesse que d'humanité. Le roi de la partie méridionale d'Irlande entra à main armée dans la ville et la saccagea ; d'où vint que le bon évêque fut contraint de se retirer en la compagnie de plusieurs des religieux de son monastère. Par une admirable disposition de la Providence, il fut élevé, bientôt après, malgré tous les efforts d'un parti puissant, à l'âge de trente-huit ans, au siège métropolitain d'Armach, en qualité de primat du royaume. Mais comme il l'avait déclaré à ceux qui l'avaient sollicité à accepter ce siége, après y avoir tout pacifié, rétabli le bon ordre, il voulut retourner à sa première église ; et en effet, les tumultes et les agitations d'Armach terminés, il revint dans son diocèse. Il n'habita pas Conneret, mais Duna, parce que comme autrefois il y avait eu là deux évêques, cette séparation parut juste à St. Malachie ; or, laissant un pasteur à la première de ces villes, il retint pour lui la seconde. Après cela, pour faire sanctionner sa conduite, et pour d'autres affaires relatives à la dignité dont il était revêtu, il soumit les choses à Rome. Innocent II, qui alors occupait la chaire de St. Pierre, le reçut avec une extrême bonté ; il l'écouta et satisfit à ses demandes ; mais il refusa absolument d'accepter l'abandon qu'il voulait faire de l'épiscopat, demande accompagnée de beaucoup de larmes. Le Pape voulut même l'instituer son légat pour toute l'Irlande. Il s'en retourna comblé d'honneurs et de priviléges, lui qui avait sollicité de n'être plus qu'un simple moine, dépouillé de tout revenu en Irlande : il ne fit que redoubler d'application dans la direction des monastères, dans le gouvernement du troupeau et dans l'exercice des obligations attachées au caractère de légat du Saint-Siége. Les conversions étaient fréquentes, les habitudes allaient de jour en jour se changeant en mieux : la prédication assidue, l'exemple, les prodiges que Dieu opérait par son entremise, étaient autant de témoignages de la sainteté de Malachie. A une telle vie que pouvait-il manquer, sinon une mort précieuse ? Elle ne tarda pas : s'étant transporté à Clairvaux, pour visiter cette solitude sainte, ainsi que son ami et intime confident St. Bernard, il y mourut le 2 novembre 1148, âgé de cinquante-quatre ans.

Les pages les plus intéressantes sur le saint évêque Malachie, sont celles, où le même St. Bernard a longuement écrit sa vie.

## TABLEAU DES SYMBOLES COMPOSANT LA PROHHÉTIE DES PAPES.

1. Ex castro Tiberis, — du château du Tibre.
2. Inimicus expulsus, — l'ennemi expulsé.
3. Ex magnitudine montis, — de la grandeur du mont.
4. Abbas suburranus, — abbé de Suburre.
5. De rure albo, — de la ville d'Albano.
6. Ex tetro carcere, — de l'horrible prison.
7. Via Transtiberina, — le chemin du Transtevère.
8. De Pannonia Tusciæ, — de la Hongrie d'Etrurie.
9. Ex ansere custode, — de l'oie gardienne.
10. Lux in Ostio, — la lumière dans Ostie.
11. Sus in cribro, — le porc dans le crible.
12. Ensis Laurentii, — l'épée de Laurent.
13. De schola exit, — il sortira de l'Ecole.

14. De rure bovensi, — du village du bœuf.
15. Comes signatus, — le comte *Segna*.
16. Canonicus de Latere, — le chanoine *de Latere*.
17. Avis Ostiensis, — l'oiseau d'Ostie.
18. Leo Sabinus, — le lion de la Sabine.
19. Comes Laurentius, — le comte Laurent.
20. Signum Ostiense, — le signe d'Ostie.
21. Hyerusalem Campaniæ, — Jérusalem de Campanie.
22. Draco depressus, — le dragon renversé.
23. Anguineus vir, — l'homme serpent.
24. Concionator Gallus, — le prédicateur français.
25. Bonus comes, — le bon comte.
26. Piscator tuscus, — le pêcheur étrusque.
27. Rosa composita, — la rose composée.
28. Ex teloneo liliacei Martini, — de la trésorerie de Martin-du-Lis.
29. Ex rosa Leonina, — de la rose des Lions.
30. Piccus inter escas, — (n'est pas traduit par l'auteur).
31. Ex eremo celsus, — élevé de l'Ermitage.
32. Ex undarum benedictione, — de la bénédiction des ondes.
33. Concionator Patareus, — Le prédicateur de Patare.
34. De fossis Aquitanicis, — Des fossés de Gascogne.
35. De sutore Osseo, — du cordonnier d'Ossa.
36. Corvus schismaticus, — le corbeau schismatique.
37. Frigidus abbas, — le froid abbé.
38. De rosa Atrebatensi, — de la rose d'Arras.
39. De montibus Pammachii, — des monts de Pammachie.
40. Gallus vicecomes, — le français vicomte.
41. Novus de Virgine forti, — le nouveau de la Vierge forte.
42. De cruce apostolica, — de la croix apostolique.
43. Luna Cosmedina, — la Lune de Cosmedin.
44. Schisma Barchinonium, — le schisme de Barcelone.
45. De inferno prægnanti, — de l'enfer qui produit.
46. Cubus de mixtione, — cube du mélange.
47. De meliore sidere, — de l'étoile meilleure.
48. Nauta de ponte Nigro, — le nocher du pont Noir.

49. Flagellum solis, — Le fouet du soleil.
50. Cervus syrenæ, — le cerf de la sirène.
51. Corona veli aurei, — la couronne du voile d'or.
52. Lupa Cœlestina, — la louve Célestine.
53. Amator Crucis, — l'amant de la Croix.
54. De modicitate lunæ, — de la petitesse de la lune.
55. Bos pascens, — le bœuf qui paît.
56. De capra et Albergo, — (n'est pas traduit).
57. De cervo et leone, — du cerf et du lion.
58. Piscator minorita, — le pêcheur mineur.
59. Præcursor Siciliæ, — le précurseur de la Sicile.
60. Bos albanus in portu, — le bœuf d'Albano dans le port.
61. De parvo homine, — du petit homme.
62. Fructus Jovis juvabit, — le fruit de Jupiter réjouira.
63. De Craticula Politiana, — de la Grille de Politien.
64. Leo Florentius, — le lion de Florence.
65. Flos pilæ negri, — (n'est pas traduit).
66. Hyacinthus medicorum, — la Jacinte des médecins.
67. De corona Montana, — de la couronne de Monti.
68. Frumentum floccidum, — le grain de peu de valeur.
69. De fide Petri, — de la foi de Pierre.
70. Æsculapii pharmacum, — la médecine d'Esculape.
71. Angelus nemorosus, — l'ange du Bois.
72. Medium corpus Pilarum, — milieu du corps des boules.
73. Axis in medietate signi. — l'axe dans le milieu du signe.
74. De rore Cœli, — de la rosée du Ciel.
75. De antiquitate urbis, — de l'antiquité de la ville.
76. Pia civitas in bello, — la cité pieuse dans la guerre.
77. Crux romulea, — la Croix romaine.
78. Undosus vir, — l'homme pareil à l'onde.
79. Gens perversa, — la Génération maligne.
80. In tribulatione pacis, — dans la tribulation de la paix.
81. Lilium et Rosa, — le Lys et la Rose.
82. Jucunditas Crucis, — la douceur de la Croix.
83. Custos Montium, — le Gardien des Monts.

84. Sydus olorum, — l'Etoile des cygnes.
85. De Flumine magno, — du grand fleuve.
86. Bellua insatiabilis, — la Bête insatiable.
87. Pœnitentia gloriosa, — la pénitence glorieuse.
88. Vas trinum in porta, — le triple vase sur la porte.
89. Flores circundati, — les fleurs environnées.
90. De bona religione, — de la bonne religion.
91. Miles in bello, — le soldat à la guerre.
92. Columna excelsa, — la colonne sublime.
93. Animal rurale, — l'animal champêtre.
94. Rosa in umbra, — la rose dans l'ombre.
95. Visus velox, — la vue pénétrante.
96. Peregrinus apostolicus, — le voyageur apostolique.
97. Aquila rapax, — l'Aigle ravissant.
98. Canis et coluber, — le chien et le serpent.
99. Vir religiosus, — l'homme religieux.
100. De balneis Hetruriæ, — des bains de Toscane.
101. Crux de Cruce, — la Croix de la Croix.
102. Lumen in cœlo, — la lumière dans le Ciel.
103. Ignis ardens, — le feu ardent.
104. Religio depopulata, — la religion dépeuplée.
105. Fides intrepida, — la foi intrépide.
106. Pastor angelicus, — le pasteur angélique.
107. Pastor et nauta, — Pasteur et nautonier.
108. Flos florum, — la fleur des fleurs.
109. De medietate lunæ, — de la moitié de la lune.
110. De labore solis, — du travail du soleil.
111. Gloria olivæ, — de la gloire de l'olivier.
112. Dans la dernière persécution de la sainte Eglise romaine, siégera Pierre second ; il paîtra ses ouailles en de grandes tribulations, après lesquelles la ville aux sept collines sera détruite et le Juge redoutable jugera le monde. Amen.

Telle est cette célèbre Prophétie, qui concerne autant de pontifes qu'elle contient de symboles. Mais avant que de passer à leur explication, il faut que nous avertissions de deux choses. D'abord, elle n'a été donnée sur aucun exemplaire telle que nous venons de la présenter ; mais cette difficulté est relative à très-peu de symboles, et consiste en objets de faible importance. Nous avions voulu nous en tenir à la version la plus commune et la plus usitée, nous réservant de relever les variantes en leur lieu propre. Le texte du dernier symbole surtout mérite de ne pas être négligé. A la place de *judicabit*, en certain lieu, et spécialement dans un manuscrit que l'on peut déclarer antérieur au seizième siècle, existant chez les moines Olivétains de Rimini, on lit *vindicabit*, et ce mot, comme chacun le sait, présente un sens tellement différent, qu'il peut influer beaucoup sur le jugement à se former de la Prophétie entière. Mais nous parlerons de cela en son temps, lorsque nous traiterons de la fin du monde.

En second lieu, il faut observer qu'il y a diverses allusions auxquelles la vaticination et ses doubles acceptions doivent se rapporter. S'il n'en était pas ainsi, nous n'obtiendrions qu'à grand peine l'explication de quelques symboles. Généralement il paraît qu'ils ont trait aux blasons des papes, et le plus souvent ils concernent ou le nom de la famille, ou le titre de cardinalat, ou quelques actions spéciales du personnage en question. A cet effet, afin de donner quelque idée du sujet dont il s'agit, relativement aux armes, nous nous sommes appuyé sur l'œuvre de Jean-Baptiste Cavalieri, qui, avec le plus grand soin, et une sévère exactitude, a recueilli jusqu'aux limites des temps barbares les armoiries des maisons qui ont donné des pontifes. Pour le reste, l'histoire, le bon sens, la recherche impartiale de la vérité nous ont fourni les interprétations nécessaires pour atteindre et obtenir l'intention, qui doit être seulement celle de prendre avec justesse la signification de la prophétie.

# EXPLICATION DES SYMBOLES DE LA PROPHÉTIE
## Jusques à nos temps.

### I.

EX CASTRO TIBERIS. — Du château du Tibre.

La prédiction symbolique commence à Célestin II. Ce pape, après la mort d'Innocent II, fut élu le 26 septembre 1143.

Son nom était Guidon (1), cardinal-prêtre du titre de S. Marc, que l'on nommait vulgairement Maître du Château, ce qui fait croire à Panvinio qu'il avait été de la famille des Castelli ; mais le plus grand nombre des historiens ont prouvé avec plus de fondement qu'il était sorti de la cité de Castello.

Cette ville, comme chacun sait, est située sur les rives du Tibre ; d'où dans l'une comme dans l'autre manière, l'allusion des symboles demeure claire, étant ainsi conçue : *Du château du Tibre.*

L'histoire ne rappelle que peu de chose ou même rien du pontificat de *Célestin*, car il ne siégea pas au-delà de cinq mois et

---

(1) Il n'est pas hors de propos d'indiquer quand et comment s'est introduit, parmi les Souverains-Pontifes, l'usage de changer de nom. Plusieurs le fixent à Sergius II, élu en 844, et en donnent pour raison la laideur du nom qu'il avait de *Bouche-de-Porc*. D'autres prétendent que le premier qui opéra ce changement fut Jean XII, qui, introduit par les soins de son père Albéric, à l'âge de dix-sept ans, voulut qu'au lieu d'Octavien, il fût appelé Jean, pour avoir un moyen de satisfaire son caprice, ainsi que son ambition effrénée, tandis qu'il s'appropriait la parole de l'Evangéliste · *Il y eut un homme envoyé de Dieu, qui s'appelait Jean.* De quelque manière que l'on envisage ces deux questions historiques, sur lesquelles les érudits discutent, il est certain qu'une telle coutume se voit plus assidument pratiquée depuis le onzième siècle, où, élu en 1009, Pierre, moine bénédictin, connu pour avoir été rempli de respect et de vénération pour le prince des Apôtres, changea son nom de baptême en celui de Sergius IV.

treize jours. Mais nous devons noter qu'à son élection n'intervint pas le peuple romain ; et ce fut la première fois qu'il fut écarté, peut-être à cause de la rébellion qui avait éclaté contre son prédécesseur.

## II.

### INIMICUS EXPULSUS. — L'ENNEMI EXPULSÉ.

Nous ne pouvons nous empêcher de trouver ce symbole réalisé merveilleusement, puisque l'on sait que deux jours après la mort de Célestin II, fut élevé sur le trône pontifical Gérard, de la noble famille bolonaise *Taccianimico*, cardinal de Ste-Croix, le 12 mars 1144, sous le nom de Lucius II. On ne pourrait imaginer dans une vaticination plus de précision et de clarté. Depuis les temps d'*Innocent* II, les Romains, poussés par les instigations d'Arnauld de Brescia, avaient voulu rétablir le Sénat, et s'impatroniser le gouvernement temporel. Sous Lucius, non seulement ils conservèrent la même prétention, mais ils y ajoutèrent un patrice qui était reconnu par eux et obéi comme prince. Le premier qui fut investi de ce titre fut Giordano, fils de Pierre Léon, homme très-puissant, qui intima hardiment au Pontife de renoncer au pouvoir temporel, de se contenter de son entretien et de celui du clergé, des décimes et offrandes du peuple. Lucius ne manqua pas, d'abord, de représenter d'une manière calme l'erreur et la malveillance d'une semblable requête ; mais voyant que les voies de la douceur ne valaient rien, il eut recours aux armes et se ⋯ta au Capitole, où il trouva le nouveau sénat, ayant à sa tête ⋯atrice. En ce moment, une pierre, lancée par une main in⋯ue, atteignit la personne du Pontife, et le coup fut si vio⋯ que peu de jours après il cessa de vivre, ayant régné onze mois et quatorze jours. Les Romains envoyèrent des députés à Conrad, le priant de les secourir, comme ne tendant qu'à défendre les droits de l'Empire ; mais ce prince pieux, dit Othon de Frise, livre VII, chapitre 28, *refusa de prêter l'oreille à de semblables paroles, ou mieux à ces chimères.* Conrad avait précédemment fait le meilleur accueil aux envoyés pontificaux, et confirmé de nouveau tous les antiques priviléges de l'Eglise Romaine.

Sur ce que nous racontons, on peut faire des réflexions utiles ; je ne ferai que les signaler au lecteur chrétien. Pourquoi Conrad n'approuva-t-il pas les entreprises des Romains ? parce qu'il était faux qu'ils se fussent ligués en tant qu'alliés de l'Empire et pour revendiquer ses droits, comme ils le prétendaient. Ils avaient donc agi faussement, et le prince ne croyait pas qu'il y allât de son intérêt dans la prétention que les Souverains-Pontifes se fussent arrogé le pouvoir temporel. Ce n'est qu'un rêve et une invention des critiques des bas-temps, quand ils disent et soutiennent que la souveraineté et l'indépendance du Siége Apostolique a été usurpée.

### III

EX MAGNITUDINE MONTIS. — De la grandeur du mont.

Comme fils de Jean Paganelli, citoyen de Pise, seigneur de *Montemagno*, château à cinq milles de Pise (1), se vérifie la vaticination dans la personne de Bernard, abbé des SS. Vincent et Anastase, aux Eaux salviennes de Rome. Ce personnage, quoiqu'il ne fût pas cardinal (2), vu les nécessités du temps, du sentiment unanime des électeurs, fut créé pape le 26 avril 1145, et prit le nom d'Eugène III.

C'est ce Pontife, à qui St. Bernard, dont il avait été le disciple, a adressé trente-cinq lettres, indépendamment des cinq livres *De la Considération*, qui sont véritablement des livres d'or, et qui contiennent un enseignement complet pour l'exercice du ministère apostolique. Les séditieux continuant de fomenter des

---

(1) V. Manni. Sig. t. I.

(2) La règle que l'on ne pouvait être élevé au Souverain Pontificat, si on n'était pas au nombre des cardinaux, fut établie au concile de Rome, tenu par Etienne III, en 769. Mais à plusieurs reprises, se produisit la nécessité de déroger à cette loi, et nous en verrons dans la suite d'autres exemples.

troubles, Eugène dut abandonner Rome, et se réfugier en France. Il reçut à Viterbe les envoyés du Métropolitain arménien, qui avait la prééminence sur plus de mille évêques. L'objet de cette députation était de soumettre entièrement cette Eglise à l'obéissance du Souverain-Pontife, comme au légitime Chef suprême.

Les Sarrazins s'étaient emparés de la ville d'Edesse, en Mésopotamie, et toutes ces contrées étaient menacées de ruines et de massacres. C'est alors qu'Eugène exhorta Louis VII et les autres princes à s'élancer vers l'Orient, pour y combattre les ennemis u nom chrétien. Cette expédition, appelée vulgairement croisade, ιe l'étendard et de la Croix, fut promptement exécutée, mais avec les conséquences contraires à l'attente commune (1).

### IV.

#### ABBAS SUBURRANUS. — L'ABBÉ DE SUBURRE.

Après huit ans, quatre mois et dix jours de règne, Eugène cessa de vivre, et pour successeur, à sa mort, arrivée le 9 juillet 1153, lui fut donné Conrad de Benedetto, romain, déjà chanoine régulier et évêque de Sabine ; il prit le nom d'Anastase IV.
Tous ceux qui ont expliqué la prophétie de S. Malachie ont dit que le symbole ci-dessus convient tout-à-fait à Conrad, parce qu'il était de la famille *Suburra* et abbé de St-Ruf ; mais chez aucun ne se trouve un monument certain de ce fait, qui vienne, avant Pagi, dans sa critique sur Baronius, année 1154, contredire ceux qui le croyaient ; d'où nous préférons nous taire que de ιous exposer à de fausses conjectures et à blesser la vérité.

### V.

#### DE RURE ALBO. — DE LA VILLE D'ALBANO.

Nicolas-Robert de Breck-Sparre, ou bien Astaspezzata ou Spezzalancia, Anglais, (le seul Souverain-Pontife de cette nation), fut

(1) V. S. Bern. de Consid. lib II. Cap. I.

élevé à la papauté, après un seul jour d'interrègne, le 3 décembre 1154, et se nomma *Adrien IV*. Pour l'explication de ce symbole, deux choses sont à observer : d'abord, qu'au rapport unanime des historiens, Nicolas était fils de parents très-pauvres, et originaire, selon toute apparence, de quelque village. En second lieu qu'il était cardinal et évêque d'Albano. C'est par là qu'il se rattache si bien aux deux termes de la prédiction.

Etonnant fut le désintéressement de ce pontife, car il dut recommander que sa mère fût nourrie au moyen des aumônes de l'église de Cantorbéry.

Arnauld de Brescia subit alors, à Rome, le dernier supplice ; son cadavre fut livré aux flammes, et ses cendres furent jetées dans le Tibre.

*Frédéric I*, dit vulgairement *Barberousse*, reçut des mains d'Adrien, en 1155, la couronne impériale ; mais il se comporta assez mal envers le Saint-Siége apostolique, qui eut à supporter de sa part de nombreuses vexations, rapportées confusément dans l'histoire de cette époque.

## VI.

### EX TETRO CARCERE. — DE LA NOIRE PRISON.

*Adrien IV* mourut le 1er septembre 1159. Le troisième jour qui suivit, fut élu Rolland, sous le nom d'Alexandre III. Cette élection fut suivie d'un schisme signalé, lequel affligea l'Eglise pendant l'espace de vingt-un ans. Le cardinal Octavien, Romain, en fut la cause, quoiqu'il n'eût obtenu, au scrutin, que trois suffrages. Poussé par l'ambition de régner, et soutenu par les adhérents de l'empereur Frédéric Barberousse, il osa lever la tête contre le légitime successeur de Pierre, et se fit sacrer sous le nom de Victor IV.

Cet anti-pape est celui qui est désigné dans la précédente vaticination, laquelle, pour cette raison, mérite d'être spécialement analysée. Les critiques se sont étonnés que la *Prophétie des Papes* se soit appliquée à annoncer les intrus qui se sont assis illégitimement sur le trône pontifical ; d'où ils infèrent que c'est là une des principales raisons qui doivent la faire regarder comme apocryphe et indigne de ce caractère. Beaucoup, au contraire, justifient cette manière de prédire ; puisque l'objet de cette révélation, disent-ils, est qu'elle ne se borne pas à offrir un simple catalogue des Pontifes, mais qu'elle s'étend au cadre complet de leur succession dans le gouvernement de la sainte Eglise romaine, comme cela est manifeste par les diverses allusions des symboles qui la composent. Sans nous arrêter ici à examiner cette question, qui sera directement traitée en son lieu, il suffit de savoir, pour le moment, que les interprètes conviennent que par le mot *Carcere* st désigné l'anti-pape Octavien, comme cardinal de S. Nicolas *in Carcere Tulliano*, et s'appliquent à présenter l'indication de l'adjectif *tetro*, comme exprimant l'intrusion du faux élu. Une semblable réflexion saute aux yeux, et ne saurait énoncer qu'une chose merveilleuse. Cependant, comme tout autre peut soutenir que ce n'est pas Octavien qui est annoncé, le titre de son cardinalat n'étant pas celui de S. Nicolas *in Carcere*, etc., mais bien de Ste-Cécile ; on sait, et cela est historiquement vrai, qu'Innocent II le créa cardinal diacre de S. Nicolas, comme aussi qu'il fut fait cardinal prêtre de Ste-Cécile par Eugène III. C'est pourquoi le titre devra se rapporter à la personne qui devait être postérieurement élue, non à celui qui le possédait au moment de l'élection. Dans le cas contraire, le fondement sur lequel s'appuie toute l'explication de la Prophétie tomberait. Il est donc certain qu'à l'époque du schisme, ce n'était pas Octavien, mais Othon de Brescia qui avait le titre de *in Carcere*, et que ce dernier ne fut jamais paré de la tiare pontificale.

J'ai cru devoir enregistrer tout cela, afin de m'acquitter de la tâche que j'ai entreprise, me restreignant à dire que peut-être quelque autre allusion se cache dans ce symbole, qu'il sied plutôt de laisser dans son incertitude, que de s'écarter de la vérité de trop vouloir prouver en s'en éloignant.

## VII.

VIA TRANSTIBERINA. — Le chemin de *Trastevere*.

L'antipape Victor cessa de vivre, à Lucques, le 13 avril 1164, et deux jours après, les cardinaux de son parti lui substituèrent Guidone da Crema, qui avait été créé cardinal par Adrien IV, sous le titre de Ste-Marie en *Trastevere*. Il se nomma Pascal III, et mourut en septembre 1168, impénitent comme son prédécesseur.

Ce fut lui qui canonisa Charlemagne, comme il résulte d'un diplôme de l'empereur Frédéric donné à Aquisgrana, le 8 juin 1166 (1). Cette canonisation ne fut pas reçue de l'Eglise romaine, parce qu'elle émanait d'un pasteur non légitime. Personne n'a jamais réclamé à ce propos ; et le culte de Charlemagne se propagea en diverses autres églises. Voyez le P. Papebroch, qui cite de nombreux Martyrologes et Bréviaires avec l'office spécial.

## VIII.

DE PANNONIA TUSCIÆ. — De la Hongrie d'Etrurie.

Les schismatiques, à la place de Pascal, introduisirent un certain Jean, abbé de Strumium, à qui ils imposèrent le nom de Callixte III. Mais celui-ci, en 1178, se démit spontanément de sa dignité usurpée, et comme marque de la sincérité de son repentir, il alla se jeter aux pieds du nouveau Pontife Alexandre, qui l'accueillit avec tant de bienveillance qu'il le nomma archevêque et recteur de Bénévent (2).

---

(1) V. *Bolland.*, au 28 janvier.

(2) Selon quelques-uns, le schisme ne fut pas terminé là ; un certain Lando, de la famille Frangipani, ayant été élu à la place de Callixte, sous le nom d'Innocent III, il tomba peu de temps après dans les mains d'Alexandre, et fut relégué près de Cavea. La majeure partie des historiens ne le mentionnent pas et dans notre Prophétie ne figure aucun symbole qui regarde ce nouvel anti-pape.

L'allusion du symbole dépend de la manière de savoir s'il était hongrois de nation et pseudo-cardinal de l'Etrurie, nommé par l'anti-pape Victor IV.

## IX.

### EX ANSERE CUSTODE. — De l'oie gardienne.

Le successeur d'Adrien IV, canoniquement élu en 1159, fut, comme nous l'avons dit plus haut, Alexandre III. Il s'appelait antérieurement Rolland, et était cardinal-prêtre de St-Marc. Ce symbole lui convient, puisqu'il descendait de la famille *Bandinelli* de Rome, qui se nommait *Paparoni* (de l'Oie). D'autre part, et cela doit être observé, le mot terminal *Custode*, semble exprimer qu'en ces temps de troubles et de schisme, il avait été saint et vrai gardien du bercail de Jésus-Christ.

Nous avons déjà vu que trois anti-papes contestèrent à Alexandre la pacifique possession du siége de Rome. Par là on peut s'expliquer combien grandes durent être alors les tribulations qu'eut à supporter l'Eglise catholique. Elles prirent fin, selon qu'il plut à Dieu, en 1177, grâce à la paix intervenue entre l'Empereur et le Souverain Pontife. Alexandre, après avoir régné près de vingt-deux ans, passa dans une meilleure vie, le 30 avril 1181.

Ce Pape, en 1179, convoqua un Concile général, qui, dans l'ordre des Conciles œcuméniques est le onzième, et le troisième tenu à Latran ; il est ainsi désigné, parce que les séances eurent lieu dans la basilique de Latran. Outre les nombreuses décisions prises par ce Concile, composé de trois cents évêques, autant sur des matières de dogme que de discipline, il y fut statué qu'à l'avenir, on ne pourrait considérer comme Pape légitime que celui qui, au scrutin, aurait réuni les deux tiers des voix, afin d'écarter ainsi l'occasion de tout désordre ou de schisme (1).

(1) C'est d'*Alexandre* qu'est réellement venu le nom de la ville d'Alexandrie, en Lombardie, bâtie en 1168. C'est ainsi que les partisans de l'Empereur, en mépris du Pape, le surnommèrent Alexandrie de la Paille ; cette dénomination a toujours été en usage.

Vers 1160, commence la secte des Albigeois, ainsi nommés de la province d'Albi, où plus qu'en tout autre pays ils se firent remarquer. C'était une secte de Manichéens : ils admettaient la metempsycose (transmigration des âmes), rejetaient l'Ancien Testament, la présence réelle de Jésus-Christ dans l'Eucharistie, les prières pour les morts, l'autorité de l'Eglise, etc.

Les Vaudois de nos jours tirent leur origine de cette époque. A leur tête fut Pierre Valdo, né au bourg de Vaud, en Dauphiné. Il soutenait que les chrétiens ne devaient rien posséder à titre de propriété ; il niait le baptême, etc.

## X

### LUX IN OSTIO. — La lumière dans Ostie.

Natif de Lucques, et évêque d'Ostie, le cardinal Ubalde était de la famille Accingola ; il fut élevé au souverain pontificat le 1er septembre 1181, sous le nom de Lucius III.

Il tenta de soumettre à son autorité les Romains qui voulaient ravir au Pape le pouvoir temporel ; mais ce fut en vain, puisqu'il fut banni de Rome, et qu'il se réfugia à Vérone, où il mourut le 24 novembre 1185. Il fut enseveli dans la cathédrale de cette ville, avec cette ingénieuse épitaphe :

Lucques te donna la lumière, ô Lucius ; Ostie le pontificat ; Rome la papauté ; Vérone la mort. Mais Vérone te donna la joie de la lumière, Rome l'exil, Ostie les chagrins, Lucques le trépas.

## XI.

### SUS IN CRIBRO. — Le porc dans le crible.

Parmi les symboles les plus clairs et d'une allusion nette, doit assurément être compris celui qui annonçait pour successeur de Lucius III, Lambert, des Crivelli, milanais, et qui se nomma Urbain III.

Il est de notoriété que la famille Crivelli a dans son blason un crible (1) ; d'où on peut inférer que ce Pape fut doublement annoncé par le prophète. Il se présente ici une grave question propre à contribuer à l'élucidation de cette prophétie. Est-il convenable qu'une révélation ait pour fondement une armoirie païenne, chose si vague, si incertaine, qu'elle dépend du caprice et de l'ambition des hommes ? Nous en traiterons en son lieu, lorsque nous examinerons les objections faites par les critiques à la Prophétie elle-même. Je dirai seulement qu'il serait fort téméraire de présenter cela comme unique et principal fondement d'une telle allusion. Que cela soit dit pour tous les autres cas où se trouveraient indiquées les armes des Pontifes.

A cette époque Jérusalem fut prise par Saladin, soudan d'Egypte, quatre-vingt-huit ans depuis qu'elle avait été enlevée aux infidèles par les chrétiens. Urbain mourut de la douleur que lui causa un si funeste événement, après un peu moins de deux années de règne.

## XII.

### ENSIS LAURENTII. — L'ÉPÉE DE LAURENT.

Sous le nom de Grégoire VIII, le 20 octobre 1187, monta sur le siège apostolique, Albert de Mora, de Bénévent : mais son règne fut très-court, puisqu'il décéda le 17 décembre de la même année.

Il était cardinal prêtre de S. Laurent in Lucina, et avait pour armes des épées : deux marques très-caractéristique indiquées dans le symbole.

## XIII.

### DE SCHOLA EXIET. — IL SORTIRA DE L'ÉCOLE.

Exactement, d'après les termes de la prédiction, sortait de la famille *Scolari*, de Rome, le successeur de Grégoire VIII, qui se nomma Clément III, et qui régna un peu plus de trois ans.

---

(1) Je trouve dans plusieurs interprètes de cette prophétie que les armes des Crivelli présentent un porc, ce qui est totalement faux et a été imaginé par eux pour abuser les ignorants.

La querelle intestine qui, depuis cinquante ans, régnait entre le peuple romain et les souverains pontifes, à propos du pouvoir temporel, fut conduite avec tant de bonheur par Clément, qu'il recouvra les anciens honneurs et les droits attachés à sa dignité : dès-lors la plus grande tranquillité et le repos entourèrent le Saint-Siège.

## XIV.

### DE RURE BOVENSI. — DU VILLAGE DU BŒUF.

A Clément III succéda, en 1191, Hyacinthe di Pietro *Bubone*, romain, cardinal diacre de Ste-Marie *in Cosmedin*, qui prit le nom de Célestin III, et qui régna l'espace d'environ quatre ans.

L'indication du symbole dépend, comme chacun le voit, du second terme *Bovensi*, qui peut s'appliquer au surnom du pape nouvellement élu.

Parmi les faits les plus mémorables de ce règne, sont ceux d'avoir donné la couronne impériale à Henri VI, successeur et fils de Frédéric Barberousse, et d'avoir confirmé l'Ordre militaire Teutonique. Cet ordre, institué en faveur de la noblesse allemande, subsiste toujours. L'habit est en blanc, avec une croix noire. Le siège est à Jérusalem, et a pour objet la défense de la Religion chrétienne et des Lieux Saints, puis l'exercice de l'hospitalité des pèlerins de la nation allemande.

## XV.

### COMES SIGNATUS. — LE COMTE SEGNA.

De la très-noble famille des comtes de *Segna*, expréssion clairement accusée dans le symbole, était né Lothaire, cardinal diacre des SS. *Sergio* et *Bacco*, lequel, par une rare éxception, fut élevé au pontificat à l'âge prématuré de trente ans, le 8 juin 119. Il fut nommé *Innocent III*.

Ce pape convoqua, en 1215, le douzième Concile général, le quatrième de Latran. Ce Concile est justement connu pour des plus importants et par l'excellence des Canons qui y furent décrétés, comme aussi par le grand nombre de pères qui y siégèrent.

## XVI.

### CANONICUS DE LATERE. — LE CHANOINE DE LATERE.

Après dix-huit ans et demi de règne, Innocent III, mourut à Pérouse, le 16 juillet 1216, et au bout de deux jours, lui succéda, sous le nom d'Honorius III, Cencio, de la maison Sabelli, romain. Il était cardinal prêtre des SS. Jean et Paul, du titre de Pammachio.

Qu'il eût été chanoine de Latran, a été dit par plusieurs, mais avec non moins de raison, on peut rattacher à un autre motif le symbole qui lui appartient. Nous savons, en effet, par l'histoire, qu'il avait été chanoine de Sainte-Marie-Majeure. Ceci peut justifier la première partie de la prédiction ; l'autre expression reste pour nous dans la plus grande obscurité. L'an 1220, il couronna l'empereur Frédéric II, fils de Henri VI. Il confirma divers ordres religieux en 1216 : ce furent les Dominicains, en 1223, les Franciscains, puis l'ordre de Ste-Marie de la Merci, pour le rachat des captifs, etc. Il mourut en 1227, ayant régné environ onze ans.

## XVII.

### AVIS OSTIENSIS. — L'OISEAU D'OSTIE.

Le cardinal Ugolin d'Anagni, neveu d'Innocent III, de la famille des comtes de Segna, était évêque d'*Ostie*, et avait un aigle dans ses armes, précisément le second terme du symbole. Il succéda à Honorius III, en 1227, et prit le nom de Grégoire IX. Il termina ses jours le 31 août 1241, après quatorze ans et cinq mois de pontificat.

De graves démêlés, d'après l'histoire ecclésiastique, existèrent entre Grégoire et l'empereur Frédéric ; c'est pourquoi le premier fulmina plusieurs fois l'excommunication contre le second, mais sans aucun bon résultat.

## XVIII.

### LEO SABINUS. — Le lion de Sabine.

Célestin IV fut le successeur de Grégoire IX. Il s'appelait d'abord Godefroi, et était cardinal-évêque de Sabine. Il était issu de la famille Castiglioni, de Milan, laquelle avait pour armes un *lion* : c'est par là que l'allusion du symbole acquiert de la clarté. Son pontificat fut très-court, puisqu'il mourut dix-sept jours après son élection, avant d'être couronné, le 9 octobre 1241.

## XIX.

### COMES LAURENTIUS. — Le comte Laurent.

Célestin IV étant mort, le Saint-Siége resta vacant l'espace de vingt-un mois, parce que la majeure partie des cardinaux étaient retenus prisonniers à Amalfi, par l'empereur Frédéric. Rendus finalement à la liberté, ils se rendirent à Anagni, et le 24 juin 1243, ils élevèrent Sinibaldo, qui s'appela Innocent IV et qui régna dix ans. Le symbole qui précède convient au personnage indiqué ; il montre que ce pape était issu de la famille des Fieschi, comtes de Lavagne, de Gênes. Il était cardinal-prêtre de *S. Laurent in Lucina*.

Innocent convoqua, en 1245, le treizième Concile général, dit le premier de Lyon, ville où il fut tenu. Dans ce Concile, outre les autres délibérations, fut donné aux cardinaux le chapeau rouge.

## XX.

### SIGNUM OSTIENSE. — Le signe d'Ostie.

Renaud d'Anagni, neveu de Grégoire IX, de la famille plusieurs fois nommée des comtes de *Segna*, cardinal-évêque d'*Ostie*, fut le successeur d'Innocent IV. Il fut élu le 12 décembre 1254. Il se nomma *Alexandre* IV, et mourut le 25 mai 1261.

Le surnom et le titre cardinalice, chacun le verra pleinement vérifié dans la vaticination.

## XXI.

### HYERUSALEM CAMPANIÆ. — Jérusalem de Campanie.

Urbain IV, qui succéda à Alexandre IV, était né dans la ville de Troyes, en Champagne, et était patriarche de *Jérusalem*. Aussi les deux termes de la prédiction lui conviennent-ils parfaitement. Il se nommait d'abord Jacques Pantaléon, et fut créé pontife, quoique n'étant pas cardinal, vu la discorde qui régnait parmi les électeurs. Il honora le pontificat seulement trois ans et un mois.

A ce Pape doit son institution la fête du Très-Saint Corps de Jésus-Christ, qui avait commencé à Liége, à la fin de l'année 1246, et dont St. Thomas d'Aquin composa l'office.

Ce Pape approuve l'Ordre des chevaliers ou Frères de Sainte-Marie, appelés plus tard les *Joyeux*, à cause de l'admirable vie qu'ils menaient. Cet Institut avait pour objet de défendre les veuves et les orphelins, et de procurer la paix entre les familles divisées alors par les deux factions Guelfe et Gibeline. Le B. Frère Barthélemy Bragance, un des compagnons de S. Dominique, en fut le procurateur à Bologne, en 1264 ; mais avec le temps, l'Ordre s'étant relâché dans l'observance religieuse; il fut supprimé, et Sixte-Quint attribua ses biens au Collége de Montalti, à Bologne.

## XXII

### DRACO DEPRESSUS. — Le dragon abattu.

Après que le siége pontifical eut été vacant pendant cinq mois, fut élevé sur la chaire de saint Pierre, en 1265, le cardinal évêque de Sabine, Guido Gros (Guido Fulcodi) français, sous le nom de

Clément IV. L'allusion du symbole est dans ses armes, où l'on voit un *Aigle* qui abat un *Dragon*.

La mémoire de Clément est célèbre, non-seulement à cause de sa grande vertu et de sa science, qui lui avaient mérité de devenir le secrétaire et le conseiller de S. Louis, roi de France, mais encore par l'humilité et par le désintéressement qu'il montra constamment jusque sur le trône pontifical. Nous en avons un irréfragable monument dans une lettre qu'il écrivit à son neveu, dès qu'il fut élu Pape. J'estime faire une chose agréable au lecteur, en donnant cette pièce fidèlement traduite ; par là chacun verra par soi mêmes quels furent les sentiments d'un pontife qui vient dans un de ces siècles, signalés injustement comme des siècles d'ignorance, de faste et de domination.

« Clément évêque, serviteur des serviteurs de Dieu, à son cher fils Pierre Gros, de Saint-Gilles, salut et bénédiction apostolique.

» Beaucoup se réjouissent de mon élévation ; mais moi je ne trouve en elle que motifs de crainte et de larmes, étant seul à sentir le poids énorme de ma charge. Afin donc que vous sachiez comment vous avez à vous conduire dans cette occasion, je vous avertis qu'il vous convient d'être plus humble qu'auparavant, puisque ce qui m'humilie moi-même ne doit pas être un motif de s'énorgueillir et de s'enfler pour mes parents, alors surtout que les honneurs de ce monde sont éphémères et passent comme la rosée du matin. Ma volonté est donc que ni vous ni votre frère, non plus qu'aucun des nôtres ne vienne me trouver sans un ordre spécial de moi ! Dans le cas contraire, trompés dans leur espoir, ils auront à retourner chez eux, couverts de confusion. Ne cherchez pas à marier votre sœur plus avantageusement à cause de moi ; cela ne me plairait pas et je n'y donnerais pas appui. Que si vous l'unissez au fils d'un simple chevalier, je vous promets de lui donner trois cents livres tournois (somme représentant environ 500 francs). Si vous aspirez à un plus grand honneur, vous n'avez pas à attendre un sou de moi. Ma volonté, en outre, est que cela ait lieu tout-à-fait en secret, et que vous et votre mère soyez seuls à le savoir. Aucun de mes parents ne se glorifiera, sous le prétexte de mon élévation : ainsi, Mabille et Cécile épouseront ceux-là même qu'elles épouseraient si je n'étais qu'un simple clerc. Voyez Gilie (quelques écrits disent Sibille), et dites-lui qu'elle ne change pas de pays, mais qu'elle reste à Sux, et qu'elle conserve autant que possible sa gravité et sa modestie dans sa tenue. Ne recevez de communications de qui que ce soit, parce qu'elles seraient inutiles à la personne en faveur de qui elles seraient faites, et je les recevrais aussi défavorablement de Gilie. Serais-je sollicité même par des rois, je n'écouterais pas des sollicitations que j'estimerais devoir écarter. Saluez votre mère et vos frères. Je ne vous écris ni à vous, ni aux autres membres de notre famille par Bulle, mais sous le sceau du pêcheur, dont se servent les Papes dans leurs affaires privées.

## XXIII.

### ANGUINEUS VIR. — L'HOMME SERPENT.

Clément IV mourut le 29 novembre 1268, et vu la discorde entre les cardinaux, le Saint-Siége vaqua trente-trois mois, jusqu'au 1er septembre 1271, où fut élu pape Théald ou Téobald, des Visconti de Plaisance, lequel n'était ni cardinal ni évêque, mais seulement archi-diacre de Liége, ce qui donna lieu à cet ingénieux distique :

*Papatus munus tulit Archidiaconus unus,*
*Quem patrem patrum fecit discordia fratrum.*

Un simple archi-diacre a obtenu l'honneur de la papauté ;
La discorde de ses Frères l'a fait Père des Pères.

Il prit le nom de Grégoire X et l'Eglise le vénère comme bienheureux.

Le Symbole qui lui est propre vient de ses armes, qui contiennent un serpent.

Il y avait déjà vingt ans que l'empire était vacant, et quoique dans cet intervalle, plusieurs princes eussent été déclarés rois des

Romains, aucun d'eux cependant n'avait été solennellement investi de la dignité impériale. Mais le dernier jour de septembre 1273, Rodolphe, comte de Habsbourg, fut élu et ensuite couronné. De ce prince et de son élévation vient la puissance de l'auguste maison d'Autriche.

C'est *Grégoire X* qui convoqua à Lyon, en 1274, le quatorzième Concile général, le plus nombreux de tous, puisqu'il y accourut cinq cents évêques et mille prélats inférieurs. Dans ce concile furent établies certaines règles pour l'élection des Souverains-Pontifes, tendant à prévenir les désordres qui précédemment s'étaient produits; ces règles, qui ont reçu, depuis, des perfectionnements, sont encore en vigueur aujourd'hui.

## XXIV.

### CONCIONATOR GALLUS. — Le prédicateur français.

N'est-ce pas merveilleux que de voir un prédicateur français, annoncé ici avec tant de simplicité, succéder à Grégoire X ? Pierre de Tarentaise, né dans la Bourgogne, en France, de l'Ordre des *Prédicateurs*, avait été fait cardinal-évêque d'Ostie. Il reçut la tiare le 20 juin 1276 et se nomma Innocent V.

Il est à noter, en outre, qu'une autre prédiction se rapporte à ce symbole, c'est celle de l'Institution Dominicaine, qui avait eu son commencement septante ans après la mort de *S. Malachie*.

## XXV.

### BONUS COMES. — Le bon comte.

Dans la même année 1276, le 10 juillet (puisque Innocent occupa le pontificat cinq mois seulement), fut élu Adrien V. Il mourut trente-neuf jours après, sans avoir été sacré. Les termes du symbole, *le bon Comte* lui conviennent on ne peut mieux, puisqu'il était appelé le *bon* Othon, et qu'il était neveu d'Innocent IV, de la famille des Fieschi, *comtes* de Lavagna, de Gênes.

## XXVI.

### PISCATOR TUSCUS. — Le pêcheur étrusque.

Le cardinal Pierre de Giuliano, portugais, succéda, au mois de septembre de cette année 1276, à *Adrien V*, sous le nom *Jean XXI*, (bien qu'il fallut plutôt dire XX), et gouverna l'Eglise environ huit mois, étant mort à Viterbe, des blessures qu'il reçut de l'effondrement de la chambre dans laquelle il dormait (1).

Pour l'intelligence du présent symbole, il faut savoir si Pierre était évêque d'Etrurie, ce qu'explique suffisamment le second terme. Pour le premier terme (*Le Pêcheur*), les interprètes le trouvent expressément dans ce mot, prétendant que l'expression de *pêcheur* désigne, par antonomase, le prince des Apôtres, qui, comme chacun le sait, exerçait la profession de la pêche.

## XXVII.

### ROSA COMPOSITA. — La rose composée.

Après une vacance de six mois, la chaire apostolique fut occupée, le 25 novembre 1277, par Jean Gaëtan Orsini, romain, cardinal diacre de S. Nicolas *in Carcere Tulliano*, qui s'appela Nicolas III, et qui mourut au mois d'août 1280.

Ses armes, où l'on voit une rose, avec le qualicatif de *composée*, indiquent ce que mérita ce Pape par la bonté de ses mœurs : ils sont la représentation fidèle de la prédiction, conformément au témoignage de Platine et des autres historiens.

(1) Les historiens sont en mésaccord sur la question de savoir si, entre Adrien V et Jean XXI, il a été élu un autre pontife. Ceux qui sont pour l'affirmative soutiennent que ce fut un certain *Vice-Seigneur* de Plaisance, de l'Ordre des Mineurs, cardinal évêque de Palestrina, neveu de la sœur de Grégoire X, lequel survécut seulement 24 heures à son élection. Si cela avait réellement existé, la série des symboles de notre Prophétie présenterait une insurmontable difficulté. Mais beaucoup d'autres auteurs, très-accrédités, n'admettent nullement cette élection.

## XXVIII.

**EX TELONEO LILIACEI MARTINI.** — DE LA TRÉSORERIE DE MARTIN DES LYS.

Le Saint-Siége vaqua de nouveau pendant six mois, après lesquels fut élu Simon de Brie, français, prêtre cardinal de Sainte-Cécile, qui monta sur le trône pontifical en février 1281, sous nom de Martin IV (1) et qui régna un peu plus de quatre

Je ne sais comment on pourrait mieux indiquer un objet, que Martin IV avait été *trésorier* de l'église de *St-Martin-de-Tours*, et qu'il avait des *lys* dans ses armes. Ces deux choses se rapportent exactement à la personne de ce Pontife.

Sous son règne, arriva en Sicile, le lundi de Pâques, 30 mars 1282, le massacre des Français, connu sous le nom de *Vêpres Siciliennes*, parce que le son des vêpres fut le signal de cette fatale révolution, où périrent plus de huit mille personnes.

## XXIX.

**EX ROSA LEONINA.** — DE LA ROSE DES LIONS.

Jean Savelli, romain, cardinal-diacre de Ste-Marie *in Cosmedin*, qui succéda à Martin IV, sous le nom d'Honorius IV, avait dans ses armes une *rose* soutenue par les griffes de deux *lions*. On ne saurait mieux réussir une vaticination. Ce Pape régna deux ans, de 1285 à 1287.

## XXX.

**PICUS INTER ESCAS.**

Nous n'avons pas traduit ce symbole, parce que l'explication ne peut se trouver que dans les paroles latines mêmes. Le Pontife

(1) Proprement Martin II, puisque avant lui ne se trouve qu'un seul pape de ce nom, et c'est celui dont la mémoire est vénérée dans l'Église, le 12 novembre.

qu'il concerne est Jérôme d'Ascoli, de l'Ordre des Mineurs, cardinal-évêque de Preneste, qui, après que le Siége fut demeuré vacant pendant dix mois, fut choisi en février 1288, et se nomma Nicolas IV.

Chacun sait qu'Ascoli est une ville de la Marche d'Ancône. Cette province fut appelée par les Latins *Piscenus* de *picus*, oiseau consacré par les païens à Mars, sous les auspices duquel passa pour se fixer une partie des anciens Sabins. C'est ainsi que le mot *Picus* vient indiquer d'une certaine manière le lieu d'origine de Nicolas.

A ce même mot se joint *inter escas*, comme si cette appellation voulait plus particulièrement indiquer Ascoli, patrie de Nicolas IV. La vérité est que les savants hésitent à affirmer si Ascoli était appelé par les anciens *Esculum* plutôt que *Asculum*.

N'ayant voulu moi-même que rapporter l'opinion des érudits, qui ont aspiré à ne pas laisser sans explication la moindre partie de la Prophétie, si je suis admis à présenter mon sentiment, je dirai que cette interprétation me paraît trop vague et trop confuse.

## XXXI.

### EX EREMO CELSUS. — ÉLEVÉ DE L'ERMITAGE.

Autant l'allusion du précédent symbole est peu satisfaisante, autant celle-ci peut se dire caractéristique : elle annonce en effet Pierre de Morron, qui menait la vie érémitique dans une solitude près de Sulmone, d'où, sans être cardinal, il fut élevé à la dignité pontificale, le 5 juillet 1294, après que le Siége fut demeuré vacant pendant vingt-sept mois.

Ce Pape prit le nom de Célestin V ; mais, comme la simplicité de sa personne et son inexpérience des affaires étaient trop incompatibles avec la grandeur du ministère qui lui était imposé contre sa volonté, après cinq mois et huit jours, par un exemple inouï d'humilité, il renonça à la papauté. Il mourut le 19 mai 1296, et fut mis au nombre des Saints.

En ces temps s'accomplit la miraculeuse translation de la maison de la Bienheureuse Vierge Marie, d'abord de la ville de Nazareth en Dalmatie, et de là à Lorette, dans la Marche d'Ancone, où les fidèles de toutes les parties du monde catholique accoururent porter les témoignages d'une tendre dévotion.

## XXXII.

**EX UNDARUM BENEDICTIONE. — DE LA BÉNÉDICTION DES ONDES.**

Après la retraite de Célestin V, les cardinaux lui donnèrent pour successeur Benoît Gaëtan, d'Anagni, diacre du titre des SS. Côme et Damien ; il prit le nom de Boniface VIII, et gouverna l'Église environ neuf ans. Le nem de *Benoît* et les *Ondes* qui se voient dans les armes de sa maison, vérifient le symbole.

Boniface institua, en 1300, le Jubilé, qui devait se célébrer tous les cent ans ; mais dans la suite, comme nous le verrons, cet usage a varié de durée. Il fut le premier qui parut en public avec la tiare ornée d'une triple couronne, dite communément le Trirègne. Il concéda aux cardinaux l'usage du vêtement de pourpre.

En 1291 mourait l'empereur Rodolphe d'Autriche, et était élu pour lui succéder Adolphe de Nassau. Ce dernier, en 1298, fut tué dans une bataille, par les soldats d'Albert, fils de Rodolphe, son compétiteur, et qui depuis eut accès au trône impérial.

## XXXIII.

**CONCIONATOR PATAREUS. — LE PRÉDICATEUR DE PATARE.**

Dans ces paroles : *Concionator Gallus*, avait été prédit Innocent V, comme religieux dominicain français (n° XXIV). Dans celles-ci : *Concionator Patareus*, fut annoncé Benoît XI, qui était Frère du même Ordre et qui se nommait Nicolas ; par allusion auquel nom est ajouté de Patare, qui fut la patrie de S. Nicolas.

Il descendait de la famille Bocassini, de Trévise, et était cardinal-évêque d'Ostie. Il régna environ huit mois, et sa mémoire dans l'Eglise est vénérée comme celle d'un Bienheureux.

## XXXIV.

### DE FOSSIS-AQUITANICIS. — DES FOSSÉS DE GASCOGNE.

Bertrand de Got, archevêque de Bordeaux, après une vacance du Siége de onze mois, quoique n'étant pas cardinal, succéda à Benoît XI, au mois de juin 1305, sous le nom de Clément V. Il mourut au mois d'avril 1314.

Il était natif de *Gascogne*, et avait dans ces armes certaines traverses semblables à des *fossés* qui seraient creusés dans la campagne ; telle peut être la signification du symbole.

Ce Pontife établit son siége à Avignon, où continuèrent de régner ses successeurs, pendant soixante-dix ans.

En 1311, il convoqua à Vienne, en Dauphiné, le quinzième Concile général, dans lequel, outre les autres matières dont il s'occupa, fut supprimé l'Ordre équestre des Templiers, lequel avait été fondé en 1118.

L'empereur Albert fut tué par Jean, duc de Suède, son neveu ; Henri VII, duc de Luxembourg, lui succéda, et ne régna que six ans.

Le privilége des rois de France de communier sous les deux espèces, le jour de leur sacre et à l'article de la mort, reconnaît pour auteur Clément V, qui le concéda à Philippe IV, dit le Bel.

## XXXV.

### DE SUTORE OSSEO. — DU CORDONNIER D'OSSA.

La Chaire de St. Pierre vaqua un peu moins de vingt-huit mois, depuis la mort de Clément V jusqu'au 7 août 1316, où elle fut occupée par le cardinal Jacques, français, évêque de Porto, qui s'appela Jean XXII, et qui s'éteignit en 1334, après 18 ans et quatre mois de règne.

La majeure partie des historiens assurent qu'il était de basse extraction, et l'on croit communément que son père exerça la profession de cordonnier. A cela est ajouté le surnom d'*Ossa* (ou d'Eusse), que portait sa famille : nous avons ainsi l'explication de la valicination.

Henri VII étant mort, il s'éleva deux prétendants à l'empire, c'est-à-dire Louis, duc de Bavière, et Frédéric d'Autriche. Ayant confié aux armes la décision de leur cause, le premier fut vainqueur. Le Saint-Siége eut avec lui de longs démêlés, et dès-lors de grands maux en résultèrent pour l'Eglise et ses états.

En 1319, le bienheureux Bernard Tolomei, de Sienne, fonda l'ordre monastique des Olivétains.

## XXXVI.

### CORVUS SCHISMATICUS. — LE CORBEAU SCHISMATIQUE.

Voici un autre de nos symboles qui sollicite extraordinairement l'attention du lecteur. Le personnage qu'il annonce est F. Pierre *Corbario*, de l'ordre des Mineurs. Il ne pouvait pas être appelé autrement que *schismatique*, puisque, à l'instigation de Louis de Bavière, il osa s'opposer au pontife légitime Jean XXII, se donnant le nom de Nicolas V. Cela arriva en 1328 ; mais deux ans après, il mit fin au schisme en renonçant à demeurer anti-pape.

On voit donc dans les deux termes de la prédiction le surnom et la qualification de la personne marquée dans le symbole.

## XXXVII.

### FRIGIDUS ABBAS. — LE FROID ABBÉ.

Le successeur de Jean XXII fut le cardinal de Ste-Frisca, Jacques Fournier, français, qui se nomma Benoît XII et régna un peu plus de sept ans, jusqu'en 1342.

Il fut moine de Citeaux, et avait, en qualité d'*abbé*, gouverné le monastère de *Font-Froide*, situé dans le diocèse de Mirepoix, en France. De là résulte l'allusion du symbole.

## XXXVIII.

### DE ROSA ATREBATENSI. — DE LA ROSE D'ARRAS.

Pierre Roger, francais, moine bénédictin, cardinal-prêtre des

SS. Nérée et Achillée, fut, après la mort de Benoît XII, élevé sur le trône pontifical, sous le nom de Clément VI, et vécut jusqu'en 1352, ayant alors régné dix ans et sept mois.

L'allusion du symbole relève de la *Rose*, qui se voit dans ses armes, et de l'évêché d'Arras, ville de l'Artois, qu'il avait occupé.

Le Jubilé, qui avait été établi par Boniface VIII, pour être célébré tous les cent ans, fut réduit à cinquante ans par Clément VI.

Les différends survenus entre le Sacerdoce et l'Empire finirent à la mort de Louis de Bavière, peu de temps après l'élection de l'empereur Charles IV, fils de Jean, roi de Bohême.

Edouard III, roi d'Angleterre, institua, vers l'an 1350, l'ordre de chevalerie de la Jarretière.

## XXXIX.

### DE MONTIBUS PAMMACHII. — Des Monts de Pammachie.

A Clément VI succéda, le 18 décembre 1352, Etienne d'Albert, français, qui prit le nom d'Innocent VI, et qui occupa le pontificat environ dix ans.

Son prédécesseur l'avait nommé cardinal des SS. Jean et Paul, du titre de *Pammachie* ; mais les armes ne présentent pas une chaîne de monts, comme on a voulu le faire croire, pour mieux adapter le symbole.

## XL.

### GALLUS VICOMES. — Le Français Vicomte.

Les Cardinaux ne se trouvant pas d'accord pour donner un successeur à Innocent VI, ils élurent, le 27 septembre 1362, un pape pris hors du Sacré-Collége. Celui-ci fut Guillaume de Frissac, français, moine bénédictin, qui prit le nom d'Urbain V, et gouverna l'Eglise pendant huit ans et trois mois.

Nous savons par l'histoire que, lorsqu'il fut créé pape, il était légat en Italie, auprès des Visconti, seigneurs de Milan. Cette particularité, jointe au mot français, qui indique sa nationalité, a été considérée comme très-suffisante pour l'explication du symbole.

Le bienheureux Jean Colombini, de Sienne, institua, en ce temps, l'Ordre des Jésuates, qui fut ensuite aboli en 1668, par Clément IX.

## XLI.

NOVUS DE VIRGINE FORTI. — Le Nouveau de la Vierge forte.

Après la mort d'Urbain V, fut élu, en décembre 1370, sous le nom de Grégoire XI, Pierre de Beaufort, cardinal-diacre de Ste-Marie-la-Neuve, neveu de Clément VI, quoiqu'il n'eût que trente-cinq ans : il n'en régna que sept.

Nous avons deux interprétations du symbole : une littérale, l'autre allégorique ; la première est tirée du surnom et du titre cardinalice ; pour la seconde, il faut considérer que ce Pape eut l'honneur de rétablir le Siége apostolique à Rome, après septante années depuis que Clément V l'avait transféré à Avignon. Par ceci, il a pu être nommé *Nouveau*. Suivent les mots *de la Vierge forte*, parce que les conseils de Ste. Catherine de Sienne, vierge vraiment forte et illustre, furent pour une grande part dans la décision de Grégoire.

## XLII.

DE CRUCE APOSTOLICA. — De la croix apostolique.

A Grégoire XI succéda l'archevêque de Bari, qui se nomma Urbain VI. Il fallait ou que les cardinaux français supportassent péniblement un pape italien, habitués qu'ils étaient, depuis tant d'années, à les avoir de leur propre nation, ou bien qu'Urbain VI, par le désagrément de la translation, se les rendît hostiles : le fait est qu'au nombre de dix et de concert avec trois autres, italiens, ils se retirèrent de Rome, déclarèrent nulle l'élection, et qu'ils élevèrent sur le siége pontifical, le 21 octobre 1378, l'intrus Robert de Gimora, cardinal-prêtre des *XII Apôtres*, qui prit le nom de Clément VII, donnant ainsi commencement à un déplorable schisme, qui déchira l'Eglise pendant autres cinquante années.

A cet anti-pape appartient le présent symbole, parce que l'allusion procède du titre cardinalice et des armes qui présentent une *Croix*.

### XLIII.

#### LUNA COSMEDINA. — LA LUNE COSMÉDINE.

Après six ans de pseudo-pontificat, mourut Clément VII, auquel succéda Pierre de *Luna*, aragonais, cardinal-diacre de Ste-Marie in *Cosmedin*, sous le nom de Benoît XIII. La prédiction est si claire par elle-même, qu'il est superflu de s'attacher à la démontrer.

Une chose à noter, c'est que cet anti-pape ceignit la tiare trente ans, de sorte qu'il dépassa le règne de S. Pierre lui-même, alors qu'il n'avait été donné de l'égaler jusques-là à aucun de ses successeurs.

### XLIV.

#### SCHISMA BARCHINONIUM. — LE SCHISME DE BARCELONE.

Benoît étant mort en 1424, les cardinaux du parti schismatique élurent Gilles de Munion, chanoine de *Barcelone*, qui s'appela Clément VIII, mais qui, après quatre ans de siége, fut contraint de céder tout pouvoir à Martin V, légitime Pontife, élu au Concile de Constance.

Pourquoi désigne-t-on comme schismatique Gilles seulement, et non pas les deux autres qui l'avaient précédé ? C'est une question à laquelle il n'est pas facile de donner une réponse convenable.

### XLV.

#### DE INFERNO PRÆGNANTE. — DE L'ENFER QUI CONÇOIT

La discorde des électeurs fut celle qui, après la mort de Grégoire XI, porta au trône pontifical, en 1378, comme cela a été dit, sans qu'il fût cardinal, l'archevêque de Bari, Barthélemy *Prignano*, napolitain, avec le nom d'Urbain VI.

Le nom vérifie le second terme du symbole : pour le premier, on le dira clair immédiatement, s'il est vrai que Barthélemy fût issu d'un lieu de naissance voisin d'une hôtellerie qu'on appelait vulgairement l'*Enfer*. Ciacconio, sévère investigateur de l'antiquité, garantit cette indication. Un autre auteur, dans l'hypothèse de l'authenticité de la Prophétie, croit voir dans ce symbole une allégorie très-significative : c'est que la promotion d'Urbain devait être un *Enfer qui conçoit*, comme les faits le montrent, puisqu'il en sortit des perturbations, des discordes, des schismes tels, qu'ils ne seront jamais rappelés dans l'Eglise de Dieu sans gémissements et sans douleur.

### XLVI.

### CUBUS DE MIXTIONE. — Cube du mélange.

Les armes de ce Pape indiquaient (1) bien le successeur d'Urbain VI, dans la personne du cardinal-prêtre de Ste-Anastasie, Pierre Tramacelli, napolitain, qui choisit le nom de Boniface IX, et qui régna quinze ans.

En ce temps mourut Charles IV. Son fils Venceslas prit les rênes de l'Empire; mais à cause de la vie scandaleuse qu'il menait, il fut privé de sa dignité en 1400, et Robert, duc de Bavière, en fut investi.

### XLVII.

### DE MELIORE SIDERE — De la meilleure étoile.

Côme, de la famille *Migliorati*, de Sulmone, cardinal-prêtre de Sainte-Croix de Jérusalem, fut, en 1404, élu pape, sous le nom d'Innocent VII, mais il ne survécut qu'un peu plus de deux ans.

Nous avons d'abord, dans le premier terme, le nom d'*Innocent*; et le second est représenté par les armes (avec une étoile ou co-

---

(1) Elles représentent des cubes de plusieurs genres.

mêle) de sa famille : il n'est de la sorte pas besoin d'autre chose pour l'entière intelligence du Symbole.

## XLVIII.

### NAUTA DE PONTE NIGRO. — Le nocher du pont noir.

Lorsque mourut Innocent VII, Benoît XIII tenait sa cour à Avinon, et le monde catholique était fortement divisé en deux parties. Alors les cardinaux de Rome auraient dû plutôt ajourner l'élection nouvelle que d'y procéder, puisque faire autrement, c'était continuer le schisme. Mais ils entrèrent en conclave, et promirent de résister à tout désordre ; ils jurèrent solennellement tous ensemble que lequel que ce fût d'entr'eux qui serait élu, il résignerait la dignité, comme y était aussi obligé son compétiteur. Mais la suite fit voir qu'il était trop difficile d'obtenir du Pape l'accomplissement d'une promesse faite par le Cardinal. Ange Corrario, vénitien, cardinal-prêtre de St-Marc, fut donc élu, le dernier jour de novembre 1406, et il se nomma Grégoire XII.

Les interprètes du Symbole ci-dessus disent que Ange fut évêque de *Negrepont*. Mais quelle est leur base ? Qu'ensuite *nautonnier* dénote la patrie, puisque Venise, reine de l'Adriatique, a produit des hommes distingués dans l'art nautique, ce qui me parait une explication extravagante et absurde.

Pour rendre la paix à l'Eglise, un Congrès avait été projeté, avec la pensée d'y obtenir l'abdication ardemment désirée. Ce projet était beau, mais aucun des deux personnages n'avait la volonté de se dépouiller de sa propre dignité ; et paraissait plutôt recourir à la dissimulation pour éluder les bonnes intentions des princes et les espérances du peuple chrétien. Voyant donc désespéré l'espoir de faire l'union, les deux Collèges des cardinaux abandonnèrent leurs Pontifes, et s'étant retirés à Pise, ils y convoquèrent un Concile. Cette assemblée commença à siéger le 25 mars 1409, et après avoir solennellement déposé et dépouillé de la papauté Grégoire et Benoît, elle s'occupa de nommer un troisième Pontife, déclarant que celui-ci devrait être seul reconnu pour vrai et légitime successeur de S. Pierre. L'élu fut Pierre de Candie, de l'Ordre des Mineurs, qui prit le nom d'Alexandre V, dont nous parlerons ci-après. Cette élection ne fit toutefois qu'aggraver les maux de l'Eglise, car si elle était déjà séparée en deux fractions, maintenant elle en formait trois. L'un et l'autre des Papes déposés par le Concile, continuèrent à gouverner la portion du peuple qui, ou par intérêt ou par force leur donnait obéissance. Grégoire XII persista à se comporter de cette manière jusqu'en 1415, où, tenant le Concile de Constance, il renonça au Pontificat. Deux années après il passa à une meilleure vie, à Recanati.

## XLIX.

### FLAGELLUM SOLIS. — LE FOUET DU SOLEIL.

Le Concile de Pise, comme nous l'avons indiqué plus haut, éleva au Pontificat suprême, le 26 juin 1409, le Frère Pierre Filarge, de Candie, de l'Ordre des Mineurs, cardinal-prêtre des Douze Apôtres, sous le nom d'Alexandre V. Mais son règne fut assez court, puisqu'il n'arriva pas à une année.

Les armes de ce Pape représentent le *soleil*, qui de ses rayons frappe et *flagelle* en quelque sorte les planètes qui lui forment une couronne.

## L.

### CERVUS SYRENÆ. — LE CERF DE LA SIRÈNE.

Alexandre V eut pour successeur, le 17 mai 1510, Baldassare Cossa, d'origine napolitaine, cardinal-diacre de St. Eustache, qui se nomma Jean XXIII.

Comme l'église de St-Eustache, dont Baldassare portait le titre, étant cardinal, a pour blason un *Cerf*, et que de Naples vient le nom de Partenope, une des Sirènes ; *Une des Sirènes te donna ton nom mémorable*, etc. (Sil. Ital.) ; de là nous tirons l'allusion du présent symbole.

Peu après son élévation, mourut l'empereur Robert, à qui

succéda Sigismond, roi de Hongrie, fils de Charles IV et frère de Vanceslas, qui en 1400 avait été déposé.

Les affaires de l'Eglise se trouvaient toujours dans un déplorable état : il ne pouvait en être autrement, puisqu'elle avait eu trois têtes. On pensa donc à de plus forts moyens pour couper enfin le chef de cette hydre qui déchirait le troupeau de Jésus-Christ. A cet effet, fut convoqué, à fin novembre 1414, le célèbre concile de Constance. Jean avait promis de résigner la papauté, chaque fois que ses compétiteurs avaient pris le même engagement. On connut bientôt qu'il temporisait trompeusement, car voyant inutile tout artifice pour s'affranchir du Concile, il s'enfuit de Constance. Mais, par ordre de cette même assemblée, il fut arrêté, déposé, et confié à la garde de Louis, duc de Bavière, qui le retint prisonnier à Heidelberg. Le Concile élut ensuite pape Martin V. Ce dernier se trouvant en 1419, à Florence, Jean y fut conduit : il se soumit au légitime vicaire de Jésus-Christ, et en retour de sa docilité, il reçut le cardinalat de Toscane. Il ne survécut que peu de temps, étant mort le 22 décembre 1419, dans la même ville de Florence, où il fut enseveli avec grande pompe, dans l'église de St-Jean-Baptiste, avec cette inscription : *Jean XXIII, autrefois Pape, mourut à Florence, l'an de N. S. MCCCCXVIIII, le XI des kalendes de juin.*

Dans ce même Concile, furent solennellement anathématisées les erreurs de Jean Vicleff, de Jean Hus et de Jérôme de Prague : ces deux derniers furent dans la suite condamnés au feu.

## LI.

CORONA VELI AUREI. — La couronne du voile d'or.

Des trois Papes qui, à cette époque, s'étaient partagé le gouvernement de l'Eglise, deux, comme il a déjà été dit, furent juridiquement déposés au Concile de Constance, et l'autre renonça spontanément à ses prétentions. La cause du schisme étant ainsi détruite, on pensa à élever celui qui devait être le centre de la communion catholique, et le choix tomba sur la personne d'Odon Colonna, romain, cardinal-diacre de S. Georges *au Voile d'or*, qui prit le nom de Martin V. Cet événement date de novembre 1417. Ce nouveau pontife régna treize ans et demi.

Le titre cardinalice contribue beaucoup à l'explication du symbole. Sous ce pontificat eut son origine l'Ordre de chevalerie de la Toison d'or, établi en 1430, par Philippe-le-Bon, duc de Bourgogne.

## LII.

### LUPA CŒLESTINA. — La louve célestine.

Le successeur de Martin V fut Gabriel Condulmerio, vénitien, cardinal-prêtre de S. Clément, qui s'appela Eugène IV. Il avait professé à l'institut des chanoines *Célestins* et était évêque de Sienne, tandis que ses armoiries sont une *louve*. De cela dépend l'interprétation de la vaticination afférente à ce pape.

Sous ce pontife, l'Eglise eut à souffrir de nouvelles épreuves, puisque le Concile de Basle étant convoqué, des différends s'élevères entre trois Pères et le Pape. Celui-ci fut, dans cette assemblée, déclaré déchu de sa dignité, et on mit à sa place Amédée de Savoie, avec le nom de Félix V. Alors les catholiques se divisèrent en trois partis : quelques-uns continuèrent à reconnaître Eugène, d'autres suivirent le parti de Félix, et d'autres enfin ne voulurent obéir à aucun des deux. Cependant Eugène, qui avait ordonné la translation du Concile de Basle à Ferrare, de cette dernière ville le transporta à Florence, à cause de la peste : là fut traitée et conclue la paix, le 6 juillet 1439, pour la réunion de l'Eglise grecque à l'Eglise latine, dont la première avait été séparée pendant cinq siècles.

Les articles que confessèrent les Grecs, furent 1° la procession du Saint-Esprit du Père et du Fils ; 2° la validité de la consécration eucharistique dans le pain azime ; 3° l'existence du purgatoire ; 4° la primauté d'honneur et de juridiction dans l'Eglise entière dans la personne de l'Evêque de Rome. Depuis cette époque glorieuse, Eugène vécut encore huit ans et après en avoir régné un peu moins de seize, il fut appelé à une meilleure vie, en 1447.

L'empereur Sigismond termina également ses jours en 1447. Albert II, d'Autriche, monta sur le trône.

## LIII.

### AMATOR CRUCIS. — Celui qui aime la croix.

Le Concile de Basle, comme nous en avons ci-dessus averti, non-seulement refusa d'adhérer aux insinuations d'Eugène IV, mais de plus, le jugeant indigne du souverain pontificat, prétendit le déposer pour intrusion au Saint-Siége et élire Amédée de Savoie, qui, après avoir abdiqué le gouvernement de ses Etats, menait la vie érémitique, dans la solitude de Ripaglia. Nous n'omettrons pas ici une circonstance assez singulière dans cette élection, conservée par Flavio Blondo, écrivain contemporain : c'est que, sur trente-trois électeurs, vingt-deux étaient sujets d'Amédée. (Déc. III, liv. 10). C'est ainsi qu'il se décora, en 1439, de la Tiare pontificale, sous le nom de Félix V ; il se maintint en possession de sa précaire dignité pendant dix ans, jusqu'en 1449. Il la déposa aux pieds du légitime pasteur, et retourna dans la solitude, pour y vivre et y mourir saintement, le 13 juin 1451.

Les termes symboliques de *Celui qui aime la Croix* s'adaptent facilement à cet anti-pape, puisqu'ils sont relatifs à son nom et aux armes de la royale maison de Savoie, lesquelles ont une *Croix*. Pourtant une autre allégorique explication peut aussi être donnée ; c'est que *Celui qui aime la Croix* ne pouvait convenir qu'à ce prince : n'avait-il pas renoncé aux honneurs et à la grandeur du trône, pour suivre Jésus-Christ dans une vie pénitente et mortifiée ?

## LIV.

### DE MODICITATE LUNÆ. — De la petitesse de la lune.

Eugène IV étant mort, monta sur la chaire de St. Pierre, le 6 mars 1447, le cardinal-prêtre de Ste-Suzanne, Thomas, évêque de Bologne, qui prit le nom de Nicolas V, et tint le pontificat pendant huit ans.

— 54 —

Il était de basse condition, et était né à Sarzana, dans le diocèse de *Luni*, antique ville de Toscane : d'où lui conviennent ces deux parties du symbole qui le nomme : *La petitesse de la Lune*.

En 1452, il couronna l'empereur Frédéric III, d'Autriche, qui à la fin de 1439, avait succédé à Albert.

En 1453 fut prise par les armes ottomanes, commandées par Mahomet II, la ville de Constantinophe, et avec cette chute prit fin l'ancien empire des chrétiens en Orient (1).

LV.

BOS PASCENS. — Le bœuf qui pait.

Si vous admettez que les emblêmes païens ont pu être convenablement employés par l'auteur de la Prophétie pour annoncer les Papes futurs, on ne peut nier que ce symbole n'ait du merveilleux ; car un *Bœuf qui paît* forme précisément le blason de la famille espagnole Borgia, dont est issu Alphonse, cardinal-prêtre des Quatre-Saints-Couronnés, successeur de Nicolas V. Il prit le gouvernement de l'Eglise en 1455, sous le nom de Calixte III, et mourut en 1458.

La pieuse coutume de réciter l'*Angelus*, etc. à midi fut introduite par ce Pontife, afin que les fidèles implorassent ainsi la protection divine sur les armées chrétiennes qui alors combattaient contre les Turcs.

LVI.

DE CAPRA ET ALBERGO.

A Calixte III succéda, le 19 août 1458, Enéas Silvius Piccolomini, de Sienne, cardinal-prêtre de Ste-Sabine, qui se nomma Pie II, et régna un peu moins de six ans.

(1) C'est chose digne de remarque que cet empire commença à Constantin-le-Grand, fils d'Hélène, et qu'il finit également sous un Constantin quinzième du nom, et fils d'une autre Hélène.

C'est pour avoir, dans sa jeunesse servi de secrétaire aux cardinaux Dominique Capranica et B. Nicolas Albergati, que l'on rapporte l'allusion du symbole aux deux termes ci-dessus (1).

## LVII.

### DE CERVO ET LEONE. — DU CERF ET DU LION.

Un évêché et des armoiries avaient annoncé le successeur de Pie II. C'est maintenant Pierre Barbe, de Venise, cardinal-prêtre de S. Marc, neveu de la sœur d'Eugène IV, qui avait été évêque de Cervie, et qui portait dans son blason un *Lion*. Il se donna le nom de Paul II, et occupa le pontificat environ sept ans, de 1464 à 1471.

Parmi les actes de son règne est compté celui d'avoir réduit la célébration du Jubilé au période de vingt-cinq ans, comme depuis s'en est continué l'usage.

## LVIII.

### PISCATOR MINORITA. — LE PÊCHEUR MINEUR.

Fils d'un *pêcheur*, et frère de l'ordre des *Mineurs* ; ainsi fut fidèlement accomplie la prophétie relative à François de la Rovère, de Savoie, cardinal-prêtre de S. Pierre-aux-Liens, qui, après la mort de Paul II, gouverna l'Eglise pendant treize ans, jusqu'en

(1) Giava rapporte à cet endroit les paroles d'André Vittorelli, célèbre annotateur des *Vies des Souverains Pontifes*, par Ciacconio : S. Malachie, archevêque d'Armach, doué du don de prophétie, a indiqué, dans un oracle obscur, les cardinaux Dominique de Capra et Nicolas Alberti, lorsqu'il parle de Pie II, dans l'énonciation de ces deux mots : *De Capra et Albergo* : car Æneas Silvius (*Pontificat de Pie II*) dit : Il fut secrétaire des cardinaux Capranica et Albergati. V. Ciaccon. *Martin* V. tom. II, pag. 1112. édit. 1650.

1484, sous le nom de Sixte IV. Pourrait-on trouver, dans un langage symbolique, une plus grande clarté (1)?.

## LIX.

PRÆCURSOR SICILIÆ. — Le précurseur de la Sicile.

Sixte IV étant mort, fut proclamé souverain pontife, le 29 août 1484, le cardinal Jean-Baptiste Cibio, de Gênes, qui se nomma Innocent VIII, et régna environ huit ans.

Nous n'aurions aucune interprétation du symbole qui lui appartient, si le terme le *Précurseur* ne nous indiquait d'une certaine manière son nom, qui est celui du précurseur de Jésus-Christ.

## LX.

BOS ALBANUS IN PORTU. — Le bœuf d'Albano dans le port.

Rodrigue Borgia, espagnol, neveu de Calixte III, succéda à Innocent, le 30 juillet 1492, sous le nom d'Alexandre VI, et occupa la papauté pendant onze ans. Que la prédiction lui soit pleinement applicable, c'est manifeste, puisque les armes de la famille Borgia, comme nous l'avons déjà vu au n° LV, ont un *Bœuf*, et qu'il avait été cardinal évêque d'Albano, et successivement de Porto.

Après cinquante-trois ans de règne, mourut, en 1493, l'empereur Frédéric III, et il eut pour successeur son fils, Maximilien I<sup>er</sup>.

La condamnation de F. Jérome Savonarole, de l'ordre des Prêcheurs, attira la curiosité de tout le monde. Pour cette question, il a été écrit pour et contre, et même à présent, il ne serait pas facile de formuler un jugement sûr. Il faut dire que ce religieux s'élevait contre les vices du clergé et le relâchement de la

---

(1) Nous ne devons pas omettre qu'un historien nie que ce pape eût été fils d'un pauvre pêcheur ; Ciacconio soutient, en effet, que son père était un des citoyens les plus honorés de Savoie. Quoi qu'il en soit, nous nous sommes attaché à l'opinion la plus commune ; si cette opinion était fausse, tomberait la plus grande partie de la vaticination qui regarde ce pontife.

discipline ecclésiastique. Cela ne devait guère sourire au naturel d'Alexandre VI ; aussi combinant ce point avec d'autres circonstances toutes défavorables à Savonarole, une poursuite à la requête du Pontife eut lieu à Florence, et Jérome fut condamné à mort avec deux de ses compagnons : la sentence fut exécutée le 23 mai 1498.

## LXI.

### DE PARVO HOMINE. — Du petit homme.

Qui aurait cru que dans ces paroles se cachait le nom du sucseur d'Alexandre VI ? Cela est pourtant exact. De même que dans les expressions : *Inimicus expulsus* avait déjà été figuré Lucius II, de la famille Caccianimico (V. n° II), ainsi dans celle du présent symbole est indiqué François, des *Picolomini*, de Sienne, cardinal-diacre de St-Eustache, qui fut élevé au trône pontifical le 22 septembre 1503, et qui fut nommé Pie III.

## LXII.

### FRUCTUS JOVIS JUVABIT. — Le fruit de Jupiter réjouira.

Très-court fut le pontificat de Pie III, car il ne dépassa pas vingt-six jours. C'est pourquoi, avec les formalités ordinaires, les cardinaux élurent, le 1er novembre 1503, Julien de la Rovera, de Savone, neveu de Sixte IV, cardinal, évêque d'Ostie, qui prit le nom de Jules II.

Pour l'intelligence du symbole, il est nécessaire de recourir aux armes de sa famille. Elles représentent un chêne, qui, selon les poètes anciens, fut appelé l'arbre de Jupiter. Aux temps du paganisme, le chêne était consacré à cette fausse divinité. Or donc, l'arbre, ou bien le *fruit de Jupiter* sert à expliquer le second terme de la prédiction *Juvabit.* Il est vrai de dire que Jules II ne servit pas faiblement l'Eglise, car jamais tant de fermeté et de courage ne furent employés à soutenir la gloire du Saint-Siége et à étendre les limites de la puissance temporelle.

En opposition à ce Pape, fut réuni, en 1511, à Pise, un conciliabule, qui, par suite de plusieurs vicissitudes, fut transféré à Milan, et de là à Léon, où il se dissipa. Jules s'opposa à cette révolte avec toutes les armes dont il disposait, et la principale fut celle de convoquer un autre concile dans la basilique de Latran, lequel ne fut clôturé que par son successeur.

A ce Pape est due la confirmation de l'Institut régulier des Minimes, fondé par S. François de Paule.

## LXIII.

### DE CRATICULA POLITIANA. — DE LA GRILLE DE POLITIEN.

Si l'explication du précédent symbole est peu satisfaisante, celle que nous avons sous les yeux le paraît moins encore. Nous n'en ferons pas une nous-même, nous contentant de rapporter ce qu'ont dit ceux qui ont entrepris d'interpréter la Prophétie, le lecteur ayant pleine liberté de formuler lui-même son jugement.

Jean de Médicis, florentin, cardinal-diacre de Ste-Marie *in Dominica*, fut celui qui, après la mort de Jules II, reçut le souverain pontificat, le 11 mars 1513, sous le nom de Léon X, quoique, lors de son élection, il ne comptât que trente-sept ans : il n'en régna que neuf environ.

Comment donc les termes *Craticula politiana* peuvent-ils figurer le cardinal de Médicis ? Le premier terme, parce qu'il était fils de Laurent-le-Magnifique, indique mystérieusement l'instrument qui servit au martyre du saint diacre de ce nom ; le second, parce qu'il avait appris les lettres humaines du célèbre Ange *Politien*.

Au temps de ce Pape, commença de se produire, en Allemagne, l'hérésie de Martin Luther, apostat de l'Ordre des Augustins, qui fit dans la suite tant de mal à l'Eglise catholique. Henri VIII, roi d'Angleterre, reçut de Léon X le glorieux titre de défenseur de la foi, à cause qu'il avait combattu la doctrine perverse de cette hérésie. C'est ce même Henri qui, depuis, fut l'auteur du schisme désastreux de ce vaste royaume.

Maximilien 1ᵉʳ mourut en 1519, et le trône impérial fut occupé par Charles-Quint, roi d'Espagne.

## LXIV.

### LEO FLORENTINUS. — LE LION DE FLORENCE.

A Léon X succéda, le 9 juin 1522, Adrien *Florent*, cardinal-prêtre des SS. Jean et Paul, né de parents obscurs, dans la ville d'Utrecht, en Flandre. Ce Pape, par un exemple rare et fort peu reproduit depuis par les Souverains-Pontifes, qui avaient pris la coutume de changer de nom, lors de leur avènement, retint celui qu'il portait déjà et voulut s'appeler Adrien VI. Il mourut le 14 septembre 1523, après un an et huit mois de pontificat.

Au nom de ce Pape, avec lequel semble avoir de l'analogie le second terme de la vaticination, on ajoute le blason de sa famille, qui porte un lion, et c'est ainsi que l'on obtient l'allusion.

## LXV.

### FLOS PILÆI ÆGRI.

Après deux mois de conclave, Adrien VI étant mort, le 19 novembre 1523, fut élu pape Jules de Médicis, florentin, cardinal-prêtre de St-Laurent *in Damaso* ; il prit le nom de Clément VII.

Voici une nouvelle difficulté : Comment sera-t-il jamais possible d'adapter à la personne de Clément les paroles qui composent ce symbole ? Nous l'estimons une étrange entreprise, et quoique nous n'ignorions pas qu'en traitant des prédictions, il faille admettre des obscurités, des sens amphibologiques, nous avouons ne savoir comment nous y prendre, pour trouver une explication plausible aux termes qui précèdent. Et pourtant il en est qui ont tenté l'objet, et qui ont cru même avoir réussi. En un tel état de choses, nous voulons, nous, suivre constamment le système que nous avons adopté, en rapportant l'interprétation qui a eu lieu, remettant le reste au discernement du lecteur.

*Flos pilæi ægri*. Par *Flos* on entend la patrie du Pontife élu, dite, comme chacun sait, par antonomase, la ville des fleurs, Flore, etc. *Pilœi* dénote la famille, parce qu'elle indique la pièce principale du blason, composé de boules, dites en latin *pilœ*. Dans l'adjectif terminal, enfin, *œgri*, qui signifie *affligé, triste*, est la mémoire du fils de Julien, qui fut tué dans la conjuration des Pazzi, en 1478, un mois avant que ce Pape naquît.

Un grand événement troubla ce pontificat : ce fut la prise de Rome et le sac qui suivit. Elle arriva le 6 mai 1527, par les opérations de l'armée impériale, sous le commandement de Charles de Bourbon. Le malheureux Pape se réfugia au château Saint-Ange, où il fut assiégé et contraint de capituler, achetant de ses implacables ennemis la liberté et la sécurité. Les avanies commises par cette armée, composée surtout de luthériens, furent si grandes, et telles furent les calamités survenues dans cette horrible circonstance, que l'on crut avec raison reconnaître dans cette capitale, envahie par les Autrichiens et les Espagnols, plus d'horreur que lors de l'invasion des Vandales et des Goths.

## LXVI.

### HYACINTHUS MEDICORUM. — JA JACINTHE DES MÉDECINS.

Clément VII étant mort le 25 septembre 1534, après environ onze ans de règne, le cardinal Alexandre Farnèse, romain, fut élevé au trône pontifical, le 12 octobre. Il prit le nom de Paul III, et occupa le Siége apostolique quinze ans.

Le blason de la maison Farnèse porte des jacinthes. Ceci pourrait servir pour expliquer l'allusion du symbole. Mais plusieurs ont trouvé le second terme assez clair dans la personne d'*Alexandre*, attendu que son titre cardinalice était celui des SS. Côme et Damien, qui furent *médecins* de profession (1).

---

(1) Il fut promu au cardinalat par Alexandre VI, en 1493, avec ce titre ; mais dans la suite, il le changea plusieurs fois, de manière qu'au moment de son élection, il se trouva avoir le titre d'évêque d'Ostie. C'est ainsi que l'explication donnée ne peut satisfaire, par la raison déjà présentée au symbole VI.

Ce Pape a la gloire d'avoir convoqué, en 1545, le saint Concile œcuménique de Trente, ainsi nommé de la ville où la majeure partie du Concile a été tenue. L'Eglise de Jésus-Christ se trouvait déchirée par une infinité de maux : ici par la propagation de l'hérésie de Luther, de Calvin et d'autres personnes impies ; là par le schisme et les divisions qui s'élevaient dans son sein ; là encore par la corruption des mœurs dans ses propres fils. Cette assemblée sacrée venait remédier à tant de désordres ; mais elle ne put, avec les difficultés du temps, terminer ses nombreuses sessions, qu'après dix-huit ans de durée, sous le pontificat de Pie IV.

A cette époque il fallait encore réprimer le schisme dans lequel s'enfonçait misérablement le royaume d'Angleterre. Il était temps d'arrêter Henri VIII, qui prétendait répudier, après vingt ans de légitime mariage, Catherine d'Aragon, pour épouser Anne Bolein, sa concubine. L'Eglise n'a jamais approuvé aucun divorce : loin de là. Les Papes n'avaient pas cessé, d'ailleurs, de rappeler le roi au bon chemin, autant par des représentations que par des menaces ; mais toujours en vain. Au contraire, Henri VIII, ne s'attachant qu'à l'exécution de ses desseins, épousa Anne Bolein, et se déclara, chose encore inouïe, seul chef et primat de l'Eglise Anglicane : il entraîna ainsi son royaume dans les maux les plus horribles qui puissent arriver.

## LXVII.

### DE CORONA MONTANA. — DE LA COURONNE DES MONTS.

Paul III eut pour successeur Jean-Marie del Monte Aretino, cardinal-évêque de Préneste, qui fut élu le 8 février 1550, et qui régna cinq ans et demi, sous le nom de Jules III.

Le nom et les armes de cette famille s'unissent pour démontrer qu'ils sont bien appropriés à la vaticination (1).

(1) Ce blason représente trois montagnes et une double couronne de lauriers.

## LXVIII.

### FRUMENTUM FLOCCIDUM. — Grain de peu de valeur.

A ce Pontife, qui fut Marcel Cervino, de Montepulciano, cardinal-prêtre de Ste-Croix-de-Jérusalem, peut s'appliquer ce mot de Virgile (Ænéide, VI, 870) :

*Astendent terris hunc tantum fata, nec ultra*
*Esse sinest, etc.*

puisqu'il n'occupa la Chaire de Rome que vingt-deux jours, du 9 au 30 avril 1555. Il retint lui aussi son nom de baptême et s'appela Marcel II.

On le voit clairement désigné dans ses armes, où sont des épis, *frumentum* ; ce grain fut de *bien peu de valeur*, puisqu'à peine il avait germé qu'il périt.

## LXIX.

### DE FIDE PETRI. — De la foi de Pierre.

A Marcel II succéda, le 23 mai de le même année 1555, Jean-Pierre Caraffa, napolitain, cardinal-évêque d'Ostie, sous le nom de Paul IV ; après avoir gouverné l'Eglise un peu plus de quatre ans, il mourut le 18 août 1559.

Nous ne découvrons pas d'allusion dans ce symbole, si ce n'est dans le second terme, qui porte le nom de l'élu ; mais n'y avait-il pas alors dans le Sacré-Collége d'autres cardinaux qui portaient ce nom de Pierre ? Il n'y en avait pas trois assurément à qui l'esprit pût s'exercer pour attribuer la prédiction plutôt à l'un qu'à l'autre.

Ce Pape avait institué, en 1528, de concert avec Gaëtan Tiène, qui fut ensuite inscrit au catalogue des Saints, la congrégation des Clercs Réguliers Théatins, ainsi nommés de la ville de Chieti, en latin *Theate*, où ils commencèrent et dont Paul IV était alors évêque. De lui tient encore son origine le tribunal de l'Inquisition, érigé pour la répression des propagateurs et fauteurs de l'hérésie ultramontaine, qui allait se propageant de jour en jour davantage.

Un fait mémorable est celui de l'abdication de Charles-Quint. Ce pieux empereur, après avoir mis le sceptre impérial dans les mains de Ferdinand 1er, son frère, déjà élu roi des Romains, se retira en 1556, au monastère de St-Just, occupé par des religieux de S. Jérôme, lieu délicieux sur la limite de la Castille et du Portugal. Charles avait dit le dernier adieu aux grandeurs humaines, pour méditer les vérités incomparablement plus grandes que Dieu fait espérer dans l'autre vie à ses serviteurs. s'éteignit le 21 septembre 1558, âgé de cinquante-huit ans.

## LXX.

### ÆSCULAPII PHARMACUM. — LA MÉDECINE D'ESCULAPE.

Bien parfaite devait être cette *médecine* venant des mains d'Esculape, qui en avait été l'inventeur : c'est ce qui se vérifie pleinement dans l'élection de Jean-Ange, des *Medicis* (nom exprimé dans le symbole), milanais, cardinal-prêtre de Ste-Prisca, personnage versé dans les affaires publiques, ami des lettrés, doux, aumônier, orné d'autres belles qualités. Après quatre mois de vacance du Siége, il fut élevé au pontificat dans la nuit après la Noël de 1559. Il régna environ six ans, sous le nom de Pie IV.

Le 4 décembre 1553 fut le jour où finit le saint Concile de Trente, le dernier des Œcuméniques (écrit en 1794). A ce Concile intervinrent les plus savants évêques et théologiens du monde catholique ; il l'emporta sur tous les autres par l'ample exposition de la doctrine de la véritable Eglise ; par la correction et la orme de points très-nombreux concernant la Discipline ecclé- ique.

Après avoir occupé l'Empire un peu plus de six ans, quitta cette vie Ferdinand 1er, et son auguste autorité passa à son fils Maximilien II.

## LXXI.

### ANGELUS NEMOROSUS. — L'ANGE DES BOIS.

On ne pouvait pas mieux figurer le successeur de Pie IV. Le

cardinal Michel Ghisilieri, de l'Ordre des Prédicateurs, fut élu le 7 mai 1566, et reçut le nom de Pie V. Il était natif de *Bosco*, terre de l'Alexandrine, diocèse de Tortone. Il était très-digne d'être appelé *Ange* à cause de l'excellence de ses vertus : l'Eglise d'ailleurs l'a vénéré depuis comme un saint.

Ce Pape supprima, en 1571, l'Ordre religieux des Humiliés, parce que ses membres scandalisaient depuis longtemps l'Eglise, et qu'ils avaient, en dernier lieu, comploté contre la vie de S. Charles Borromée, archevêque de Milan, qui avait entrepris de les réformer.

Dans cette même année 1571, arriva en France le massacre des Huguenots. Et comme il avait été commis la nuit de la Saint-Barthélemy, il en a conservé le nom.

Pie V déclara grand-duc de Toscane Cosme 1er, des *Médicis*, qui alors gouvernait sous le simple titre de Duc. L'inauguration eut lieu le 1er septembre 1569. L'année suivante Cosme se transporta à Rome, où il reçut, des mains du Pape, avec beaucoup de solennité, le sceptre et la couronne royales, où étaient gravées ces paroles (en latin) : Pie V, Souverain Pontife, a donné cette couronne, en récompense d'un généreux attachement, d'un grand zèle pour la religion catholique et de l'amour de la justice.

## LXXII.

**MEDIUM CORPUS PILARUM.** — LE MILIEU DU CORPS DES BOULES.

Hugues Buoncompagni, bolonais, cardinal-prêtre de St-Sixte, fut le successeur de Pie V. Il fut élu le 13 mai 1572, et prit le nom de Grégoire XIII ; il mourut le 10 avril 1586. Il paraît que les premières paroles du symbole qui lui est propre, se rapportent au blason de sa famille, où figure la moitié d'un dragon. Le restant, *des boules*, reste tout-à-fait obscur, puisque nul des commentateurs n'a entrepris de l'expliquer.

Le trône impérial, devenu vacant en 1576, par la mort de Maximilien II, fut occupé par Rodolphe II, son fils qui régna trente-cinq ans.

Parmi les actes si mémorables du glorieux pontificat de Grégoire XIII, la correction par lui ordonnée du calendrier romain, qui pour cela se nomme Grégorien, occupe le premier rang. Il était bien temps de répondre aux plaintes des astronomes sur le désordre introduit dans le cycle solaire depuis le siècle de Jules César et d'Auguste, vu qu'à cette époque, le cours annuel exact du soleil n'avait pas été connu. Ce même désordre se reproduisait dans le temps pascal, établi par les Pères du premier Concile de Nicée : ce qui faisait que l'on se trouvait trop éloigné de la fixation donnée pour la célébration de la Pâque, à l'equinoxe du printemps, et cela mettait hors des limites voulues les principales ... de l'Eglise.

C'est alors que le noble Pontife, voulant remédier aux erreurs ... rieures, et prévenir celles de l'avenir, consulta les plus savants astronomes sur le meilleur moyen d'établir un cycle des épactes qui, fût désormais à l'abri des changements. Le cycle déjà découvert par Louis Lilio, de Vérone, fut celui qui mérita la préférence sur les autres. Il fut donc conclu qu'on supprimerait dix jours du mois d'octobre 1582, afin que l'Equinoxe du printemps revînt le 21 mars, selon la détermination du Concile de Nicée. Pour le maintenir dès-lors à ce point, et pour éviter de nouveaux écarts dans la suite, il fut prescrit diverses règles relatives aux années bissextiles, par le moyen d'un retranchement. Ce projet, communiqué à toutes les puissances catholiques, obtint une approbation universelle, et une bulle solennelle, du 24 février 1582, en prescrivit l'ordonnance.

## LXXIII.

### AXIS IN MEDIETATE SIGNI. — L'AXE AU MILIEU DU SIGNE.

Après la mort de Grégoire XIII, fut appelé au pontificat, le 24 avril 1585, Félix Peretti, de l'Ordre des Mineurs Conventuels, cardinal-prêtre de S. Jérôme des Sclavons, né obscurément dans les Grottes de Montalto, terre de la Marche d'Ancône ; il prit le nom de Sixte-Quint.

Il a été dit que ce Symbole convenait à *Sixte*, parce que ses armes présentent un lion traversé par le milieu d'une barre. Ce sentiment ne nous semble pas très très-satisfaisant. Nous attendons qu'il nous soit donné une meilleure explication.

Ce Pape décréta, par sa bulle du 3 décembre 1586, que le Sacré-Collége ne dépasserait pas le nombre de soixante-dix cardinaux.

## LXXIV.

### DE RORE CŒLI. — De la rosée du ciel.

A Sixte-Quint, qui mourut le 27 août 1590, après cinq années et quatre mois de pontificat, succéda, le 15 septembre, Jean-Baptiste Castagna, né à Rome, de parents génois, cardinal-prêtre de St-Marcel. Il se nomma Urbain VII, mais ne jouit de sa dignité que douze jours seulement, étant mort avant d'être couronné.

Selon les interprètes *la rosée du Ciel* annonçait manifestement le cardinal Castagna, parce qu'il était archevêque de *Rossaro*, ville de la Calabre-Citérieure, où l'on récolte une sorte de manne semblable à la rosée. Le lecteur impartial décidera du mérite d'une telle déclaration.

## LXXV.

### DE ANTIQUITATE URBIS. — De l'antiquité de la ville.

Les cardinaux assemblés de nouveau dans l'année 1590, à cause de la mort d'Urbain VII, mirent sur le trône pontifical, après de longues contestations, le 5 décembre, Nicolas Sfondrati, milanais, cardinal-prêtre de Ste-Cécile. Il prit le nom de Grégoire XIV, et régna dix mois et pareil nombre de jours.

Il n'est pas possible d'avoir de ce symbole une explication qui satisfasse ; il en est qui se sont morfondus pour trouver cette interprétation, et qui n'ont rien oublié pour établir qu'elle s'adapte aux termes de la vaticination. Mais il faut noter que, d'après ceux-là, ce symbole, rapproché du temps auquel il se rapporte, ferait voir que la Prophétie entière serait intervertie et supposée. Les personnes qui ont cru trouver une explication à *de antiquitate urbis,* prétendent que le cardinal Jérôme Simoncelli, qu'un fort parti avait voulu porter à la Papauté, avait, selon son bon plaisir, fabriqué une prophétie semblable, pour montrer que depuis Urbain VII, il avait déjà été signalé par S. Malachie, comme devant être pape, parce qu'il était natif d'Orvieto, ville que les Latins appelaient *Urbs Vetus,* ancienne ville, et à laquelle se seraient rapportées figurativement les paroles susdites. Mais nous aborderons en son lieu une question de l'issue de laquelle dé- ...d en grande partie le fondement de la Prophétie.

## LXXVI.

PIA CIVITAS IN BELLO. — La ville pieuse dans la guerre.

Le Conclave s'étant rassemblé à l'occasion de la mort de Grégoire XIV, le 29 octobre 1591, les votes des cardinaux se portèrent sur la personne de Jean-Antoine Facchinetti, bolonais, cardinal-prêtre des Quatre-Saints-Couronnés; il prit le nom d'Innocent IX. Il vécut seulement deux mois sur le trône, et de la sorte, dans le court délai d'une année, Rome vit passer trois Pontifes.

Comment expliquerons-nous le Symbole qui appartient à Innocent ? Nous pensons qu'il marque dans son expression mystérieuse, les rares qualités de ce Pape, et spécialement sa piété, sa grande bienfaisance pour secourir ses peuples affligés en un temps de grave disette. Que cette donnée soit juste ou non, le lecteur en ...ra juger.

## LXXVII.

CRUX ROMULEA. — La croix de Rome.

Hippolyte Aldobrandini, né à Fano, de parents florentins, cardinal-prêtre de St-Pancrace, fut le successeur d'Innocent IX, et fut élu le 30 juin 1592, sous le nom de Clément VIII. Son règne dépassa de peu treize années : il mourut le 3 mai 1605.

Que d'après les termes du symbole le cardinal Aldobrandini ait été désigné, parce que le blason de sa famille présente une croix semblable à celle que l'on porte devant les pontifes romains, a été dit par plusieurs, mais contre la vérité. Nous laisserons cependant dans son obscurité cette prédiction, puisqu'il nous a été impossible de trouver un rapport quelconque avec ce qu'elle représente.

## LXXVIII.

### UNDOSUS VIR. — L'HOMME PAREIL A L'ONDE.

A Clément VIII succéda, le 1er avril 1605, Alexandre de Medicis, florentin, archevêque de sa patrie, et cardinal-évêque de Preneste. Il était âgé de soixante-dix ans, était doué de qualités aimables, et rempli de saintes intentions. Il prit le nom de Léon XI, mais à peine couronné, il s'enferma, et le 29 du même mois, il ferma les yeux aux grandeurs humaines.

Il a été dit, au temps de son élection, que dans les mots *l'homme pareil à l'onde*, était clairement désigné le cardinal de Médicis, comme quelqu'un qui était grandement sujet à la paralysie, laquelle occasionne dans les membres un mouvement semblable à celui de l'eau en mouvement. Il nous semble pourtant que ce n'est pas là l'explication contenue dans le symbole : nous pensons plutôt qu'elle veut dire que de même que la vague passe rapidement et se perd, ainsi devait s'écouler le règne de celui qui succéda à Clément VIII.

## LXXIX.

### GENS PERVERSA. — LA GÉNÉRATION MALIGNE.

Réuni une fois de plus, dans un si bref intervalle, le Sacré-Collége, dans la soirée du 16 mai 1605, fit tomber son choix sur la personne de Camille Borghèse, siennois d'origine, mais né à Rome, et cardinal-prêtre de St-Chrysogone. Il prit le nom de Paul V et régna environ seize ans.

Dans les armes de cette famille se trouvent un *aigle* et un *dragon*, et dans ces deux figures du symbole de deux animaux rapaces et méchants semble se trouver l'allusion.

L'empire devint vacant deux fois sous ce pontificat. La première fois, le 20 juin 1612, par la mort de Rodolphe II, à qui succéda son frère, Mathias, qui mourut lui-même le 20 mars 1619. La dignité impériale passa à Ferdinand II, son cousin.

## LXXX.

IN TRIBULATIONE PACIS. — Dans la tribulation de la paix.

Paul V étant mort, fut élu, le 9 février 1621, Alexandre Ludovisi, bolonais, cardinal-prêtre de Ste-Marie-Transpontine, avec le [nom] de Grégoire XV. Il occupa le Saint-Siége pendant deux ans [et c]inq mois.

L'interprétation du symbole, de quelque manière qu'il soit envisagé, demeure impossible. Ils devaient, ce nous semble, savoir cela, ceux qui cherchèrent, au temps de Grégoire, une explication ; mais ils se sont crus autorisés à dire que dans les termes susdits se trouvaient marquées les circonstances critiques que traversait l'Eglise, sous ce Pape, comme le précise l'histoire. Il mit en œuvre en effet toute son activité pour soutenir la religion catholique en Allemagne et conserver la paix en Italie, alors affligée par de nombreuses tribulations.

## LXXXI.

LILIUM ET ROSA. — Le lys et la rose.

Si les interprètes se sont ingéniés de plusieurs manières pour [d]onner explication satisfaisante des paroles du symbole présent, [r]elatif à Maffée Barberini, florentin, cardinal-prêtre de St-Onuphre, [él]evé sur le trône pontifical le 6 août 1623, sous le nom d'Urbain [VI]II, nous allons voir comment ils ont réussi dans leur tentative.

Les uns trouvent l'allusion dans les armes de la famille Barberini, où sont des abeilles qui vont se poser autour des lys et des roses pour en sucer la plus pure substance. D'autres ont imaginé que le symbole avait trait à un des principaux actes du pontife, la dispense accordée pour le mariage à contracter entre Henriette, sœur de Louis XIII, roi de France, et Charles, prince de Galles.

fils de Jacques, roi de la Grande-Bretagne : ils disent que la princesse est représentée par le *Lys* et son époux par la *Rose*. Nous devons dire notre sentiment, d'après lequel ni l'une ni l'autre de ces interprétations ne satisfait.

L'empereur Ferdinand II, mort le 14 février 1637, après dix-huit ans de règne, eut pour successeur son fils, Ferdinand III.

Ce Pape donna aux cardinaux le titre d'Eminentissime ; ils n'avaient auparavant que celui d'Illustrissime. Ce privilége fut également accordé aux trois électeurs ecclésiastiques, et au grand-maître de Malte.

## LXXXII.

### JUCUNDITAS CRUCIS. — La douceur de la croix.

Le 29 juillet 1644 fut le dernier jour d'Urbain VIII, qui avait occupé le pontificat pendant vingt-un ans. Son successeur fut Jean-Baptiste Pamphili, romain, cardinal-prêtre de St-Eusèbe, qui prit le nom d'Innocent X et régna dix ans.

On a voulu déduire la signification de ce symbole de ce que Innocent fut élu le 14 septembre, jour où a lieu dans l'Eglise la mémoire solennelle de l'Exaltation de la Croix de Notre-Seigneur Jésus-Christ. Mais il est à observer que cette allusion est tout-à-fait nouvelle et qu'elle s'écarte trop de la méthode constamment suivie jusqu'à présent pour nos interprétations.

## LXXXIII.

### CUSTOS MONTIUM. — Le gardien des monts.

Bien que plusieurs Papes eussent, de temps en temps, donné des réglements pour le bon ordre des conclaves, et pour l'élection du Chef de l'Eglise, chose délicate, jamais, depuis la mort d'Innocent X, les cardinaux ne s'étaient trouvés près de trois mois en désaccord. Cependant, le 7 avril 1655, leurs votes se réunirent sur la personne de Fabius Chigi, de Sienne, cardinal-prêtre de Ste-Marie-du-Peuple. Il s'appela Alexandre VII et occupa la papauté pendant douze ans.

Nous revenons à trouver la signification des symboles dans les armes. Celles des Chigi présentent une étoile qui domine une chaîne de monts De là résulte l'allusion des termes *Gardien des monts*, d'autant plus que, selon le langage figuré, les étoiles se trouvent désignées de la même manière.

L'empereur Ferdinand III mourut en 1657, après vingt-un ans de règne. Léopold 1er, son fils, hérita du trône.

LXXXIV.

SYDUS OLORUM. — L'ÉTOILE DES CYGNES.

 sseur d'Alexandre VII fut Jules Rospigliose, de Pistoye, prêtre de St-Sixte, élu le 20 juillet 1667, sous le nom ent IX.

Pour l'interprétation de ce Symbole, il est opportun de citer ici une épigramme qu'un ingénieux poète du temps écrivit sur le même objet. Elle servira seule à montrer que l'explication est dans la mort du Pape, à la grave nouvelle qui lui annonça la perte de la ville de Candie, tombée au pouvoir des Turcs, au grand détriment des forces chrétiennes et de la république de Venise.

*Cur Papam hunc dicat Malachias sidus Olorum ?*
 *Dum vixit, potuit dicere nemo bene.*
*Sed mors explicuit ; cum Candia perdita papæ*
 *Elicuit gemitum, nonne Olor ipse fuit ?*
*Ut moriens modulatur Olor, sic Candia eidem*
 *Non moduli, at gemitus causaque mortis erat.*
*Sic Hierosolymam lugens Urbanus obivit,*
 *Constantinopolim sic, Nicolae, gemis.*
*Lucius Edessam sic luxerat ante secundus ;*
 *Planxisti amissam sic, Adriane, Rhodum ?*
*Nescio cur fuerit vivens hic Sidus Olorum :*
 *Hoc scio, quod moriens stella doloris erat.*

Pourquoi S. Malachie appelle-t-il ce Pape : *Étoile des Cygnes* ? Pendant sa vie personne ne put le dire ; mais sa mort donna l'explication : Lorsque Candie fut perdue pour ce Pontife, il jeta un gémissement ; n'était-ce pas celui du cygne ? De même que chante le cygne mourant, ainsi la chute de Candie fut la cause non pas d'un chant pour Clément, mais d'un gémissement et de sa mort. Ainsi s'éteignit Urbain pleurant Jérusalem. Ainsi tu gémis sur Constantinople, ô Nicolas ! Ainsi Lucius second avait gémi sur Edesse, et toi, Adrien, sur la perte de Rhodes. Je ne sais ce que fut vivant cet *astre des Cygnes* ; je sais qu'en mourant, il était une étoile de douleur.

## LXXXV.

### DE FLUMINE MAGNO. — Du grand Fleuve.

Clément IX porta la tiare un peu plus de deux ans. Le Sacré-Collége consacra quatre mois et quatre jours à lui donner un successeur. Le 29 avril 1670, enfin, fut proclamé Emile Altieri, qui gouverna l'Eglise pendant six ans, sous le nom de Clément X.

Les parents de ce Pape étaient romains, de la rue du Tibre, appelé emphatiquement par le poète : *Le Tibre, fleuve des rois et roi des fleuves*. Telle se montre l'explication du Symbole.

## LXXXVI.

### BELLUA INSATIABILIS. — La bête insatiable.

L'aigle et le lion, *bêtes* réellement *insatiables*, qui se voient dans les armes de la famille Odescalchi, de Côme, vérifient cette vaticination dans la personne de Benoît, qui fut appelé au trône pontifical le 21 septembre 1676, sous le nom d'Innocent XI.

## LXXXVII.

### PŒNITENTIA GLORIOSA. — La pénitence glorieuse.

Après avoir saintement gouverné l'Eglise environ treize ans, Innocent XI passa de cette vie en une vie meilleure, et le 6 octobre 1689, lui succéda Pierre Ottoboni, vénitien, cardinal-prêtre de St-Sauveur, sous le nom d'Alexandre VIII. Il régna un peu plus d'un an.

Il est à croire que le symbole est une pure allusion, parce que l'élection eut lieu le jour où est vénérée la mémoire de S. Bruno, grand pénitent dans la vie, puis saint glorieux au Ciel. Je renvoie, à cet effet, à mes considérations du n° LXXXII.

Que si Alexandre VIII, dans les premières médailles frappées depuis son exaltation, y a fait représenter la figure du même S. Bruno, avec cette parole même : *Pœnitentia gloriosa*, on peut en inférer que ce Pontife aura voulu faire allusion au jour où il fut élu, en faisant preuve d'une telle dévotion à ce saint, si ce n'est qu'il ait prétendu attester à la face du monde, que la prédiction s'était réalisée en sa personne. Il nous semble, en effet, qu'une semblable combinaison a quelque chose de plus qu'un cas accidentel. (1).

## LXXXVIII.

VAS TRINUM IN PORTA. — Le triple vase sur la porte.

Le Conclave dura cinq mois entiers, à la mort d'Alexandre VIII, au point que las et ennuyés de si longs débats, les cardinaux s'accordèrent pour élever le plus digne membre du Sacré-Collège. Celui-ci fut Antoine Pignatello, patricien et archevêque de Naples, qui fut nommé le 12 juillet 1691, sous le nom d'Innocent XII, et qui mourut le 27 septembre 1700.

L'interprétation du Symbole est donnée avec une surprenante clarté par les armes de cette famille, où l'on voit trois vases qui sont trois pots pignatte, analogie complète avec ce nom patronymique.

## LXXXIX.

FLORES CIRCUMDATI. — Les Fleurs environnées.

Le successeur d'Innocent XII fut Jean-François Albani, d'Urbain, qui fut appelé au pontificat le 23 novembre 1700, et l'occupa pen-

(1) Ceci doit s'entendre du cas où a réellement existé une telle médaille, qui se trouve citée par quelques-uns. Pour nous, nous avons fait d'actives recherches, mais nous n'avons pas abouti à vérifier le cas.

dant vingt ans et quatre mois environ, sous le nom de Clément XI.

Variées et même ingénieuses peuvent se dire les explications données sur ce symbole, pour l'adapter à la personne du Pape élu ; mais aucune n'a généralement été confirmée. Celle qui eut plus cours que les autres, fut celle d'après laquelle on la tirait de la protection accordée à Albani par la maison Barberini. Voici comment on la présentait : La famille Barberini a dans son blason des abeilles : celles-ci se dirigent autour des fleurs ; donc les *fleurs environnées* de la vatication figurent le cardinal Albani, comme protégé et aimé des Barberini.

L'empire vaqua deux fois sous le pontificat de Clément XI. D'abord en 1705, par la mort de Léopold 1$^{er}$, qui avait régné quarante-sept ans ; puis en 1711, par la mort de Joseph 1$^{er}$, qui eut pour successeur son fils Charles VI.

## XC.

### DE BONA RELIGIONE. — DE LA BONNE RELIGION.

Après la mort de Clément XI, monta sur le trône pontifical, le 8 mai 1721, Michel-Ange, des Conti, romain, descendant de la très-ancienne et noble famille des comtes de Segna, laquelle avait donné à l'Eglise trois autres Pontifes (V. n$^{os}$ XV, XVII, XX). Michel-Ange se nomma Innocent XIII et régna deux ans et dix mois.

Il n'est pas douteux qu'il ne faille appliquer avec toute raison à ce Pape les mots du symbole, parce que sa vie privée et la très-grande intégrité de conduite dont il fit preuve dans tou.. les fonctions de son ministère auguste, avaient persuadé tout le monde qu'il était guidé par un véritable esprit de religion. Avec tout cela pourtant, rien de particulier ne porte en soi la vatication, si ce n'est qu'elle semble se rapporter à lui plus qu'à tout autre, qui aurait pu être doté des mêmes prérogatives.

## XCI.

### MILES EN BELLO. — LE SOLDAT DANS LA GUERRE.

A Innocent XIII succéda, le 29 mai 1724, la cardinal Vincent-

Marie Orsini, romain, de l'Ordre des Prédicateurs, sous le nom de Benoît XIII ; il régna cinq ans et quatre mois.

Ce que nous avons avancé du symbole précédent peut se répéter de celui-ci. Cela revient à dire que la condition est la même, et qu'il n'en faut inférer rien de particulier pour la personne d'Orsini.

## XCII.

### COLUMNA EXCELSA. — LA COLONNE SUBLIME.

Après quatre mois et vingt jours de vacance du Siége, fut élevé au souverain pontificat, le 28 mai 1730, Laurent Corsini, de Florence, lequel, quoique nommé presqu'octogénaire, n'en porta pas moins le trirègne pendant dix ans, sous le nom de Clément XII.

Ce symbole rentre encore dans la catégorie des deux précédents. La diversité des exemplaires de la Prophétie que l'on va rencontrant, à mesure qu'elle avance vers la fin, est une preuve certaine que le texte primitif a souffert des altérations, et qu'il n'est arrivé jusqu'à nous que défiguré et plein d'erreurs. Nous avons constamment suivi la donnée la plus commune, nous bornant à corriger là où nous pouvions le faire avec certitude de ne pas nous tromper ; mais cela ne nous a pas été possible à tous les endroits également, faute de date, sur lesquelles repose notre opinion. De là peut-être vient-il que les termes relatifs à Clément XII, sont afférents à quelqu'autre pape voisin de la même époque, et il est superflu de rechercher une signification convenable.

## XCIII.

### ANIMAL RURALE. — L'ANIMAL CHAMPÊTRE.

Le conclave avait duré plus de six mois, après la mort de Clément XII, lorsque, le 17 août 1740, par un trait de cette suprême Providence, qui resplendit si magnifiquement, lorsque les contradictions et les intrigues humaines se rencontrent plus grandes, vint à être occupée la chaire de S. Pierre, par une des plus vives lumières de l'Eglise. Ce fut le cardinal Prosper Lambertini, de Bologne, archevêque de sa patrie, qui prit le nom de Benoit XIV, et qui régna environ dix-huit ans.

Il est inutile de prétendre expliquer le symbole ci-dessus, parce qu'il a été impossible de trouver quelqu'un à qui l'appliquer, et nous avons en horreur cette sorte de violence que certains auteurs emploient improprement, à force de recherche, pour appliquer à tel ou tel des paroles qu'il n'est jamais venu à l'esprit du voyant de leur attribuer.

Benoit XIV fut le pape qui honora du titre de Très-Fidèle, Jean V, roi de Portugal, et ses successeurs.

L'Auguste Charles VI étant mort, le 20 octobre 1740, la dignité impériale fut conférée à un autre Charles, septième du nom et électeur de Bavière. Ce dernier s'éteignit le 20 juin 1745, et la couronne des Césars, à la joie universelle, fut rendue à la maison d'Autriche, dans la personne de François I<sup>er</sup>, déjà duc de Lorraine et de Bar, puis grand-duc de Toscane, époux de Marie-Thérèse, fille de Charles VI, héritière des Etats et de la gloire de ses aïeux.

## XCIV.

### ROSA IN UMBRA — La rose dans l'ombre.

Nous laisserons là encore, ne pouvant mieux faire, le présent symbole, et faute de trouver une interprétation dans les armes ou dans tout autre particularité qui soit facilement saisissable. Nous notons seulement que ce pontife est ici considéré comme n'interrompant pas l'ordre chronologique, si le symbole a trait au cardinal Charles Rozzonico, de Venise, qui fut appelé à la papauté le 6 juillet 1758, sous le nom de Clément XIII. Après avoir gouverné l'Eglise près de onze ans, il passa dans une vie meilleure le 2 février 1769.

L'empereur François I<sup>er</sup>, qui mourut subitement à Inspruch, en 1765, eut pour successeur, son fils, Joseph II.

## XCV.
### VISUS VELOX. — La vue pénétrante.

Le Siége pontifical fut vacant trois mois et six jours, après la mort de Clément XIII. Le 19 mai 1769, fut enfin, dans un applaudissement général, proclamé Laurent Ganganelli, de l'Ordre des Frères Mineurs Conventuels, qui prit le nom de Clément XIV, en souvenir des mérites de son prédécesseur, dont il avait reçu le cardinalat. Ce Pape était sorti de St-Ange-in-Vado, diocèse de Rimini, et ses vertus furent la cause de son exaltation au Souverain Sacerdoce et de la vénération dont il fut honoré de tout le monde. C'est là le plus grand éloge qui puisse être fait d'un pape : la mémoire de Clément XIV sera à jamais bénie.

Or on convient généralement que les termes du symbole conviennent à ce pontife, bien que tout à-fait symboliques ; chacun est en mesure de se prononcer, car il s'agit d'une époque non éloignée et d'événements importants et mémorables. Il fit la suppression de la Compagnie de Jésus, projetée déjà avant Ganganelli, tentée par plusieurs de ses prédécesseurs, et par lui-même ensuite décrétée, en 1773, avec une fermeté extraordinaire. On y vit alors une marque de l'allusion du symbole. La pensée n'est pas à nous, mais d'un écrivain connnu, le marquis de Caraccioli, dans la vie de ce pontife. « La fameuse Prophétie des Papes, attribuée à S. Malachie, archevêque d'Armach, en Irlande, dit-il, page 185, a dit la vérité, alors qu'elle a désigné Clément XIV, par ces mots: *la vue pénétrante : visus velox* (1). Nul n'a mieux vu que lui les effets et les causes, etc. »

## XCVI.
### PEREGRINUS APOSTOLICUS. — Le voyageur apostolique.

Au milieu des plus belles espérances que l'Eglise avait conçues dans son premier Pasteur, l'immortel Clément XIV, ce pontife ac-

---

(1) On lit dans certaines éditions : *Ursus velox*, mais cette erreur peut facilement dériver de la ressemblance des lettres qui composent *Visus* et *Ursus*. Les exemplaires plus anciens et un texte cité ailleurs portent le sens adopté par nous et par le marquis de Caraccioli.

complit à peine la cinquième année de son pontificat : il fut atteint d'une de ces maladies contre lesquelles les soins de l'art sont impuissants, et qui conduisent lentement la machine humaine à sa dissolution. Il n'est pas facile de peindre le deuil universel des gens de bien déplorant la perte d'un père si cher, d'un si bon protecteur. Il est juste de dire qu'il ne fut jamais répandu de si justes larmes pour un souverain, pour un pape. Ganganelli mourut en 1774, et le Sacré-Collège étant entré en conclave, fit clairement connaître, par la longueur du scrutin, par la diversité des délibérations, combien il était difficile de donner à ce Pape un digne successeur. Finalement, après quatre mois et vingt-trois jours, fut élu, le 15 janvier 1745, Jean-Ange Braschi, de Césène, qui prit le nom de Pie VI, et qui règne présentement heureusement, à la gloire de la religion catholique et de la sainte Eglise romaine (1794).

A l'époque de son élection, quelqu'un avait trouvé une plausible allusion du symbole antécédent à la personne de Clément XIV ; il disait avec le marquis de Caraccioli, précité : « A la suite, on verra si, le successeur annoncé dans cette prophétie, comme un *pélerin apostolique,* sera bien caractérisé. La commune expectative fut longtemps déçue, et personne dès-lors ne pensait plus à la vaticination, lorsque à la surprise universelle, on vit, en 1782, le glorieux Pontife prendre hardiment la route de Vienne, où il allait traiter personnellement avec le César l'arrangement des affaires pendantes entre les deux augustes chefs du Sacerdoce et de l'empire. De là résultait la déclaration des termes de la Prophétie : *Peregrinus apostolicus,* qui dans une application complète regarde Pie VI.

Deux fois, sous ce pontificat, vaqua le trône impérial ; d'abord par la mort de Joseph II, qui décéda le 20 février 1790, après vingt-cinq ans de règne ; et de nouveau par la mort de son frère, Léopold II, mort le 1ᵉʳ mars 1792, et auquel succéda son fils François II ; il fut à bon droit les délices de ses Etats et l'admiration du monde.

*NOTA.* — *Ici finit le commentaire imprimé à Férare, en 1794.*

*Nous continuons en donnant les pages manuscrites qui en sont la continuation.*

Pie VI fut contraint par la Révolution d'abandonner Rome ; il fut conduit en Toscane par les agents du Directoire. A cause des troupes françaises que l'on redoutait dans le Grand-Duché, le Grand-Duc fit partir sa famille, qui se rendit à Bologne avec le Pontife seulement ; ce dernier demeura, et le Grand-Duc continua sa route sur Rovigo et de là vers l'Autriche. Les Bolonais le vénérèrent, mais de là, contre toute humanité, rempli de jours et d'infirmités, il fut dirigé sur le Dauphiné, en passant par Turin et par Briançon. On le conduisit à Grenoble, puis à Valence, où il devait mourir; après tant de souffrances et finir son généreux pontificat.

Voici la Prophétie de S. Césaire, évêque d'Arles (ou Jean de Vatiguerro) ; elle est une peinture vivante des horreurs de la Révolution. Elle date de 544, et est imprimée dans l'ouvrage intitulé : *Liber mirabilis*, recueil qui se trouve dans la bibliothèque du Mont-Cassin, et à Trévise, dans la collection du chancelier épiscopal Rossi (1798).

I. Les gouverneurs du royaume de France deviendront aveugles et laisseront le pays dans la confusion.

II. La main de Dieu sera sur les riches.

III. Les nobles seront dépouillés de leurs biens et dignités.

IV. Le schisme sera dans l'Eglise du Seigneur ; mais il y aura deux époux, l'un vrai, l'autre adultère.

V. Le vrai sera obligé de fuir.

VI. Il y aura une grande mortalité avec effusion de sang, comme au temps du paganisme.

VII. L'Eglise universelle et le monde entier pleureront leur ruine et la désolation des plus célèbres villes de France.

VIII. Les autels et les temples seront détruits, les vierges du Seigneur seront déshonorées, martyrisées, expulsées des monastères.

IX. Les pasteurs des diocèses seront proscrits de leurs sièges.

X. Mais à la fin on verra l'Aigle et le Lion.

XI. La malheureuse ville des philosophes sera soumise

XII. Un soldat acquerra la couronne des lys tombée dans la plus grande ignominie, et détruira les fils de Brutus. »

Journal du Postillon, n° 230, Paris, 7 septembre. — Mercredi, 25 idem, 1799.

Le Saint-Père fut inhumé à Valence. De la chaux vive fut mise dans sa tombe et consuma sa dépouille mortelle. L'impiété n'eut aucun respect pour le vénérable et auguste défunt. On a dit que l'Espagne avait fait demander que son corps fût embaumé et transporté à Rome, se chargeant elle-même de la dépense. Pie VI, était mort le 29 août, après vingt-quatre ans et quatorze jours de règne.

## Relation de la maladie du Souverain Pontife Pie VI

Le 29 septembre 1799, fut un jour malheureusement mémorable, où un vénérable vieillard proscrit, prisonnier, abandonna le triste séjour de la terre, pour passer au séjour céleste. En ce jour, mourut à Valence, en France, à quatre-vingt-deux ans de son âge, et le vingt-cinquième de son règne, le pape Pie VI. Ce pontife généreux, qui, comme chef de l'Eglise, n'avait fait constamment que bénir les hommes ; qui, pendant la durée entière de sa royauté sacerdotale, avait traité ses ennemis et ses persécuteurs eux-mêmes avec une paternelle douceur ; ce magnanime prince fut précipité de son trône. Devenu le jouet de l'impiété, il fut dépouillé de sa puissance religieuse, arraché à son ministère sacré, éloigné, ravi à sa patrie, traîné loin de l'Italie, d'une ville à l'autre, avec une barbarie sans nom et au scandale du monde entier. Son âme, montée au ciel, le souvenir de ses vertus dans le cœur des justes, les peines par lui endurées, seront dans nos temps malheureux, le récit le plus intéressant et le plus incroyable de l'histoire.

Pendant les onze derniers jours de sa vie, il avait perdu l'usage de ses sens ; mais quelques minutes avant sa mort, il les recouvra. Il fit signe à ceux qui l'assistaient de s'approcher de lui ;

il les prit par la main ; il leur donna sa bénédiction. Se tournant vers l'Archevêque de Corinthe, Mgr Spina, qui ne l'avait point quitté, le Saint-Père, avec un regard resplendissant déjà de cette céleste gloire qu'il allait bientôt posséder, dit ces remarquables paroles :

« Recommandez à mon successeur de pardonner aux Français, de la même manière que je leur pardonne moi-même du plus profond de mon cœur. »

Ces paroles prononcées, quatre minutes s'écoulèrent, et Pie VI expira. Tous ceux qui étaient présents restèrent stupéfiés. Il n'est donc plus l'auguste Pontife ; il est ravi vers le trône du Tout-Puissant, où il va demander miséricorde pour ses ennemis et ses bourreaux ! Quel sublime triomphe de la vertu sur l'humaine perfidie ! Quelle résignation aux décrets de la Providence ! Le plus petit d'entre ses persécuteurs serait tremblant devant la mort, et il voudrait peut-être par un noir forfait prolonger son odieuse vie. Tremblez, impies ! Pie VI vous a pardonné ; mais il n'en est pas ainsi de ses vengeurs. O philosophie, tu vantes tes conseils ; et voilà les exemples que tu produis dans tes prosélytes !

Persécuté, tourmenté par ses ennemis, banni de ses domaines, Pie VI ne se sert jamais d'une expression sévère contre eux.

« Ce sont, disait-ils, des brebis égarées, qui retourneront au bercail. » Martyr de la Foi, son âme était trop grande. Ses persécuteurs étaient des loups et des tigres altérés de sang, qui ne devaient pas rentrer en eux-mêmes, si ce n'est au moment où le glaive de la justice divine ne leur laisserait qu'un instant de repentir pour implorer grâce du Tout-Puissant.

---

Le Pape fut atteint de la diarrhée, qui, dans peu de jours, devint pernicieuse, et qui ne cédant à aucun remède, après dix jours de souffrance, le conduisit à la mort, à une heure et demie après minuit, le 29 septembre. Il fut muni de tous les sacrements ; et la nuit où il mourut, ayant donné sa bénédiction avec le très Saint-Sacrement, et celle *in articulo mortis*, avec d'autres oraisons, des psaumes et des prières, il bénit sa famille et cessa de vivre sans presque qu'il parût entrer en agonie. Il ne fit aucune plainte, ne montra aucun ennui ni déplaisir de s'éteindre Il demeura constamment dans une incroyable tranquillité, au point qu'elle ne saurait être décrite.

Le Gouvernement Français intervint promptement; voulant faire sentir que le Pape était mort, il mit les scellés sur les objets qui lui appartenaient; le jour suivant l'autopsie et l'embaumement eurent lieu. On vêtit le corps comme il avait coutume de l'être au Vatican, et il fut enfermé dans un cercueil de plomb et scellé avec le sceau du gouverneur de Valence, ainsi que de ceux de Labrador, de Mgr Spina et du Maître de la Chambre. Les ecclésiastiques de la suite et moi (1) servîmes de témoins. On fit ensuite les cérémonies des funérailles dans la chapelle de la maison où le Pape restait, et où célébrèrent la messe les ecclésiastiques qui composaient le cortége,

Labrador expédia deux courriers, l'un en Espagne, pour porter la nouvelle, et l'autre à Paris, au chevalier Arsaro, afin de voir si on voulait permettre que la dépouille du Saint-Père fût portée en Italie, lorsque la suite pontificale retournerait chez elle. Je ne sais comment nous ferons, si nous partirons bientôt, ou si nous retarderons un certain temps : il convient que nous attendions le retour du courrier expédié en Espagne, comme aussi il sera besoin de voir si les Français nous permettent le rentrer dans notre patrie, et si l'épée sera mise au fourreau. Je suis, etc.

Au mois de mars 1802, le corps de Pie VI fut transporté à Rome.

## XCVIII.

### AQUILA RAPAX. —L'Aigle rapace.

Le 14 mars 1800 fut élu le successeur du très-cher Pie VI. D, Grégoire Barnabé Chiaramonti, religieux du Mont-Cassin, né à

(1) Cette pièce est une lettre officielle écrite par un personnage de la suite de Pie VI.

Césène, en 1742, cardinal du titre de S. Calixte, évêque d'Imola, après quatre mois et quatorze jours de conclave. Le 21 du même mois, il fut sacré, à Venise, dans l'église Saint-Georges.

Le symbole, *Aquila rapax*, n'est-il pas tout entier dans l'aigle impériale qui ne ravit pas seulement le Pape à ses Etats, mais les Etats eux-mêmes, pour retenir captif pendant sept ans le Souverain-pontife. Napoléon expie son crime par sept autres années de captivité sur le rocher de Sainte-Hélène. Ce ne fut qu'en 1814, après les désastres de ses armées, que l'empereur laissa le Pape retourner dans la ville éternelle. Il y rentra le 14 mai, au milieu d'un enthousiasme universel.

L'anagramme du nom de Chiaramonti donne ces deux mots : *Roma chinata*. Ce dernier mot est italien, et signifie : renversée.

On dit que le jour où mourut Pie VI, une colombe se montra dans la demeure de l'évêque d'Imola, futur Pape. On entreprit vainement de la faire sortir. Que signifiait la servitude volontaire de cet oiseau si doux ? Il fut laissé en repos par ordre du prélat. A la fin, les fenêtres restant ouvertes, il s'envola sans que personne le poursuivît. Le fait étant bien réel, on peut croire pieusement que le Saint-Esprit s'était ainsi manifesté. Les témoignages d'Imola en fournissent la confirmation.

Innocent Alexandre, graveur vénitien, fut chargé d'exécuter sur cuivre un sceau représentant la figure complète du Pape, avec l'inscription suivante en latin :

En tête : **Voici le Grand-Prêtre (Sacerdos Magnus).**

Aux pieds : **Pie VII, Souverain Pontife.**

Le reste de l'inscription était ainsi conçu :

Sorti de Césène, le XIX des calendes de septembre MDCCXLII. Elu à Venise, la veille des Ides de mars MDCCC. Auparavant, il était religieux du monastère de S. Georges-le-Majeur, au Mont-Cassin, et se nommait Grégoire Barnabé Chiaramonti, de l'Ordre de S. Benoit, cardinal-prêtre du titre de S. Calixte. D'abord évêque de Tibur, il le fut ensuite d'Imola.

Pie VII partit de Venise au mois de juin 1800, contre l'avis de tous ses conseillers, mais animé par le devoir qui le poussait à aller résider au lieu même de son Siége.

## DOCUMENT TRADUIT DU LATIN.

« A partir de l'année 1790, ô ma chère Italie, tu seras pleine de guerres. Il y aura un pasteur nouveau sous le règne duquel les cloîtres ne jouiront d'aucun repos.

« Le royaume de France sera divisé par la convoitise. La lune sortira des cavernes, et un nouvel ordre de choses régentera la terre. Si le lion ne rugit point, périra la cité du soleil. Alors le premier ordre des *Anges* viendra et prendra les clés de Pierre. Mais leur domination finira et ils retourneront dans leur patrie.

« Ajoutez sept années, et il sera vu des choses extraordinaires.

« O Lecteur, si jamais tu trouves ces prédictions, conserve-les dans ton cœur. »

Cette prophétie a été extraite des livres manuscrits du monastère de Ste Marie de Vangadizza. Elle fut retrouvée sous le grand chandelier de bronze, placé au milieu du chœur de l'église de S. Antoine de Padoue, lorsqu'il fut enlevé, du côté de l'évangile de l'autel majeur, par ordre de S. G. Mgr l'évêque de Padoue, lieu où il avait été placé, l'an de Notre Seigneur 1507.

Un moine de ce monastère, nommé Chemariale, passe pour l'auteur de cette vaticination. André Buosco, dit Riccio, padouan, mit cinquante ans à confectionner ce chandelier prodigieux.

Napoléon avait voulu courber l'Eglise sous le joug comme il y avait mis la France. Nous sommes en 1808. Son insolence n'a plus de frein ; mais Pie VII s'élève à la sublimité du courage en parlant à l'ambassadeur Alquier, venu pour prendre congé de Sa Sainteté, le 23 mars :

« Vous êtes un de ceux qui ont voté la mort du roi de France. Ce crime affreux devrait vous pénétrer d'horreur tous les jours de votre vie, et vous faire changer de système sur les événements politiques ; mais vous vous conduisez tout à l'opposé. Vous avez tenté de compromettre le Saint-Siége, moi et mes sujets, si la divine Miséricorde n'y avait pas mis sa sainte main. Tout m'est connu, sachez-le, tout m'est connu : je vous pardonne. Dites à votre souverain, qu'en vue de ses promesses sacrées, pour qu'une seule Eglise fût reconnue, entourée de plus d'honneur, et procurer la gloire de notre Religion sainte, j'ai entrepris un voyage et un voyage si pénible. Votre souverain a manqué à tout, non seulement à moi seul, mais à Dieu. Dites-lui que fouler aux pieds ce trône, pour moi et pour lui-même, c'est fouler aux pieds un échafaud.

« Dites-lui que je suis inflexible. S'il prétend me faire enlever d'ici, qu'il en donne l'ordre; mais qu'il le sache, en me déportant, il n'aura pas mis la main sur un simple moine bénédictin, Barnabé Chiaramonti, mais bien sur le vrai Pontife, le pontife légitimement élu. Je l'excommunierai. Allez, *satis pro nunc.* »

Pie VII, avec l'énergie qui éclate dans cette déclaration, repoussa les propositions ignominieuses de Napoléon, qui eussent asservi le Souverain-Pontife. Il protesta contre la spoliation de ses Etats, ne céda nullement malgré l'occupation de Rome et les plus formidables menaces. Le 10 juin 1809, il fulmina l'excommunication contre les envahisseurs et fit afficher la Bulle. Pendant la nuit, le Quirinal fut escaladé par des soldats; les portes furent ouvertes à coup de haches. Le Pape se présente plein de sérénité au général Radet, qui lui intime l'ordre de renoncer à la souveraineté temporelle des Etats de l'Eglise. « L'empereur pourra Nous mettre en pièces, dit le Pape, mais il n'obtiendra jamais cela de Nous. » C'était signer son exil. Peu de temps après, le Souverain Pontife, accompagné du cardinal Consalvi, sans ressources, sans linge, était sur la route de Toscane, entouré de gendarmes. Pie VII était malade; mais il ne fut pas moins conduit à marches forcées jusqu'à Florence, où le peuple, gémissant et pleurant, appelait les gendarmes des chiens, *cani ! cani !* et saluait l'infortuné Pontife.

A Florence, le Pape fut séparé de son ministre, et conduit à Alexandrie. Partout le peuple se précipitait pour saluer le Saint-Père. A Grenoble, à Valence, à Avignon, à Aix, à Nice, jusqu'à Savone, où devait finir ce cruel voyage, les marques de vénérations consolaient l'âme du Pontife. Napoléon attachait le plus grand prix à l'expédition des bulles d'institution aux ecclésiastiques nommés par lui à des évêchés de France et d'Italie : le Pape demeura inébranlable. Cependant, la crainte d'un schisme et les instances de plusieurs cardinaux, le décidèrent à céder. Il devait tout redouter d'un empereur qui avait osé dénaturer le Concordat en y soudant des articles que lui seul avait composés et qui renversaient les conventions déjà arrêtées.

Pie VII consumé de chagrins, était malade, presque mourant, ce qui n'empêcha pas l'empereur d'ordonner qu'il fût emmené en France ; il arriva dans ce triste état à Fontainebleau, le 20 juin. Après des obsessions inouïes, le Pontife, désolé, affaibli, voyant le gouvernement de l'Eglise en désordre, signa des articles qu'on lui promit devoir demeurer secrets; mais le despote les publia. Alors Pie VII, que tant de maux à réparer avaient seuls pu décider à des concessions funestes, déclara par une lettre solennelle comme non avenus et de nul effet les susdits articles. Les cardinaux sont informés de ce grand acte. Le Pape, satisfait du devoir accompli, reprit sa sérénité. Napoléon se livra à des emportements, mais n'alla pas jusqu'au schisme et se résolut au silence. Il voulut rendre officiellement le Concordat obligatoire, mais Pie VII protesta contre les décrets.

Nous retrouvons le Souverain Pontife à Rome, en 1814, après les désastres des armées impériales. Dès-lors il travaille à reconstituer ses Etats, qu'il recouvre en 1815. En 1817, il signe un nouveau concordat avec Louis XVIII. Le 20 août 1823, s'éteignit cette vie si tourmentée, si pure et si forte. Pie VII avait quatre-vingt-un ans et six jours, et avait régné vingt-trois ans, cinq mois et six jours.

### XCIX.

CANIS ET COLUBER. — LE CHIEN ET LE SERPENT.

Le conclave s'assemble. Il se composait de deux partis. Les *Zelanti*, qui étaient pour une politique austère comme le dogme et avaient leurs vues sur le cardinal della Genga. L'autre parti, continuateur d'une politique sage, prudente comme celle du cardinal Consalvi, avait pour lui la France, l'Autriche, Naples et la Sardaigne ; il appuyait Sévéroli, évêque de Viterbe. Il l'eût emporté probablement, sans une démarche de l'Autriche qui, d'après un droit toléré aux gouvernements catholiques, de mettre leur veto sur une candidature auprès du Sacré-Collége, récusa le cardinal Sévéroli, qui avait été nonce à Vienne. Cette maladroite opposition indisposa le conclave, et les deux tiers des voix appelèrent au trône pontifical le cardinal della Genga, qui résistait à accepter la papauté, mais qui céda aux instances des électeurs et prit le nom de Léon XII.

Cette exaltation d'un nouveau pontife répondait péremptoirement à la parole stupide d'un complice de Radet, disant à celui-ci, lors de l'enlèvement de Pie VII : *Général, nous enlevons le dernier pape ; il n'y en aura plus.* » Ce qui distinguait Léon XII, c'était l'amour du bien public. Le cardinal della Somaglia, qui avait peu ménagé autrefois le cardinal devenu pape, fut maintenu dans sa charge.

Léon XII songea au soulagement du peuple et diminua les impôts ; comme S. Grégoire-le-Grand, il voulut que tous les jours douze pauvres trouvassent à manger dans son palais. La sagesse qui avait distingué ce pontife, avant d'être pape, dans les nombreuses missions qui lui avaient été confiées, brillait encore davantage dans le gouvernement de l'Eglise, où il apportait sa vertu, son expérience et sa grande âme. Le cardinal Consalvi s'était montré blessé, en 1814, que le cardinal della Genga eût été chargé de porter à Louis XVIII des lettres de félicitation de la part de Pie VII. En 1824, Léon XII ne se souvenant plus de l'offense, fit appeler Consalvi. Dans un mémorable entretien, que l'histoire nous a conservé, l'ancien secrétaire répara sa vivacité d'autrefois et exprima d'admirables vues sur la politique du St-Siége, appelée à défendre le catholicisme. Le Pape écouta avec bonheur de si lumineuses considérations, félicita l'homme supérieur qui les exprimait, et n'ayant rien de mieux à offrir, voulut que Consalvi acceptât d'être préfet de la Propagande.

Dans l'Encyclique du 3 mai 1824, *Ut primum ad summi pon-*

*tificatûs*, le Souverain-Pontife signalait aux évêques deux plaies qui dévorent le corps social : l'indifférence en matière de religion et les sociétés bibliques. En 1800, les temps étaient trop difficiles pour que le Jubilé pût être publié. En 1824, le voltairianisme et le carbonarisme étaient encore de graves obstacles, mais Léon XII ne prenant conseil que de la force de sa volonté, fit cette publication. Son attente ne fut pas vaine : les résultats furent des plus consolants.

Léon XII donna ses soins aux hôpitaux, à l'enseignement de la jeunesse ; il créa des établissements scientifiques, rétablit la visite des prisons. Il réforma l'administration publique, la procédure, les taxes des jugements. Il lança une Bulle contre les sociétés secrètes. Il approuva l'Institut des Missionnaires oblats de Marie-Immaculée, fondé par l'abbé Mazenod, plus tard évêque de Marseille.

Après avoir employé une constante sollicitude à l'accomplissement de tous ses devoirs pontificaux ; avoir sollicité les fidèles pour la reconstruction de la basilique de St. Paul, et édifié le monde par sa piété, il sentit sa fin venir, l'annonça à ceux qui l'entouraient, et s'endormit dans le Seigneur, le 10 février 1829. Il avait régné cinq ans, quatre mois et douze jours.

L'explication du symbole qui concerne ce Pontife nous paraît allégorique, c'est-à-dire qu'il eut pour l'église la fidélité du chien pour son maître, et dans l'administration auguste qu'il a illustrée, toute la prudence du serpent.

C.

VIR RELIGIOSUS. — L'Homme religieux.

C'est ainsi qu'est désigné Pie VIII par S. Malachie. L'histoire confirme cette désignation. Ecoutez plutôt son langage :

Xavier Castiglioni, né à Ancône, en 1761, d'une famille noble et honorée, montra de très-bonne heure des dispositions pour l'étude de la théologie et une conduite calme, une mise réservée. Elève, puis collaborateur du savant Dévoti, il composa les Notes estimées et pleines d'érudition qui accompagnent et complètent ses Institutions canoniques. Il était antiquaire. Pie VII l'affectionnait et prédit son élévation en lui disant : *Après nous, Votre Sainteté Pie VIII fera mieux que nous.* Evêque de Monte-Alto, exilé à Milan, à Pavie, à Mantoue, il déploya dans son ministère comme dans les persécutions, la grandeur de son caractère et l'intégrité de sa foi. Pie VII le récompensa, en 1816, en le faisant cardinal-évêque de Césène. Il fut ensuite grand-pénitencier, préfet de la Congrégation de l'Index. Le jour même de son élection, il écrivit à ses frères : *Maintenons-nous humble et compatissant sous le fardeau dont le Seigneur nous a chargé. Qu'aucun de vous ni de la famille ne quitte son poste.* Sa bienfaisance, ses conseils aux Evêques, son zèle pour l'Eglise, tout justifie le symbole qui l'avait désigné : *Vir religiosus.* Par l'érection de l'évêché de Mobile, il portait à dix le nombre des siéges épiscopaux aux Etats-Unis. Il concourut à améliorer la situation des Arméniens catholiques. Il s'occupa avec beaucoup de sollicitude de l'état du catholicisme dans les Etats en majorité protestants, et prononça qu'on pouvait procéder en sûreté à la canonisation du bienheureux Liguori, fondateur de la Congrégation du Saint-Rédempteur.

Lors de la révolution de 1830, il procéda sagement et avec prudence dans les intérêts de la Religion. Il avait aimé les lettres et les arts et avait rempli admirablement son pontificat qui fut seulement d'un an et neuf mois, car il s'éteignit dans la paix des justes, le 30 novembre 1830. Un biographe de ce Pape, M. C.-F. Chevé, résume ainsi ce règne : « Pie VIII fut un Pontife dont la piété solide, la charité, la modération, la droiture et le rare tempérament de justice et de clémence recommandent la mémoire. »

## CI.

### DE BALNEIS ETRURIÆ. — DES BAINS DE TOSCANE.

Grégoire XVI, avant son exaltation, se nommait Maur Capellari. Né à Bellune, dans l'ancienne Vénétie, en 1765, il appartenait à une famille qui avait fourni des magistrats. Il entra de bonne heure dans la Congrégation des Bénédictins Camaldules. Conduite exemplaire, fortes études dans les langues orientales et la théologie qu'il professa, tels furent ce que nous appellerons ses premiers états de service. Il publia un savant ouvrage, en 1799, sous ce titre : *Le Triomphe du Saint-Siége et de l'Eglise contre les attaques des novateurs battus par leurs propres armes.* Ce livre était surtout dirigé contre Tamburin de Pavie, chef des Jansénistes italiens ; c'est dire que le gallicanisme y était battu en brèche. L'infaillibilité pontificale y est démontrée telle qu'elle a été définie dans le Concile du Vatican.

Le Père Capellari lut à l'Académie de la Religion catholique fondée à Rome à la fin du dernier siècle, des mémoires où il réfutait victorieusement les doctrines rationalistes. Il fut successivement vice-procureur-général des Camaldules et abbé du monastère St-Grégoire, à Rome, professeur à St-Michel de Murara, pendant les troubles, puis à Padoue. Au retour de Pie VII, il devint procureur-général des Camaldules, puis consulteur dans les Sacrées-Congrégations de l'Index, de la Propagande, des affaires extraordinaires ecclésiastiques, pour l'examen des Evêques, pour la correction des livres de l'Eglise orientale. Léon XII le proclama cardinal en 1826, et lui donna le titre presbytéral de Saint-Calixte. Il devint préfet de la Propagande et traita avantageusement pour les droits de l'Eglise avec la Hollande et les Etats-Unis. Sous Pie VIII, il participa à l'émancipation des Arméniens catholiques de Constantinople. Le 2 février 1831, après cinquante jours de conclave et soixante-quatre jours de vacance du Siége pontifical, il fut appelé au trirègne.

Comme souverain temporel, Grégoire XVI améliora l'administration, fonda de nombreux établissements d'utilité publique endigua l'Anio, à Tivoli, surtout embellit Rome et les autres villes de ses Etats. Il acheva Saint-Paul-hors-les-Murs, décréta le canonisation de plusieurs Saints, érigea dans les cinq parties du monde quarante nouveaux évêchés, donna à l'Angleterre quatre nouveaux vicaires apostoliques, imprima à la Propagation de la foi une forte vitalité ; il créa soixante-quinze cardinaux et institua plus de cinq cents évêques.

Dans ses rapports avec les puissances temporelles, ce Pape eut à tenir compte de graves obstacles, et l'on peut juger des bons résultats obtenus, en se rappelant les relations rétablies entre le Saint-Siége et le Portugal ; la fin de la lutte, si vaillamment soutenue par l'archevêque de Cologne, entre le cabinet de Berlin et l'Eglise ; l'audience mémorable qui lui fut demandée par l'empereur de Russie.

Grégoire XVI a frappé des foudres apostoliques l'hermésianisme en Allemagne, le lamennaisianisme en France. Il garda sur le trône pontifical l'austérité du cloître : il n'avait pour couche qu'une simple paillasse. Son maître d'hôtel lui demandant, après son élection, comment désormais serait servie sa table : « Crois-tu, lui dit-il, que mon estomac soit changé ? »

Une de ses parentes, devant marier sa fille, désirait que le Saint-Père bénît l'union ; « Elle a un curé, » répondit Grégoire XVI. Une députation lui offrant pour son neveu, les fonctions de grand-bailli de Malte, qui rend cent mille écus romains, « J'accepte avec plaisir, répondit le Pape, mais pour le cardinal Odescalchi. »

« Je veux mourir en simple moine et non en souverain, » disait-il sentant sa fin approcher ; il s'éteignit ainsi humblement, le premier juin 1846, âgé de quatre-vingts ans, huit mois, quatorze jours, ayant régné quinze ans, deux mois et neuf jours.

Il avait approuvé en 1834, la société des prêtres de la Miséricorde. Les Bénédictins sont rétablis en France en 1837. Des lettres apostoliques, en 1839, prohibent solennellement la traite des Nègres.

Pour le symbole où S. Malachie désigne ce Pape, qu'il soit altéré ou incompris, nous avouons ne pas lui trouver une interprétation plausible.

## CII.

### CRUX DE CRUCE. — La Croix de la croix.

Le symbole que nous venons de lire regarde Pie IX. Deux explications le rendent clair : d'une part, dans la chapelle de la famille Mastaï, est une grande croix, d'une date ancienne, et que les ascendants de ce Pape ont toujours vénérée. Pie IX lui-même l'a fait restaurer. Ce rapprochement, les malheurs qui ont plu sur le pontife justifient la vaticination. Mais pour ceux qui n'accepteraient pas notre manière de voir, il en est une qu'ils ne récuseront pas : celle qui, procédant de la croix du Calvaire, est passée sur les épaules du grand pontife, par toutes les tribulations qui ont, pour ainsi dire, rempli son règne, lequel a excédé la durée de celui de S. Pierre.

L'histoire du pontificat de Pie IX étant dans toutes les mémoires, nous ne ferons qu'en rappeler les grandes lignes.

Grégoire XVI était mort le 13 juin. Le 15 le conclave était réuni. Le 16 le cardinal Mastaï Ferretti, archevêque-évêque d'Imola, était élu. Une colombe merveilleuse avait annoncé l'exaltation de Pie IX. C'est à la suite d'une maladie très-grave, guérie par l'intercession de la Ste Vierge, que le jeune Mastaï entra dans les Ordres. Ami des pauvres, le nouveau prêtre prit la direction de l'hospice *Tata-Giovanni*. Il exerça ensuite son zèle à côté de Mgr Muri, vicaire apostolique au Chili. Revenu à Rome, ce fut au grand hospice de S. Michel. En 1827, il est évêque de Spolète; en 1832, il porte la houlette pastorale à Imola. C'est là qu'il obtint la grâce de Louis-Napoléon, déjà conspirateur, et qui a payé plus tard, ce bienfait par tant d'ingratitude. En 1840, Grégoire XVI lui conféra la pourpre, au titre des SS. Pierre et Marcellin. Lorsqu'il paraissait à Rome, où sa charité l'avait rendu populaire, on entendait de simples gens s'écrier, en le voyant : *Voilà le futur pape*. Il n'avait que cinquante-quatre ans, lorsqu'il monta sur le trône pontifical.

Pie IX, orné de vertus chevaleresques, aimait la liberté et ne la ménagea pas à ses peuples ; mais les sociétés occultes méconnaissant sa générosité, et les brigandages qui désolèrent Rome, le mettant au pouvoir des Carbonari et motivant son exil, tel fut le prix des grandes pensées du Pontife. La France chassa Garibaldi de la ville éternelle, et Pie IX reprit la puissance souveraine aux acclamations de tous les honnêtes gens.

Les premières années du second Empire, issu d'un coup

d'Etat, promettaient une protection sérieuse au Saint-Siége ; mais les sociétés secrètes dominèrent Napoléon III ; la Prusse, qui avait ses projets d'ambition, le joua, et cette puissance, unie à la franc-maçonnerie, égara la politique française, lui fit commettre faute sur faute, de manière à la conduire à l'invasion de 1870 et au désastre de Sédan. Le pavillon de France avait abandonné le Vatican ; Dieu abandonnait la France.

Il y avait eu précédemment la tuerie honteuse de Castelfidardo, puis la mémorable journée de Mentana : maintenant les larrons arrivaient et le puissant opprimait le faible : la révolution occupait Rome.

L'histoire racontera, un jour, les énormités consommées dans les actes qui ont suivi l'invasion des Etats pontificaux et de leur capitale. Nous nous bornons à signaler la grandeur d'âme de Pie IX en face des malheurs qu'il a eu à supporter, et sa constante énergie pour protester contre les soustracteurs du domaine de l'Eglise et de sa royauté pontificale.

Dans son attitude en face des envahisseurs, dans ses relations avec les gouvernements, dans sa conduite de la barque de Pierre, dans les évêchés qu'il a fondés, dans les missions qu'il a étendues, dans les canonisations qu'il a faites, dans les Encycliques auxquelles il a attaché son nom, dans les dogmes qu'il a proclamés, dans le Concile universel qu'il a convoqué et célébré en partie, Pie IX se montra un des plus augustes, des plus glorieux Pontifes qui aient occupé le Saint-Siége apostolique. L'histoire l'a déjà surnommé le Grand, et nous pouvons espérer que l'Eglise élèvera son image sur nos autels.

## CIII.

LUMEN IN CŒLO. — LA LUMIÈRE DANS LE CIEL.

Une étoile figure dans les armes de Léon XIII. C'est donc là une explication suffisante de la vaticination.

La sagesse, la prudence, la fermeté de ce pontife, arrivé au trirègne en des temps aussi orageux que les nôtres, ne parlent-elles pas assez d'elles-mêmes, sans qu'il soit besoin de faire ressortir par un long discours la place éminente que doit occuper dans l'avenir le Pape régnant, dans les annales de l'Eglise ? En nous accordant ce Pape, dont la sainteté et le génie ne le cèdent pas aux grands Pontifes qui l'ont précédé, le Seigneur connaissait sa magnanimité, et il l'a choisi pour être à la hauteur des besoins de sa double souveraineté contre laquelle sont présentement déchaînées les puissances de l'enfer.

## CIV.

### IGNIS ARDENS. — LE FEU ARDENT.

D'après la Prophétie de S. Malachie, neuf papes seulement occuperaient le Siége pontifical, après Léon XIII, jusqu'à la fin du monde. Le lecteur se reportera sur ce point, au dernier chapitre du livre que nous avons traduit ici, chapitre intitulé comme suit : *De la fin du monde; Conclusion de la Prophétie.*

Nous ne prétendons pas pénétrer les mystères de l'avenir, en donnant des interprétations anticipées sur les Papes futurs. Nous nous bornerons à très-peu de mots sur chacun d'eux.

Dans cette appellation *Ignis ardens*, nous pouvons reconnaître les travaux immenses qui incomberont au Pontife dont il est si souvent question dans les prophéties. et dont le règne sera simultané à celui du grand monarque : ces deux envoyés de Dieu, paraissant après tant de désastres et des malheurs si prolongés, ont pour mission de renouveler la face de la terre : *Le feu ardent* exprime la charité sublime et le zèle enflammé qui caractériseront *le Pontife saint.*

## CV.

### RELIGIO DEPOPULATA.

Le règne de Dieu, le temps d'un seul troupeau et pasteur vers lequel nous nous acheminons, à travers les phes, aurait subi une déchéance ; l'abîme aurait étend quête, et de grands scandales se reproduiraient sur la terre, tandis que des phalanges de justes recevraient peut-être la palme du martyre.

### CVI.

#### FIDES INTREPIDA. — La Foi intrépide.

Ce Pape réagira sans doute contre les agressions de l'enfer et défendra fructueusement et vaillamment les possessions et le troupeau de Jésus-Christ.

### CVII.

#### PASTOR ANGELICUS. — Le Pasteur angélique.

Continuation du règne précédent, exemple de toutes les vertus de la perfection apostolique, dans la personne du Pasteur des pasteurs.

### CVIII.

#### FLOS FLORUM. — La Fleur des fleurs.

Ne faut-il pas espérer, ici, la sainteté accomplie ; un pontife faisant à la fois l'admiration du ciel et d'ici-bas ?

### CIX.

#### DE MEDIETATE LUNÆ. — De la moitié de la lune.

Ce symbole nous paraît avoir trait au blason du Pape qu'il désigne. Si c'est une allégorie, il n'est point facile de la pénétrer.

### CX.

#### DE LABORE SOLIS. — Du travail du soleil.

Ne sont-ce pas les événements devant précéder le règne du dernier des Papes, qui sont ici signalés ? Le soleil, centre de l'univers, n'annoncera-t-il pas alors, par des signes spéciaux, la fin des sociétés humaines et le dernier Jugement ?

## CXI.

DE GLORIA OLIVÆ. — DE LA GLOIRE DE L'OLIVE.

Il y a allégorie ; mais évidemment, quand aux combats de la vérité catholique contre les entreprises de l'enfer, nous reconnaissons ici l'héroïsme du lieutenant de Jésus-Christ et la glorification du Symbole, objet de notre amour et de nos espérances sans fin.

## CVII.

Point de symbole. C'est la fin des temps, l'heure de l'Ante-Christ. Le prophète indique lui-même ce qui doit arriver sous le dernier Pontife ; il s'exprime ainsi : « Dans la dernière persécution de la sainte Eglise Romaine, il y aura un Pierre, romain élevé au pontificat ; celui-là paîtra les ouailles dans de grandes tribulations ; et ce temps désastreux étant passé, la ville aux sept collines sera détruite, et le Juge redoutable jugera le monde.

---

# OBSERVATIONS CRITIQUES SUR LA PROPHÉTIE.

Nous avons déjà avancé ailleurs que le jugement à se former sur la Prophétie des Papes, doit dépendre complètement de l'issue qu'elle a eue. La signification des symboles qui la composent a été exposée par nous, de manière à ce que chacun aura pu facilement se rendre compte s'ils portent avec eux le caractère d'une véritable révélation. Néanmoins, afin qu'il ne reste rien à désirer dans une matière comme celle-ci, qui a été sujette à beaucoup de contradictions, nous avons cru opportun de ne point passer sous silence les objections qui ont eu lieu, et qui par aventure peuvent se produire contre cette prédiction ; nous sommes persuadé que cet examen approfondi ne peut que contribuer fortement à réaliser l'intention que nous avons eue.

En premier lieu les critiques prétendent que cette vaticination a tout l'air d'un écrit apocryphe, indigne d'une publique acceptation, attendu qu'elle a été faussement attribuée à l'archevêque S. Malachie, et que, d'ailleurs, l'auteur en est fort incertain.

Avant de répondre à cette objection, il est bon de se rappeler ce que nous avons déclaré ailleurs ; c'est-à-dire que le mérite d'une chose quelconque ne doit nullement dépendre du nom ni de la qualité de la personne de qui elle émane, mais de la valeur intrinsèque de la chose même. C'est là un axiome général que sans procédé étrange, ceux qui ont émis le doute qui précède ne peuvent rejeter. Ne faudrait-il pas s'étonner, si une fois un principe si évident est établi, que des contradicteurs se placent dans la misérable nécessité de recourir à des arguments d'une extrême faiblesse, pour donner quelque consistance à une chimère de leur imagination ? Si S. Malachie avait eu une semblable révélation, disent-ils, elle se trouverait désignée, indiquée dans le temps où il vivait. Est-il croyable que S. Bernard, le grand ami de S. Malachie, dont il a écrit la vie, ait pu omettre un article qui pour tout regard est de la plus grande importance ? Mais ni lui, ni aucun autre des écrivains voisins de cet âge, qui furent nombreux, n'en fait la moindre mention. Donc elle n'est pas de Malachie.

Admettons-le, pourrais-je répondre, mais à quoi sert un tel argument ? Qui a jamais prétendu l'attribuer incontestablement à ce saint homme ? Personne ne l'a tenté jusqu'ici, et nous sommes si loin de le prétendre nous-même, que nous en convenons sans difficulté aucune : l'auteur en est inconnu. Mais nous ne conviendrons jamais que si la prophétie n'est pas de S. Malachie ; si l'auteur en est incertain, elle doive être rejetée, et mise au nombre des écrits indignes de paraître au grand jour : un semblable caractère se déduit de la qualité de l'objet, et non de la connaissance de celui qui l'a écrite. A quel cepticisme ne conduirait pas le système adopté sur la question pendante par de tels contradicteurs ?

Nous pourrions, dans notre réfutation d'une prétention si étrange, présenter bien des arguments ; mais voulant être court, nous omettons toutes les raisons qui ne sont pas nettes et évidentes par elles-mêmes. Celle surtout que nous ne devons pas omettre, c'est le témoignage de bonne foi assurément, de ce même S. Bernard, tant de fois mis en avant par les contradicteurs. Dans le panégyrique écrit par l'abbé de Citeaux, à la louange de l'archevêque S. Malachie, il a bien soin, parmi les prérogatives de son héros, prérogatives dont Dieu s'était plu à le combler, de signaler le don de prophétie. Voici comment il s'exprime : *En quel genre de prodiges anciens Malachie n'a-t-il pas brillé ? Le don de prophétie ne lui a pas fait défaut, ni celui de révélation, ni celui de la punition des impies, ni la grâce de rendre la santé, ni celle de transformer les esprits, ni enfin la résurrection des morts,* etc.

Que ceci soit suffisant pour valider l'opinion de ceux qui attribuent la vaticination au Saint susdit, nous ne nous hasarderons pas à l'affirmer. L'énonciation de S. Bernard est trop générale, et il serait nécessaire de bases plus décisives, s'il s'agissait d'asseoir définivement ce sentiment. Toutefois, sans préjudicier à la vérité, ni à la question que nous traitons, nous pouvons, en toute équité, conclure que l'incertitude de l'auteur de la Prophétie ne sera jamais une preuve suffisante de sa non-authenticité.

Il déplaît à quelques-uns de voir, dans cette vaticination, les Pontifes légitimes mêlés aux anti-papes, qui, dit-on, ne doivent pas, à vrai dire, appartenir à la série de ceux qui ont occupé canoniquement le Siége apostolique. Guillaume Burius, dans sa Chronologie sommaire de la vie des Papes, nouvellement publiée, est un de ceux qui condamnent sans réserve ce mode de procéder, et soutient que par cela même la Prophétie ne mérite pas qu'il y soit prêté la moindre foi. Ecoutons-le :

« Aucune confiance ne saurait être ajoutée à ces prédictions,
» non-seulement parce qu'elles s'attachent à mentionner les pseu-
» do-pontifes, mais encore parce que les symboles relatifs aux
» Papes légitimes de l'Eglise romaine sont tellement éloignés de
» leur but, qu'ils ne peuvent leur être appliqués que d'une ma-
» nière inepte ou d'une manière forcée. »

Mais cet écrivain s'est fortement abusé, et nous voulons être indulgent en supposant qu'il n'avait pas lu la prédiction, car, dans le cas contraire, il n'aurait pas soutenu que les symboles sont mal à propos appliqués aux anti-papes. Ceux-ci sont bien réellement annoncés de la même manière que les successeurs de S. Pierre, et vainement, quelque violence qui leur fût imprimée, les termes de l'un de ceux-ci ne pourraient s'approprier à n'importe lequel des autres. Ils sont au nombre de huit ceux qui, depuis 1143, où commence la Prophétie, jusqu'à présent, occupèrent intrusement le trône pontifical; ce sont: Victor IV, Calixte III, Pascal III. Nicolas V, Clément VII, Benoit XIII, Clément VIII et Félix V. Or, tous, ni plus ni moins, se voient signalés en leur lieu de telle sorte que les mots qui les recouvrent s'expliquent précisément par l'allusion même ou du nom, ou des armes, ou du titre cardinalice. De plus il faut noter que la Prophétie, à leur endroit, fait usage de certaines expressions qui portent avec elles une claire énonciation de l'illégitime dignité qu'ils devaient usurper. Nous avons relevé cela au symbole VI, lorsque nous avons remarqué dans l'adjectif *noir*, venant après le titre cardinalice de Victor IV, quelque chose d'essentiel à la qualité d'anti-pape. Si nous examinons encore le n° XXXVI, qui regarde Nicolas V, dites-nous s'il est possible de mieux spécifier un schismatique de la famille Corbaria, que par ces paroles: *Corvus schismaticus.* Ainsi encore dans les termes *Schisma Barchinonium* du symbole XLIV, nous voyons notoirement figurée la schismatique élection d'un chanoine de Barcelone, qui contraste avec la pacifique possession du pontificat par Urbain VI. Il est donc inconvenant de s'inscrire en faux contre l'authenticité de la Prophétie des Souverains Pontifes, sous le prétexte que les symboles ne sauraient mentionner les anti-papes en même temps que les Pontifes légitimes. Il en est de même pour ce qui a trait à l'auteur de la Prophétie, quel qu'il soit, ce voyant n'ayant pu s'attacher à un simple catalogue des Pontifes romains, mais bien à tracer le tableau des vicissitudes qui devaient agiter la Chaire suprême de Pierre.

Le lecteur aura remarqué que, dans les paroles ci-dessus citées du critique, il charge la vaticination d'un autre défaut notable : c'est une application inepte et forcée des symboles à la personne des Papes. Notre honneur exige que rien ne soit négligé. Disons quelque chose sur ce point. Il ne faut pas nier que si cette allégation est vraie, on ne doit pas dissimuler le blâme sévère mérité par celui qui a perdu son temps et ses peines à reproduire et à orner de gravures (1) cette Prophétie. Mais combien se trouve fausse et injuste cette censure ! Quiconque a du jugement et veut sans prévention la parcourir, pourra se prononcer, puisque se vouer à éclaircir une pareille difficulté ne serait qu'un vrai plaisir, en faisant l'apologie d'une chose trop peu évidente par elle-même. Ce qu'il y a de vrai, ce sont çà et là quelques symboles dont l'allusion ne se dessine pas avec tout le bonheur des autres. Nous n'hésitons pas à l'avouer. Mais là où il est question d'une démonstration géométrique, il n'est pas question d'une prophétie. Autre est un récit historique, autre est une prédiction. Certaines expressions peuvent donc, dans l'espèce, porter avec elles l'obscurité, le vague, l'incertitude. Quelques autres symboles ont été laissés dans leur nébulosité : mais cela a précisément été fait aussi, faute de pouvoir obtenir une interprétation sans tourmenter les mots. Si nous n'avons pas toujours réussi à trouver la vraie signification, ce n'est pas une raison pour que nous n'en ayons pas expliqué d'autres avec justesse et précision. Il serait ridicule de prétendre toujours et partout rendre le sens exact d'une prophétie, sans en excepter une syllabe. C'est ainsi, nous croyons pouvoir nous en flatter à bon droit, que nous avons dit à l'auteur de la critique qu'il n'avait pas lu la vaticination.

Mais combien est bizarre l'esprit de contradiction ! Nous avons vu plus haut la Prophétie des Papes être rejetée, parce qu'on en trouvait les expressions étranges et forcées : et voilà que d'autres se présentent, la combattent et la dépriment, parce qu'ils la trouvent trop facile et trop aisée. Moréry, dans son *Dictionnaire*, à l'article de S. Malachie, a copié dans quelque écrivain antérieur,

---

(1) Les blasons sont reproduits dans le livre italien.

cette critique, laquelle, d'après lui, est d'un si grand poids, qu'il s'en autorise pour déclarer la prédiction comme supposée et fausse. Il ne sait pas comprendre comment elle peut être regardée comme vraie et légitime, dès que l'on observe à quelles circonstances diverses s'étend l'allusion des symboles. « Tantôt, c'est aux pays, (ce sont ses paroles), tantôt c'est au nom, tantôt c'est au blason de la famille, au titre cardinalice, à la condition de la naissance ; en un mot à tant d'objets, qu'avec une extrême facilité et beaucoup d'aisance, on en relève le sens, au point qu'il est impossible de s'y tromper. » Il semble donc que cette facilité d'appliquer les symboles à la désignation des objets soit bien ce que l'auteur de la vaticination a eu en vue. Et que pourra répondre celui qui a soulevé une semblable objection ? Rien, sinon qu'il commence par prescrire des lois aux prophètes, et par déterminer des limites à ce qui constitue une révélation, alors que celle-ci ne dépend que du sujet qu'elle veut représenter et demeure souveraine maîtresse de sa forme, de sa tournure, de ses expressions. Mais une opposition de ce genre est tellement voisine du ridicule, que par convenance, nous n'insisterons pas dans cet examen, nous flattant que pas un seul de nos lecteurs puisse songer à ne pas être de notre avis.

Cependant nous avons inutilement procédé à la rectification des incohérentes et absurdes critiques par nous données jusqu'ici, si juste et si raisonnable était celle que je vais produire, et que nous avions réservée pour la dernière, comme la plus intéressante de toutes. Rien, je présume, n'est plus piquant que de faire connaître la Prophétie des Papes, par une solennelle imposture. J'ai raconté qu'après la mort d'Urbain VII, arrivée en 1590, un parti puissant de cardinaux, qui désirait porter au suprême Pontificat Jérôme Simoncelli, pour mieux déguiser leurs projets, et tromper la bonne foi de leurs collègues, inventèrent une vaticination, laquelle remontant à quatre siècles au-delà, semblait s'être vérifiée pour tous les Papes précédents, et designait, à l'exclusion de tout autre, la personne que ce parti se proposait d'élire. Ainsi le symbole qui devait regarder le cardinal en question fut imaginé en ces termes : *De antiquitate Urbis*, de l'antiquité de la ville. Or le cardinal étant natif de la ville d'Orviète, que les Latins nommaient *Urbs Vetus*, ville ancienne, ils arrivèrent à faire croire que le choix tomberait sur lui, comme il paraissait être tombé sur ses prédécesseurs, selon les termes de la vaticination supposée. Le résultat trompa leur espoir, et la Prophétie fut ruinée dans toute son étendue. C'est le même reproche que certains auteurs ont prétendu faire à notre prédiction, en remontant jusqu'à son origine, et c'est ce qui a été répété nouvellement par Morery et Ladvocat : leur *Dictionnaire historique* demande si bien d'être corrigé dans cette énorme bévue, reproduite dans les éditions diverses, qu'on y lit : « Selon la prédiction, le cardinal Simoncelli fut élu pontife, sous le nom de Grégoire XIV, » alors que celui-ci n'a jamais été pape, et que le conclave dont il s'agit, proclama Nicolas Sfondrati.

Tant il est vrai que bien des fois un écrivain copie l'autre, et que pour s'épargner du travail et des recherches, ils se passent gratuitement et se transmettent les plus grossières erreurs. Afin donc de procéder en bon ordre dans l'examen d'une question de cette nature, il est urgent de demander à ces écrivains la source où ils avaient puisé ce petit récit et sur quels fondements ils établissaient leur assertion. Tandis que nous nous occupons de critique, chacun se dirige d'après sa persuasion, comme c'est un devoir pour tous de se convaincre ; et nous sommes certes bien loin de souscrire aveuglément à de vagues propositions, alors surtout qu'elles appartiennent aux auteurs précités, qui essaient d'imposer en disant : *les érudits savent* ; *les sages n'ignorent pas*, etc. Nous prouvons quels auteurs nous avons consultés, dont plusieurs appartiennent à la date même de 1590 et qui vont jusqu'à nos jours ; nous comprenons là un grand nombre de relations manuscrites et secrètes, que nous savons avoir eu crédit à l'époque des conclaves. Nous n'y avons pas rencontré le moindre indice du complot raconté par nos contradicteurs, ni de vaticination supposée, fait qui alors eût autrement intéressé que n'importe quelle curiosité. Ainsi il reste démontré comme indubitable que dans le conclave susdit, tenu pour avoir été un des plus agités et des plus remués par l'intrigue, parmi les divers partis qui y furent aux prises, aucun ne fut pour Simoncelli, le seul dont on puisse dire que nul ne pensa jamais à lui déférer la couronne pontificale. D'où, si on refuse de nous donner raison autant qu'il serait juste, il n'en est pas moins vrai que l'histoire et la tradition sont pour nous, et qu'en fin de compte l'opposition entière est convaincue du contraire de ce qu'elle voulait accréditer ; on conviendra donc qu'elle demeure fausse et arbitraire l'imputation que nos adversaires ont tenté de diverses manières à présenter pour rendre apocryphe et fictive la Prophétie des Papes.

Ce qui peut avoir donné lieu de douter de notre vaticination c'est de voir qu'elle ne commence à être connue qu'en 1595, année assez voisine de l'élection de Grégoire XIV, et de ne la point voir mentionnée par les écrivains, antérieurement à cette époque. Il est naturel, sans doute, à première vue, qu'un silence de quatre cents ans sur un objet qui aurait dû attirer l'attention universelle, lui soit assez grandement préjudiciable. Cependant il convient, dans un cas semblable, de ne pas précipiter son propre sentiment, parce que ce serait manquer tout-à-fait de bon sens que de vouloir faire dépendre l'authenticité d'un écrit de la longueur du temps qui peut s'être écoulé depuis le moment où vivait l'auteur jusqu'à celui où il a été publié. Il n'y aurait d'ailleurs rien de plus facile, avec ce système, que de tenir pour apocryphes et supposés des centaines d'ouvrages, qui pendant des siècles sont demeurés ensevelis dans la poussière et dans l'oubli, et qui ensuite se sont produits au grand jour, sans qu'auparavant il en eût été aucunement fait mention. C'est ainsi qu'il vint tout à coup à la pensée d'Arduin, si célèbre par l'extravagance de son esprit, d'attaquer l'ancienneté d'innombrables médailles et d'œuvres, croyant et affirmant qu'elles étaient l'œuvre des âges postérieurs où elles avaient été trouvées et connues. Examinons donc les circonstances dans lesquelles la Prophétie a été publiée.

Arnold Wion, moine bénédictin, est le premier qui en ait parlé. Il avait été notable de la ville de Devay, et s'étant retiré en Italie, à cause des troubles qui agitaient son pays, il entra dans la Congrégation de Ste. Justine de Padoue, dite du Mont-Cassin. Il y composa une histoire des Saints de son Ordre, intitulée : *Lignum Vitæ*, et dédiée à Philiphe II, roi d'Espagne, en 1595. Dans cet ouvrage, il parle de S. Malachie et y donne comme étant de lui la Prophétie des Papes, déclarant comme n'ayant pas encore été publié, ce monument très-précieux, digne d'être connu et admiré du monde catholique. Wion n'en dit pas davantage. De là vient que les critiques soutiennent qu'il n'est pas convenable d'accepter pour vrai un écrit sur la foi d'un seul, et qui est produit sans autre fondement que la parole de celui-ci. C'est là une règle certaine et qui exclut l'exception ; mais il faut avertir qu'autre chose est douter, ou suspendre le jugement, jusqu'à ce que l'on ait eu le temps d'examiner la vérité des faits, de se pénétrer l'intelligence ; et d'autre part, de ne pas épouser une opinion, sans en examiner la nature, l'état, et pour la seule démangeaison de se singulariser. Nier l'authenticité de la Prophétie est chose facile ; mais il sera moins facile d'en présenter de solides raisons. Wion n'a pas indiqué comment ni où il l'avait trouvée : c'est un défaut sans doute, mais non pas une raison pour motiver une imposture. Ce qui a été raconté du conclave de 1590 et de la personne du cardinal Simoncelli est totalement faux, insoutenable ; et une telle imputation ne fait qu'augmenter le crédit de notre vaticination, et repousser ceux qui l'ont combattue.

Les auteurs qui fleurirent depuis S. Malachie jusqu'à l'époque de la publication n'en ont pas fait mention : c'est là un autre défaut, mais il n'est pas suffisant pour faire tirer la conséquence d'après laquelle, parce que ces auteurs n'ayant pas parlé de la prophétie, il en résulte qu'elle n'existait pas déjà. Beaucoup d'écrivains, dans la suite, l'ont reproduite, rappelée avec éloges et insérée dans leurs œuvres, et même de temps à autre, ils ont employé leurs veilles à l'interpréter. Parmi ces derniers il nous paraît bon de nommer Thomas Messingamo, dans son *Histoire des Saints Irlandais;* Robert Rusca, dans ses *Annales Cisterciennes* ;

Jean Germain, dans la *Vie de S. Malachie* ; Henri Engelgrave, dans son ouvrage intitulé : *Lumière évangélique* ; André Vittorelli, dans ses additions du *Ciacconio* ; Gabriel Bucelin, dans ses *Chroniques* ; et le P. Zucconi, dans sa leçon XII sur l'*Apocalypse*. Un très-petit nombre a contesté la Prophétie, et ce qu'il y a surtout à noter, c'est qu'ils l'ont fait au moyen d'arguments si faibles, avec un embarras si choquant et si absurde, ou bien avec des sophismes si évidents, qu'on est en mesure de réfuter ce pitoyable parti, si on daigne en prendre la peine.

Mais, pour décider finalement du mérite de notre vaticination, et afin de porter un jugement qui soit le moins possible exposé à la contradiction et à l'erreur, nous présenterons encore un argument, qui servira à nous dégager de l'obligation que nous avions prise d'orner notre livre de gravures. Ou les symboles des Pontifes postérieurs à 1590 se sont vérifiés, ou non. S'ils se sont vérifiés, voilà close la bouche de tous ceux qui ont entrepris de discréditer la Prophétie avec un si grand luxe de critique. Quiconque voudra se servir de bon sens et de discernement, restera convaincu en faveur de la vaticination, à l'exclusion de toute exception. Ou les symboles ne se sont pas vérifiés, et alors il serait vain et ridicule de réfuter péniblement les difficultés présentées et les objections, alors que manquerait le point fondamental qui constitue le caractère d'une révélation. Cette particularité est celle sur laquelle nous appelons avec une entière bonne foi l'attention de nos lecteurs. Après la déclaration que nous avons donnée, il sera facile de reconnaître et de déterminer le vrai caractère de la Prophétie. Dans la série de symboles qui vont de Grégoire XIV à ce jour, il en est plusieurs dont l'allusion se trouve dans les armes des familles respectives, comme Paul V, Alexandre VI, Innocent XI et Innocent XII ; d'autres regardent la patrie du Pontife élu, comme Clément X ; d'autres des qualités personnelles, comme dans Léon XI et Innocent XIII ; et d'autres allusions enfin ont pour objet des faits singuliers au sujet annoncé exclusivement à tout autre, comme dans Clément XIV et le Pape régnant Pie VI (1794). Toutes ces choses déterminent dans le même sens les symboles qui désignent les Pontifes de quatre cents années antérieures. Que si quelqu'un se rencontre, par hasard, à qui déplaît notre scrupuleuse retenue à laisser inexpliqué quelque symbole incertain, nous le prions de se rappeler ce qui a été dit ci-dessus : c'est que nous avons voulu laisser ces textes dans l'obscurité, plutôt que de forcer leur signification par des à peu près violents, et peu appropriés à la méthode ordinaire pratiquée dans l'interprétation du reste de la Prophétie. Au surplus, il faut considérer qu'elle n'a pas pu se trouver exempte de cette alternative, puisque, aux injures du temps et par les altérations causées par les hommes, comme on sait que les manuscrits sont sujets, nous avons dû, d'ailleurs, assez souvent, corriger les erreurs qui s'étaient glissées dans les éditions successives. Que si une petite imperfection reste constamment dans les explications, nous sommes loin de l'attribuer à l'altération du texte, à la révision duquel nous avons mis toute notre application pour lui restituer le texte original ; peut-être que, malgré nos efforts, n'avons-nous qu'imparfaitement réussi à le présenter comme nous l'aurions désiré. Il est important aussi d'avertir de ceci : que pendant les quatre siècles antérieurs à la prétendue découverte de la vaticination, se rencontrent souvent des symboles qui n'ont pas été expliqués avec le même bonheur et la même précision que les autres. Cette réflexion devrait fortement contribuer à convaincre ceux qui douteraient encore de l'antiquité de la Prophétie, attendu que si elle avait été composée à l'époque où on le suppose, il dépendait de l'auteur de caractériser tous les Pontifes avec une clarté égale, alors surtout qu'il était dans son intérêt de le faire, pour voir son travail accueilli avec plus de faveur et de sûreté.

Voilà les observations que nous avons cru, en second lieu, devoir ne pas omettre sur la Prophétie des Papes. Le lecteur verra l'usage qu'il lui reste à en faire, d'après son propre discernement : qu'il juge conformément à ce que lui inspirera l'amour de la vérité et le sens commun.

# DE LA FIN DU MONDE
## Conclusion de la Prophétie.

Selon l'auteur de notre Prophétie, quinze Papes doivent encore régner glorieusement (1794) sur le Siége de Saint-Pierre, après lesquels s'élèvera la dernière persécution contre la Sainte Eglise Romaine. Alors le siége sera occupé par Pierre II ; grandes et terribles seront les tribulations qui agiteront le troupeau de Jésus-Christ ; et à la fin, la ville aux sept collines se verra détruite, et le Juge redoutable jugera son peuple. *In persecutione extrema, Sanctæ Romanæ Ecclesiæ sedebit Petrus secundus, qui pascet oves in multis tribulationibus, quibus transactis, Civitas septicollis diruetur, et Judex tremendus judicabit populum suum.*

Cette manière simple et précise de terminer a fait regarder, par beaucoup, la vaticination comme totalement apocryphe, et comme indigne du caractère de révélation céleste. Selon le calcul du prophète, disent les critiques, il n'est pas difficile de prévoir et de déterminer le temps où arrivera la destruction générale de l'univers. Chose téméraire, dangereuse, hardie, heurtant de front les oracles de la Sagesse divine, qui a voulu envelopper du secret le plus impénétrable un si grand événement. *De die autem illo vel hora nemo noscit... nisi Pater* (Marc. XIII. 32). Personne n'en connait ni le jour, ni l'heure... si ce n'est le Père.

Guillaume Burius, parmi d'autres, lequel a récemment compilé une chronologie sommaire des Pontifes Romains, dans l'intoduction de son travail, rappelle la Prophétie des Papes attribuée à S. Malachie ; mais il ne peut pas s'expliquer comment il a jamais pu se rencontrer un seul homme qui ait accordé du crédit à un semblable document, prétendant déterminer ce que Dieu a déclaré ne pouvoir être révélé.

Sans tenir compte des vagues contradictions, dont le moindre examen montre la fausseté, et d'hypothèses déraisonnables qui ne valent pas la peine d'être réfutées, démontrons que la Prophétie des Papes n'annonce point d'une manière précise la fin du monde ; mais qu'elle est conforme, si elle n'est pas absolument juste, à la manière dont l'enseigne la divine Ecriture. Nous avons en même temps dans la pensée de défendre la cause de la vaticination, en montrant que son authenticité probable n'en souffre pas, quant à ceci, la moindre difficulté ; puis, de présenter au lecteur discret des observations particulières sur un sujet aussi intéressant que celui de la fin du monde. Ce sujet a été peu traité et négligé par beaucoup, quoique Jésus-Christ se soit donné tant de sollicitude pour instruire ses disciples sur les circonstances qui doivent précéder et accompagner sa seconde venue.

Il est tout-à-fait hors de doute que de tous les livres prophétiques de l'Ecriture Sacrée, celui qui regarde plus spécialement les derniers temps du monde, c'est l'Apocalypse. L'apôtre et évangéliste S. Jean est celui qui reçut de Dieu cette vision si admirable relative aux choses à venir, pendant qu'il était relégué dans l'île de Pathmos, lors de la persécution suscitée contre l'Eglise dans l'année 94 de Jésus Christ, sous l'empereur Domitien. S. Augustin, dans la *Cité de Dieu* (liv. XX. chap 8), n'hésite pas à affirmer, sur l'autorité des autres Pères, que l'*Apocalypse* ne comprenne tout le temps qui doit s'écouler de la première venue du Christ jusqu'à la seconde, qui aura lieu à la fin des siècles. Ce qui a plus particulièrement trait à notre sujet, nous le trouvons au chapitre vingtième. Nous citons :

« 1. Je vis descendre du Ciel un Ange qui avait la clef de
» l'abîme, et une grande chaîne à la main.

» 2. Il prit le dragon, l'ancien serpent, qui est le diable et
» Satan, et l'enchaîna pour mille ans.

» 3. Et l'ayant jeté dans l'abîme, il le ferma sur lui et le scella,
» afin qu'il ne séduisît plus les nations, jusqu'à ce que ces mille
» ans soient accomplis ; après quoi il doit être délié pour un
» peu de temps.

» 4. Je vis aussi des trônes et des personnes qui s'assirent
» dessus, et la puissance de juger leur fut donnée. Je vis encore
» les âmes de ceux à qui on a coupé le cou, pour avoir rendu

» témoignage à Jésus, pour la parole de Dieu, et qui n'ont point
» adoré la bête ni son image, ni reçu son caractère sur le front
» ou aux mains : et ils ont vécu et régné avec Jésus-Christ pen-
» dant mille ans.

» 5. Les autres morts ne sont point rentrés dans la vie, jusqu'à
» ce que mille ans soient accomplis C'est là la première résur-
» rection.

» 6. Heureux et saint est celui qui aura pris part à la première
» résurrection ; la seconde mort n'aura point de pouvoir sur eux ;
» mais ils seront pénétrés de Dieu et de Jésus-Christ, et ils rè-
» gneront avec lui pendant mille ans.

» 7. Après que les mille ans seront accomplis, Satan sera dé-
» lié, et il sortira de sa prison, et il séduira les nations, qui
» sont aux quatre coins du monde, Gog et Magog, et il les as-
» semblera pour combattre. Leur nombre égalera celui du sable
» de la mer.

» 8. Je les vis se répandre sur la terre. et environner le camp
» des saints et la ville bien-aimée.

» 9. Mais Dieu fit descendre du Ciel un feu qui les dévora ;
» et le diable qui les séduisait fut jeté dans l'étang de feu et de
» soufre, où la bête

» 10. et le faux prophète seront tourmentés jour et nuit, dans
» les siècles des siècles. »

C'est la fin de l'*Apocalypse*. Il faut donc maintenant avertir que, de ce mystérieux chapitre, qui, sans nul doute, renferme l'époque, commencement et terme de ces mille ans prescrits à la prison de Satan, et du règne du Christ, est venue l'opinion des millénaires, ainsi nommés parce qu'ils avaient cru que Jésus-Christ après avoir vaincu et enchaîné le démon avec les ré-prouvés dans l'enfer, avait lui-même régné sur la terre avec les élus, pendant une durée de mille ans ; non pas comme l'imagine hérétiquement Céreste, dans toutes les satisfactions des sens, mais au sein de la plus pure et parfaite félicité. Ensuite, ajoutaient-ils, ces mille ans étant terminés, et Satan désertant pour quelque temps sa prison, le Sauveur serait passé avec les Saints au second-

règne dans le Ciel, règne non-seulement de mille ans, mais d'une durée immuable et éternelle. Mais cette opinion, quoique remontant aux premiers temps de l'Eglise, et ayant été soutenue par des hommes savants, parmi lesquels Papias, disciple de S. Jean lui-même, puis par S. Irénée, S. Justin, Tertullien et Lactance, fut, dans la suite reconnue erronée et dangereuse.

Ce règne de mille ans sur la terre n'a assurément aucun fondement, car il répugne même au texte de S. Jean, et il est contraire à la doctrine de l'Evangile (Matth. XXV, 24) et de S. Paul (I. Thess. IV. 16). C'est pourquoi cette croyance a été abandonnée de tous les écrivains catholiques comme condamnée ; elle l'a été en effet au concile de Florence. Les mille ans pendant lesquels le démon sera lié dans l'enfer, signifient tous les siècles qui se seront écoulés depuis Jésus-Christ jusqu'à l'Antechrist. C'est le sentiment de St. Augustin, de St. Grégoire, du vénérable Bède, et avec eux de tous les sacrés interprètes. Le démon fut emprisonné par l'Ange, en même temps que Jésus-Christ descendit, après sa mort, dans l'Enfer, et de nouveau il sera enfermé aux jours de l'Antechrist, pendant peu d'années, comme dit l'Apocalypse. L'emprisonnement du démon durera pendant mille ans ; l'Apôtre écrit son nombre déterminé pour un nombre indéterminé, comme s'il voulait dire que le monde n'arriverait pas à deux mille ans après la Rédemption. Cette explication est la plus probable et la plus commune qui résulte du chapitre susdit. C'est elle en réalité que nous nous proposons d'indiquer et d'élucider sur l'autorité des commentateurs, quoique avec la retenue et le respect avec lesquels demande à être traitée une question qui se présente enveloppée de l'obscurité vénérable des divins mystères.

Il a semblé à quelques-uns, et non sans quelque raison, que S. Jean a pendant deux fois marqué le règne de Jésus-Christ sur la terre, pour une durée de mille ans. *Et ils règneront avec le Christ pendant mille ans* (vers. 4)... *et avec lui ils règneront pendant mille ans* (vers. 9) ; mais cette répétition signifie symboliquement que la durée du monde, après Jésus-Christ, sera de deux mille ans. Afin d'accréditer cette conjecture, nous emprunterons plusieurs exemples aux commentaires des divines Ecritures ; nous n'aurons pas de la sorte exposé notre seule opinion. Notons d'abord que l'universelle tradition, d'après laquelle l'existence du monde doit être de deux mille ans, est le principal fondement et la base des paroles de l'Apocalypse. Examinons-la donc et faisons en ressortir toute la valeur.

Le monde fut créé dans l'espace de six jours. Ce nombre était la figure de sa durée, attendu que, comme le dit S. Pierre, *mille ans sont aux yeux du Seigneur la même chose qu'un jour* (2, Pet. cap. 3 ). Ces jours de la création, dans le texte hébreu, sont distingués par *Aleph*, lettre qui, selon le caractère de cette langue, où toutes les lettres sont numérales, représente *mille*. — *Creavit Deus Cœlum et terram ad sex Aleph.* — Comme si on disait figurativement *en six fois mille*. Et de même pour ce qui suit que le septième jour, Dieu se reposa d'avoir produit la création, c'est-à-dire qu'après les six jours du temps et du siècle, succèdera le septième du bienheureux repos qui suivra la résurrection générale dans le Ciel, ce qui est précisément l'expression des Pères *le septième millénaire, celui de l'éternité* (1). Ce sentiment est commun à ceux qui, avec un louable zèle, se sont appliqués à pénétrer le sens mystique des livres saints, et en outre avec d'autres observations confirmatives ; par exemple, les six premiers chefs du genre humain, Adam, Seth, Enos, Caïnan, Malalaël et Jared, qui subirent la loi commune de la mort ; mais le septième, Enoch, en fut affranchi et fut transporté vivant dans le Ciel. Ainsi après les six millénaires, pendant lesquels existeront dans leur force le travail et la mort, viendra la vie paisible et immortelle (2).

Au chapitre VI de la Genèse, la vie de l'homme se trouve fixée à 120 ans. Ces années sont considérées comme des années grandes ou mosaïques se composant de 50, ce qui ne s'écarte pas du calcul de 6,000. De plus, S. Jean dans le chapitre susnommé de

(1) Primi in dispositione divina septem dies, annorum septem millia continentes. *Cyp. de Exhort. Mart. XI.*
(2) *Isid.* cit. in Gloss. cap. V. Gen.

l'*Apocalypse*, répète expressément par six fois le symbole suffisamment précis de la durée du monde. Mais il serait trop long et superflu de rapporter toutes les preuves existantes pour confirmer cette exposition allégorique, puisqu'elles peuvent rencontrer plus ou moins de crédit auprès des érudits, et que celui qui désire les connaître peut consulter les sources dans les auteurs qui en ont traité. (*Corn. à Lap. in Apoc.*)

En second lieu, les lois données successivement de Dieu aux hommes, sont au nombre de trois : la première, la Loi de nature, qui fut en vigueur depuis Adam jusqu'à Abraham, par qui fut instituée, sur un ordre divin, la Circoncision, appelée justement l'origine et le premier signe de la loi mosaïque ; la durée de cette loi fut de 2,000 ans, de même que celle de la Loi de Moïse, autrement appelée Loi écrite : on compte en effet 2,000 ans d'Abraham à la naissance de Jésus-Christ. C'est ainsi que la durée de la troisième et dernière Loi, comprendra pareillement 2,000 ans, à dater de la venue du Rédempteur, jusqu'à la consommation des siècles. La figure de cette loi est donnée par l'ordre de Dieu à Josué, lorsque dans le passage du Jourdain, l'Arche du Seigneur fut portée à 2,000 coudées de distance du peuple (Jos. III. 4), pour signifier que les hommes, après le Messie, avaient à parcourir un pareil nombre d'années. C'était une figure, et comme un miroir représenté par l'Arche, où nos saints mystères étaient renfermés. Par eux, pouvait être contemplée et comme face à face, dans la terre de promission, la béatitude éternelle.

En troisième lieu, ici se présente l'autorité d'un très-grand nombre d'écrivains, autant sacrés que profanes, de tout état, de toute nation, affirmant et soutenant énergiquement l'opinion que le monde doit durer 6000 ans. Celui qui voudra satisfaire sa curiosité n'a qu'à recourir à la dissertation du très-savant P. Augustin Calmet, où il trouvera un catalogue prolongé de ceux qui ont traité ce sujet avec développement. Nous nous nous bornerons à en citer quelques-uns. Le premier de tous est St. Augustin, expliquant les mille ans de l'Apocalypse, dans le chapitre même duquel nous avons détaché plus haut une citation ; il s'exprime ainsi : *Ces mille années peuvent être entendues de deux manières : ou que ces choses doivent arriver dans les derniers mille ans, c'est-à-dire dans le sixième millénaire, comme on dirait dans le sixième jour, pour de là marquer la succession du samedi, qui n'atteindrait pas le soir ; c'est le repos des saints qui est éternel. Ainsi l'apôtre avait appelé la dernière partie de ce millénaire, qui touchera à la fin des siècles, ce qui revient à dire, comme plusieurs, qu'ici la partie est prise pour le tout.*

Le second est S. Jérôme, dans sa lettre à S. Cyprien, où il déclare avec le Prophète-roi, d'après le psaume 89, que mille ans sont aux yeux du Seigneur comme le jour d'hier, déjà passé. « *Je pense,* dit le saint, *que dans ces paroles, mille ans indiquent une seule journée ; car de même que le monde fut créé dans ces six jours, ainsi il est à croire qu'il subsistera six milliers d'années, et qu'ensuite le septième mille ne suivra pas.. .. et dans lequel aura lieu le samedi véritable (le Ciel).* »

A l'autorité respectable de ces deux lumières de l'Eglise se joint celle de S. Gaudence de Brescia, qui, dans le dixième de ses traités, raisonne comme suit : « *Nous contemplons ce jour vraiment saint du septième millénaire, lequel luira après ces six jours, c'est-à-dire les six mille ans du siècle, qui, étant terminés, feront place au repos pour la vraie Sainteté, et pour les vrais croyants à la résurrection du Christ.* »

Tels sont les termes dans lesquels la généralité des Pères et des commentateurs de l'Ecriture Sainte ont exprimé la plus commune opinion constante relative à la durée du monde, c'est-à-dire six mille ans. Cela est si vrai, que plusieurs d'entr'eux, et spécialement S. Cyprien et S. Optat de Milet, ont recommandé dans leurs éloquentes exhortations, de se préparer au dernier jugement, qu'ils avaient cru voisin de leur époque, se basant surtout sur un faux calcul répandu de leur temps, que déjà, depuis la création autres cinq mille ans s'étaient écoulés (1).

(1) Sex millia annorum jam pene complentur, ex quo hominem Diabolus impugnat. (*Cyprian. de Exhort. Mart.*)
Non longe à fine absumus, sed jam mundus properat : hoc bella, hoc afflictiones, hoc terræ motus, hoc extincta charitas significat(*Jo. Chrys. in Jo. hom. 33.*)

Nous trouvons bien çà et là quelques Pères, et en particulier S. Ambroise, qui contredisent vivement ce sentiment ; mais ils ne donnent d'autre raison que celle d'avoir adopté une opinion contraire, d'après laquelle ils ont prétendu que plus de six mille ans s'étaient déjà écoulés depuis le commencement du monde (1). Cette déclaration n'a pas dû faire merveille et n'annonce pas qu'alors on eût en partage de grandes lumières sur la chronologie. Nous terminerons donc en avertissant que telle est encore la tradition des Hébreux, soutenue par tous leurs docteurs, parmi lesquels nous devons nommer Mose Gerundense, homme de grand crédit auprès de sa nation, et le célèbre Elias, rabbin du onzième siècle, de qui le Talmud (2) rapporte ces mots, sous la proposition indiquée : « *La durée du monde sera de six mille ans, après quoi il retournera de nouveau au néant. Deux mille ans ont appartenu à la Loi de nature ; deux mille ans à la Loi écrite ; et deux mille ans appartiennent pareillement au Messie.* »

Le plus de clarté possible étant ainsi jetée sur cette opinion, revenons à l'examen de notre Prophétie. Selon le calcul le plus exact qui soit adopté, nous sommes à l'année de la création 5797 (1794) : il manque de la sorte 203 ans pour compléter les 6000 de la durée du monde. Il y aura encore seize Papes, dit la Prophétie, d'ici au jugement final. Si nous donnons à chacun de ces Papes un pontificat moyen de dix ans, l'expérience nous apprenant que les règnes sont environ de dix par siècle, nous aurons un espace de 160 ans, nombre qui nous conduit à 5957, temps, comme chacun voit, assez rapproché de l'époque, à laquelle la tradition et les plus probables conjectures assignent la fin de l'univers.

Il ne faut pas croire que par cette approximation, on puisse arriver à déterminer quelque chose de certain sur un point aussi intéressant, car se serait une vaine présomption. Il est d'ailleurs

(1) Ad hæc usque mea tempora plusquam sex annorum millia à condito mundo elapsa sunt. *Ambros. in Luc, liber VII*

(2) Tome IV, tract. 4. Sanedrim.

évident que dans notre hypothèse, l'opinion des six mille ans peut être vraie, comme la prophétie elle-même, sans qu'il faille présumer avoir pénétré la vénérable obscurité dans laquelle Dieu a voulu que le terme des derniers temps demeurât caché. Dans cette dénomination de six milliers d'années, nous ne pouvons voir qu'un sens moral et abstrait, et non un sens rigoureux et précis. De manière qu'il reste toujours incertain si le monde doit finir avant ou après le commencement du septième millénaire. L'intervalle de 160 ans que nous accordons aux seize Pontifes de la Vaticination, bien qu'il soit rationnel, ne laisse pas que d'être arbitraire, et il demeure incertain si ce délai correspondra ou non au cours réuni de leurs règnes.

D'autre part, nous ferons observer que, d'après l'énumération ordinaire des quinze symboles, notre prophète est en quelque manière muet sur la question, d'où nous sommes grandement fondé à supposer qu'il n'en est plus à suivre le calcul jusques alors observé. *Dans la dernière persécution de la Sainte Eglise Romaine*, dit-il, *règnera Pierre II, qui paîtra le troupeau au milieu de nombreuses tribulations, lesquelles prenant fin, la cité aux sept collines sera détruite, et le Juge redoutable jugera son peuple* (1). » Qui nous dira si au Pape désigné dans ces mots : *Gloria Olivæ*, succèdera immédiatement Pierre II, ou si plutôt, il paraîtra au milieu de la persécution qui, comme étant la dernière, sera certainement la plus cruelle de toutes celles que l'Eglise a subies, et sera peut-être aussi d'une durée beaucoup plus longue qu'on ne puisse l'imaginer, même avant que le Pontife ne soit établi sur le Saint-Siége ? De là s'élèvent beaucoup de tribulations, et avant que Jésus-Christ juge le monde, ces tribula-

---

(1) Dans l'exemplaire le plus souvent cité, on lit : *Vindicabit*, il vaincra, et il ne m'est pas arrivé de rencontrer une telle variante en aucun autre lieu, pour mériter d'être notée. Il est vrai qu'on aura pu facilement écrire *vindicabit* pour *judicabit*. Mais, quoi qu'il en soit, ce sera toujours un argument de plus pour convaincre que la Prophétie des Papes ne s'écarte point de cette obscurité sainte, dans laquelle la Toute-Puissance a voulu cacher le mystère du jugement dernier.

tions doivent avoir entièrement cessé, et la ville de Rome doit être de son côté réduite en cendres (1). Or, qui ne voit qu'à tant d'événements si extraordinaires, il est impossible de fixer une date fixe ? Qui donc aura la hardiesse de vouloir déterminer d'un ensemble de choses à la fois compliqué et obscur comme celle-ci, le jour et l'heure de la fin du monde ? Il est de foi que le Très-Haut s'en est réservé la connaissance (Marc, XIII.) et les paroles du Rédempteur sont formelles sur ce point : *Ce jour et cette heure, nul ne les connaît, ni les anges dans le ciel, ni le Fils, mais le Père seul.* C'est pourquoi nous ferons observer qu'autre chose est de savoir le jour de la dernière venue du Fils de l'Homme, autre chose d'en savoir l'approximation. Dieu veut que nous ignorions le jour, mais il veut également que nous ne

(1) Consultons l'*Apocalypse*: *Et vidi mulierem ebriam de sanguine sanctorum, et de sanguine martyrum Jesu* (XVII, 7 et seqq.). Quelle ville fut jamais si altérée et si enivrée du sang des martyrs et des saints que Rome ? Aussi, l'Ange, expliquant à S. Jean le symbole de la Bête, sur laquelle est assise Babylone, lui dit ; *Septem capita, septem montes sunt, super quos mulier sedet, et septem reges sunt. Et mulier quam vidisti, est civitas magna, quæ habet regnum super reges terræ.* Or, ces divers caractères désignent si bien Rome, qu'il n'est pas possible de la confondre avec une autre cité. Les fameuses collines de Rome sont au nombre de sept ; sept aussi furent les rois qui la bâtirent sur ces collines, et qui l'embellirent et la fortifièrent. Beaucoup d'autres textes de l'*Apocalypse* pourraient être donnés à l'appui de ce qui précède ; mais ce que nous avons cité est si clair, que pour plus de brièveté, nous omettons le reste. Cependant, pour la confirmation de notre sentiment, nous renvoyons le lecteur aux commentateurs sacrés, et principalement à S. Augustin (*De Civ.* lib. VII) et à S. Jérôme (Ep. 151), qui reconnaissent dans la femme vue par l'apôtre, sous le nom mystérieux de Babylone, Rome, à l'exclusion de toute autre cité ; il ne la voyait pas telle qu'elle est aujourd'hui, la Ville sainte, la Métropole de la Religion, le Siège du Vicaire de Jésus-Christ ; mais telle qu'elle était au temps même de l'Évangéliste, et telle qu'elle redeviendra aux jours de l'Antechrist, la ville apostate, avilie, superbe, dépravée, qui au bruit de sa ruine, la première qui se verra alors dans le monde, doit épouvanter tout l'Univers.

soyons pas surpris par son arrivée, et que nous en connaissions l'approche. Il suffit de lire et d'analyser avec attention le chapitre XXIV de S. Matthieu, pour s'assurer de cette vérité. Admirable est la bonté avec laquelle Jésus-Christ répond à la demande des Apôtres : *Maître, quand est-ce que ces choses arriveront, et quel sera le signe de votre avènement et de la consommation des siècles ?* Non-seulement il désapprouve comme trop curieuse leur interrogation, mais il se complaît abondamment à leur développer un long raisonnement, qui forme un des plus importants articles de sa doctrine. Il marque avec une remarquable précision les convulsions diverses que subira le monde dans son acheminement à son dernier période. Parmi les signes indubitables et sensibles, il désigne d'abord la pesante vieillesse, l'état de décrépitude, et finalement le dernier souffle. Ainsi de trait en trait, il nous exhorte à être attentifs à ces marques, parce qu'elles ne sont pas toutes d'une même signification. Vous entendrez alors, dit-il, le bruit, le fracas, les préparatifs et les déclarations de guerre; mais ne soyez point troublés, parce que ces signes ne sont que les indices éloignés de mon avènement: *Oportet primum hæc fieri, sed nondum est finis.* Tandis que le monde avancera vers sa destruction, les calamités augmenteront, les peuples et les royaumes seront bouleversés par les insurrections; il y aura des efferverscences intestines et des désolations par la guerre. Le globe sera affligé par la famine, la peste, les tremblements de terre. Mais ces malheurs, quoiqu'ils ne soient pas des signes éloignés, ne sont cependant que le commencement de plus grands désastres. *Hæc autem omnia initia sunt dolorum.* Dans ces mêmes temps, s'élèveront de faux sages, de hardis imposteurs, qui, par leur insidieuse doctrine, parviendront à en séduire un grand nombre, et à propager des systèmes abominables Par là l'iniquité grandira; elle ira refroidissant la charité, la religion, au point qu'en venant, le Fils de l'homme trouvera à peine quelque foi parmi les hommes. Armez-vous alors de la plus forte persévérance, opposant à la séduction et au vice cette maxime : « Veillez à ce que personne ne vous séduise. » Ces événements sont vérifiés par la succession des temps, et voici les signes de la prochaine consommation des siècles. « Mon Evangile ayant été prêché dans toutes les parties de la terre, l'abomination, selon la prophétie de Daniel, commencera à envahir le lieu saint. » Alors s'élèvera dans l'Eglise la dernière et la plus redoutable persécution, par l'opération de ceux qui s'érigeront en prophètes et en christs et qui opèreront de certains prodiges. C'est là en ce moment que la fin du monde sera imminente : *Tunc veniet consummatio.* Soudain apparaîtront et seront vus de tous des signes dans le ciel : le soleil, la lune, les étoiles, tout le système céleste sera dans la perturbation et le désordre. Les Anges seront ensuite envoyés aux hommes pour qu'ils ressuscitent et qu'ils comparaissent au jugement. Le Fils de l'Homme descendra, précédé de son étendard, qui est la Croix, et tout sera fini. »

Ainsi, de sa bouche même a parlé Jésus-Christ. Or, comme on ne peut citer une prédiction plus nette, plus précise de tous les événements successifs de la fin du monde, il n'est donc pas possible d'obtenir un témoignage plus certain de cette révélation, pour inférer la suprême venue du Sauveur, relativement à l'objet que nous observons attentivement en nos temps C'est donc utilement que nous aurons justifié notre sentiment, pour ceux qui s'en vont témérairement, livrés à une funeste indifférence, en prétextant que Dieu a réservé à sa seule connaissance le jour de ses vengeances.

Il ne déplaira pas en outre à nos lecteurs, qu'à l'appui et comme preuve essentielle de ce que nous avons dit, nous ajoutions les observations d'un auteur moderne, qui a imprimé à Fermo en 1790, une lettre sur la proximité de la fin du monde. Ce judicieux écrivain montre qu'il a fait une étude particulière des prophètes anciens, et spécialement de Daniel et d'Ezéchiel, et dont il résulte que nous marchons à grands pas vers l'époque susdite et que nous en approchons.

Il serait trop long de rapporter les arguments qui servent de base et d'appui à son opinion. Il suffira de noter que les divers calculs pressentis par lui concourent à assigner le terme de l'univers vers la fin du siècle le plus prochain. Une pareille opinion semblera fort étrange, parce qu'elle est nouvelle et jusqu'à présent inouïe ; mais si on lit attentivement, et si on examine les raisons, les calculs, les conjectures qui l'accompagnent, on abandonnera promptement l'improbabilité qui s'était présentée à l'esprit. C'est ainsi qu'un certain D François Guevara, avec les figures de Fouligno, a publié une réplique contre ce petit travail : mais nous avons eu le regret de voir qu'il a beaucoup avancé sans rien conclure. Il faut avertir que l'auteur anonyme a exposé la majeure partie de ses réflexions d'après la Dissertation du célèbre M. Rondet (1) sur l'opinion des Hébreux, et qu'il est bien difficile de renverser les raisons de cet homme distingué. Il fait premièrement observer que la bête du chapitre XIII de l'Apocalypse est la figure de l'empire mahométan ; et qu'il doit faire la guerre aux saints pendant l'espace de quarante-deux mois, ceux-ci étant considérés comme périodes de trente ans, selon la manière de compter de cette même race, ce qui donne la somme de 1260, d'où la durée de cette domination, commencée en 630, conduit vers l'an 1890 de l'ère vulgaire. Ce calcul se combine parfaitement avec l'autre, déduit du chapitre VII de Daniel, où il est dit que *la petite corne* (nouvelle figure de la même domination mahométane) *se sera élevée au-dessus des autres et aura duré jusqu'à un temps, deux temps et la moitié d'un temps*. Or, en prenant ces trois temps et demi dans la plus grande extension possible, cela revient à dire des temps, et des jours dont chacun représente une année, que nous avons une somme égale de 1260. Et cela n'est pas sans raison, puisque l'Ecriture nous présente de très-nombreux exemples de pareil calcul. Tels sont les 390 jours d'Ezéchiel, pendant lesquels devait durer l'infidélité des Hébreux, et considérés comme étant des années sabbatiques (2) ; le produit est 2730, qui avec l'addition de 70 années ordinaires de la dernière persécution, s'élève à 2800 ; et en reportant l'origine de cette infidélité à son époque, c'est-à-

(1) M. Rondet, interprète de la langue sainte, est très-connu par ses ouvrages, et plus encore par les services qu'il a rendus à l'Eglise par ses études sur l'Ecriture Sacrée. Il est mort à Paris le 2 avril 1785.

(2) Diem pro anno dedi tibi (Ezech. IV.)

drie au schisme des dix tribus consommé 940 ans avant Jésus-Christ, il résulte qu'elle devra correspondre à 1860.

A ce fait est semblable celui de 400 ans dont parle le Seigneur à Abraham, au chapitre XV de la Genèse. En effet, si le sens littéral se vérifie dans la servitude en Egypte, le sens mystique peut aussi rappeler la durée de l'infidélité de cette nation : car en réalité, les 400 ans, considérés sabbatiquement, produisent la même somme de 2800, que l'on commence à compter, comme il est dit ci-dessus, à 940 années avant Jésus-Christ, pour se terminer à 1860. Quoi encore ? Un nouvel argument est fourni par la prophétie d'Osée, où il est dit que les enfants d'Israël seront dépourvus de princes pendant de longues années. Or comme dans l'alphabet hébraïque toutes les lettres sont numérales ; M. Rondet a relevé que dans celles qui composent les paroles du texte : *dies multos sedebunt*, se trouve la valeur numérique de 1790. Si donc les Hébreux doivent demeurer privés de rois pendant 1790 ans, quelle en sera la conséquence ? C'est que, le principat leur ayant manqué vers l'an 70 de l'ère vulgaire, cette privation devra finir vers l'année 1860.

Nous ne pousserons pas plus loin l'exposé des judicieuses observations de cet auteur en renom, et nous renverrons à ses œuvres quiconque aurait le désir de poursuivre une lecture où il ne saurait manquer d'admirer les talents de l'écrivain, et d'éprouver une satisfaction intime de voir tant de démonstrations claires sur l'époque des grands événements qui doivent se produire lors de la suprême dissolution du monde.

Donnons maintenant un dernier coup d'œil à la Prophétie des Papes, et concluons : Cette révélation, avec ses symboles obscurs, loin de déterminer quelque chose de précis sur la fin du monde, n'a prédit l'événement qu'avec des signes éloignés. Cela ne répugne nullement à celui que la religion oblige de croire ; il ne regarde point à cet article important, ni à quel degré la tradition est proche de la vérité. La prophétie déclare qu'il y aura encore seize pontifes avant que se consomme le cours des siècles, mais non pas de manière à ce que puisse être déduite une conséquence téméraire. Le calcul qui en résulte conduit vers la fin du sixième millénaire de la création, et ce calcul marche d'accord avec l'opinion universelle, d'après laquelle la durée du monde doit être de six mille ans. Cette opinion a été soutenue énergiquement et avec autorité, depuis les temps les plus anciens, par les hommes les plus éclairés. Beaucoup des mystérieuses visions de la Sainte Ecriture semblent concourir à donner le plus grand poids à ce sentiment. En un mot, la Prophétie des Papes annonce que l'univers s'achemine à sa dissolution. Les Symboles, vérifiés jusqu'à présent, ajoutent un certain degré de probabilité pour l'accomplissement de ce qui reste à se réaliser. Ainsi, sans pour cela abandonner l'idée de conjecture et d'hypothèse, les lecteurs ne pourront pas cependant considérer la Vaticination attribuée à S. Malachie, comme un récit apocryphe et indigne de leurs méditations.

FIN DE LA PROPHÉTIE DES SOUVERAINS-PONTIFES ROMAINS.

# PROPHÉTIES NOUVELLES
## SUR LES TEMPS PRÉSENTS.

### Révélation de la Sainte-Vierge.

Couvent de Notre-Dame-du-Refuge, à Anglet, près Bayonne, fondé et dirigé par M. l'abbé Cestat, et les Servantes de Marie, répandues dans plusieurs diocèses, et chargées spécialement de l'infirmerie et de la lingerie, au lycée de Montpellier.

Il y a quelque temps (en 1868), qu'une âme simple de la communauté se trouva subitement comme frappée d'un rayon de clarté divine. Elle vit en esprit les démons répandus sur la terre, y exerçant d'inexprimables ravages ; en même temps elle eut une vue d'élévation vers la très-sainte Vierge, et crut entendre cette bonne Mère lui dire intérieurement qu'en effet les démons étaient déchaînés dans le monde, mais que l'heure était venue où il fallait l'invoquer comme Reine des Anges et lui demander d'envoyer des légions saintes, pour combattre les esprits infernaux. — Mais, ma Mère, lui aurait dit cette âme, vous qui êtes si bonne, ne pourriez-vous pas les envoyer de vous-même et sans qu'on vous le demande ? — Non, aurait répondu la très-sainte Vierge, la prière est une condition posée de Dieu pour l'obtention des grâces. — Eh bien ! ma Mère, aurait repris cette âme, ne voudriez-vous pas me faire connaître comment il faut vous prier ? — Et cette âme aurait cru recevoir la prière : *Auguste Reine des Cieux*, etc. (ci-après).

Devenu dépositaire de cette prière, notre bon père a regardé comme son premier devoir de la présenter à Mgr. Lacroix, évêque de Bayonne, qui a daigné l'approuver. Sous la direction de la très-sainte Vierge et par son ordre, le bon père l'a fait imprimer et tirer à cinq cent mille exemplaires, et doit la répandre partout *franco* et *gratis*, avec défense de rien accepter comme paiement de qui que ce soit.

La très-sainte Vierge, en accordant à une dame riche la guérison de son fils, demandée aux prières de la Communauté, a pourvu à toutes les dépenses.

---

Nota. — Cette prière a été recommandée, à Rome, pour être récitée dans toute l'Italie, pendant la neuvaine préparatoire à la fête de l'Immaculée-Conception de 1864. (*Unità cattolica* du 29 novembre 1864).

### PRIÈRE.

Auguste Reine du Ciel, souveraine Maîtresse des Anges, vous qui avez reçu, dès le commencement, le pouvoir et la mission d'écraser la tête du serpent, envoyez vos légion saintes, pour que sous vos ordres et par votre puissance, elles combattent les démons, repoussent leur audace et les refoulent dans l'abîme.

---

## Effusion d'une âme envers Jésus-Christ dans la Sainte Eucharistie.

Le 21 janvier 1858, s'endormait dans le Seigneur une jeune religieuse de l'Ordre de St. Charles, admirablement préparée par une vie courte, mais pleine de bonnes œuvres, et par onze mois de souffrances supportées avec la plus douce résignation. Douée de qualités brillantes qu'elle avait dérobées aux profanes regards du monde, pour les consacrer toutes à Dieu, elle était distinguée, au milieu même des saintes âmes qui l'entouraient, par son éminente piété et par la soif ardente qu'elle éprouvait pour la divine Eucharistie. Les pieuses compagnes et les enfants de la communauté enseignante, dont elle faisait partie, avaient remarqué en elle une expression vraiment céleste, quand elle revenait de la Table Sainte. Peu de jours avant sa mort, son épuisement était tel qu'elle ne pouvait plus ni prier, ni parler, ni même penser avec quelque suite ; mais elle parut se ranimer, et sentant l'inspiration poétique, qui souvent, pendant sa vie, lui avait fait moduler d'harmonieux cantiques, bouillonner encore dans son cœur, elle dit ces paroles, que l'on pouvait prendre pour un de ses désirs irréalisables produits par la fièvre : *Je voudrais que mon dernier mot dans le monde fût une mélodieuse prière à l'Eucharistie que j'ai tant aimée.*

Aussitôt, sans hésitation, sans peine, et avec une force extraordinaire dans son état, elle se mit à dire les vers suivants, comme un testament suprême, dans lequel elle léguait à sa chère communauté les richesses de son âme. Ce fut là comme elle l'avait dit, un dernier mot avant l'agonie qui avait précédé la dernière extase.

O sacrement divin, dont le nom seul éveille
Et l'ardeur de l'amour et la fin du désir,
Je languis loin de toi, mais mon cœur fait la veille ;
A toi mon dernier chant et mon dernier soupir.

Ma lyre échappe enfin à ma main défaillante,
Et les sons de ma voix expirent sans retour ;
Mais une fois encore il faut que je te chante,
Objet de tous mes vœux, centre de mon amour.

Aux premiers de mes jours, tu brillas sur ma vie,
Comme un soleil fécond, promettant tout trésor ;
Dans son déclin hâté, mon automne flétrie
A tes rayons s'échauffe et s'embellit encor.

Il sait me consoler de ma longue souffrance ;
Il me la rend facile et légère à porter,
Le sacrement si doux que donne à l'espérance,
Jésus, le tendre ami qui vient me visiter.

Mes délices, c'était de goûter à sa table
Les dons mystérieux offerts par sa bonté.
Je n'y vois plus... Lui-même, ô tendresse ineffable !
M'apportera le pain de l'immortalité.

Ah ! lorsque je l'attends, que l'heure paraît lente !
Que mon regard souvent tourné vers le saint lieu,
Lui dit : « Jésus, voyez ma faim, ma soif brûlante;
Venez, ne tardez pas, venez, Agneau de Dieu. ! »

Et quand j'entends au loin les mots de la prière,
Et du ministre saint les pas religieux,
Mes yeux semblent s'ouvrir pour une autre lumière ;
Je sens autour de moi l'atmosphère des cieux.

Le voilà...... C'est mon Dieu, je le crains, je l'adore.
Le prêtre le dépose en mon sein affamé.
O douceur ! je le tiens, et l'embrasse, et l'implore ;
Qu'a fait l'homme, Seigneur, pour être tant aimé !

Oh ! que me sont alors les choses de ce monde,
Le plaisir, la douleur et la vie et la mort ?
Mon cœur se renouvelle, une source féconde
Coule de veine en veine et l'a rendu plus fort.

Alors j'accepte entier le plus amer calice :
Mes sens, comme autrefois, ne sont plus effrayés ;
Sur la Croix du Sauveur je m'offre en sacrifice ;
Les maux, près de Jésus, sont si vite oubliés !

Salut, salut encor, divine Eucharistie,
Ma force et mon appui durant les mauvais jours ;
Dieu caché de l'exil, Dieu grand de la patrie,
Je vais m'unir à toi, cette fois pour toujours (1) !

(1) Ces quatrains ont été lus en chaire par le R. P. Vert, missionnaire
du Calvaire de Toulouse, dans la cathédrale d'Auch, le 22 mars 1863, le
dimanche de la Passion.

## Extrait de lettres écrites par des Religieuses de Rodez. — Mai et juin 1871.

Vous a-t-on parlé d'une pauvre religieuse que Dieu favorise d'une manière toute particulière ? Elle est dans une petite communauté vouée à l'instruction des enfants de la campagne, et se distingue uniquement par le cachet des saints, l'humilité et l'obéissance. Nos Sœurs de Rodez sont en communications fréquentes avec elle et sont mises au courant de ses révélations les plus saillantes. Quelque temps avant la guerre, elle avait vu le glaive de la justice divine levé sur la France, et ses prédictions, quant au fait et à la durée de nos désastres, ont été confirmées par les événements. Elle avait ajouté que cette crise serait suivie d'une autre plus terrible, la lutte des méchants contre les bons; ceux-ci triompheront, mais il y aura du sang versé pour purifier la France et la régénérer. Alors commencera une ère de triomphe pour la foi et une recrudescence de vertu dans le clergé.

Il y a quelques semaines, l'extatique a fait dire à nos Sœurs que Notre Seigneur n'était pas content, parce qu'on se lassait de prier, et qu'il demandait un certain nombre de communions. Cette amie de Jésus est bien favorisée, car elle a reçu les stigmates, et ses plaies, très-apparentes, saignent et lui causent de violentes douleurs. Cette opération mystérieuse a été faite en présence de la Supérieure qui n'a pu voir que la blessure, sans découvrir la main qui la faisait. C'était pendant une maladie de la sœur, dans un moment où elle semblait avoir perdu connaissance ; on la vit sortir successivement ses pieds et ses mains du lit, pendant que sa figure se contractait sous l'impression d'une vive douleur. Après la communion elle jouit ordinairement de la présence sensible de Jésus, et son corps reçoit une impression surnaturelle, tellement visible, et s'élève de façon qu'on l'envoie maintenant faire son action de grâce dans un lieu solitaire pour la dérober à la curiosité publique.

..:.... Elle a confié à notre mère qu'elle ne comprend pas

pourquoi Notre-Seigneur laisse continuellement sous les yeux de son âme deux hommes, dont le premier est Napoléon III, et je n'ose vous nommer le second.

Toujours le Seigneur lui dit de prier pour les grands pécheurs... La divine miséricorde, dit-elle, est suspendue entre le ciel et la terre ; les justes, par leurs prières, la font planer presque sur nos têtes, et les impies la refoulent vers le ciel...

Elle veut que nous ayons une confiance sans limites en Jésus, qui est d'une condescendance et d'une bonté infinies.

Le vendredi-saint, elle faisait pitié ; le sang coulait en abondance de la tête et des cinq plaies ; elle a dû rester au lit toute la journée, et contrairement à ce qui lui arrive d'ordinaire, elle n'était pas en extase, mais elle avait toutes ses facultés, et ne perdait rien du sentiment de ses honorables douleurs. Elle m'a assuré que pendant ce temps où Notre-Seigneur lui a dit de demander ce qu'elle voudrait, elle avait spécialement prié pour moi et demandé trois choses : 1° Un amour pour Notre-Seigneur au-dessus de tout, et un souverain mépris pour tout le reste ; 2° une union entière avec Notre-Seigneur, un souvenir constant de sa présence et une confiance entière dans le meilleur des maîtres ; 3° une profonde humilité.

Ce qu'elle recommande par-dessus tout, c'est la confiance ; elle assure que le divin Maître est d'une bonté et d'une condescendance dont on ne se fait pas d'idée. Elle est persuadée qu'il y aura beaucoup plus de personnes sauvées qu'on ne le croit, et qu'il n'y aura en enfer que ceux qui veulent absolument se perdre, en repoussant la grâce de Dieu et la refusant obstinément.

# UN MIRACLE ÉCLATANT
### Extrait d'une lettre du Supérieur du couvent de Lorette, à Bordeaux.

Ce qui vient de se passer à Lorette prouve la bonté du Seigneur à l'égard de notre communauté. Je vous en aurais déjà fait part, si la prudence ne m'eût fait un devoir de recueillir les circonstances qui viennent à l'appui du fait dont je vais vous entretenir.

Le dimanche de la septuagésime, 3 février 1872, veille de la fête de saint Jérôme, fête que nous célébrons avec beaucoup de pompe, à Sainte-Eulalie, j'avais trop de monde à confesser, comme à mon ordinaire, pour donner la bénédiction du Saint-Sacrement, dans la chapelle de Lorette. Je priai donc un bon vieillard, M. l'abbé Delord, de me remplacer. Il était cinq heures et demie du soir ; il exposa le Saint-Sacrement. A peine eut-il achevé le premier encensement, qu'au milieu des saintes espèces exposées, il aperçut la tête et le buste entier de Notre-Seigneur. Il était comme encadré dans le cercle de l'ostensoir, comme un portrait en miniature, avec cette différence que la figure était de chair et vivante. Le buste était revêtu d'une écharpe rouge foncé. Notre-Seigneur s'inclinait légèrement à droite, à gauche et en avant. Le prêtre distinguait si bien les traits, qu'il donna un âge de trente et quelques années à cette figure extraordinairement belle. Il crut d'abord que ce n'était qu'une illusion, mais voyant toujours le même objet durant le *Tantum ergo*, quelques efforts qu'il fit pour s'assurer du fait, ne pouvant rester dans l'incertitude, il fit signe à l'enfant qui encensait de s'approcher et lui demanda s'il ne voyait rien d'extraordinaire. Celui-ci, qui était tout tremblant, lui répondit qu'il voyait le bon Dieu, depuis longtemps. Alors il l'engagea à prévenir la Supérieure. L'enfant fit signe à l'une des sœurs d'approcher ; celle-ci, qui était la sacristaine, ayant été invitée à prévenir la supérieure de ce qui se passait et ayant porté ses regards sur l'ostensoir, fut tellement frappée de ce qu'elle aperçut, qu'elle tomba à genoux et demeura anéantie, sans s'occuper de la commission qu'on lui avait donnée. Durant ce temps, le prêtre se prosternait, se relevait, se prosternait encore et répandait des torrents de larmes. Le miracle dura tout le temps du *Tantum ergo*, du *Salvum fac*, du *Gloria* et du cantique. Après le cantique, le prêtre, étant monté à l'autel, ne sait comment donner la bénédiction, ayant entre les mains Notre-Seigneur sous la forme sensible qu'il avait prise, et contemplant son divin buste, avec cette différence qu'il le voyait alors du côté opposé à la face. Enfin Notre-Seigneur parut jusqu'au moment où le prêtre, ayant donné la bénédiction, eut posé l'ostensoir sur l'autel. Il ne découvrit plus alors que les saintes espèces, dans lesquelles Jésus-Christ venait de se cacher, à l'instant même où le prêtre posait l'ostensoir.

Tandis que ces choses se passaient, la Supérieure, placée à une distance assez éloignée de l'autel, avait porté, contre son habitude, ses regards sur l'ostensoir, et sans qu'on lui eût fait part du miracle, avait aperçu Notre-Seigneur aussi bien que le prêtre, distinguait ses mouvements, surtout lorsqu'il se penchait vers la communauté. Mais comme elle éprouvait en ce moment un désir extrême de voir Jésus-Christ, elle s'imaginait que ce n'était qu'une illusion. Cependant elle se disait en elle-même : « Eh ! mon Dieu, est-ce bien vous que je vois ! Que je serais heureuse si cela était. » — A la fin, préoccupée de cette pensée et de cette vision, pendant toute la bénédiction, elle se retira dans sa chambre, avant que les autres sortissent de la chapelle ; mais étant descendue quelques instants après, et au moment où le prêtre sortait, elle fut environnée de toutes les personnes de la maison qui lui demandèrent si elle n'avait pas vu le prodige qui venait de s'opérer. « Quoi donc ! dit-elle. C'est Notre Seigneur qui nous » est apparu ? — Eh bien ! je ne me suis donc pas trompée ; oui, » je l'ai vu. » Presque tout le monde qui était dans la chapelle avait été frappé de cette vision, à l'exception de trois sœurs, qui, ayant la tête inclinée vers la terre, n'avaient point porté leurs regards sur l'ostensoir ; mais elles déclarèrent avoir éprouvé des sentiments inexprimables et une dévotion qu'elles n'avaient jamais ressentie. Cependant toutes celles qui avaient vu Notre-Seigneur, craignant que cela ne fût une illusion, n'avaient osé le déclarer ; mais les enfants de la maison furent moins réservées. Deux petites filles se communiquèrent leur surprise d'une manière aussi naïve que frappante. L'une avait la tête cachée dans les mains ; sa voisine, ayant vu Notre-Seigneur, donna un grand coup de coude à sa compagne en lui disant : « Regarde ! » Celle-ci, se relevant tout étonnée, lui demanda : « Quoi donc ? » — Tu ne vois pas le bon Dieu ? » lui répondit la première. L'autre, vivement émue par la vue de Jésus-Christ, s'abandonna à sa ferveur et supplia le divin Maître de lui accorder la grâce de bien faire sa première communion, à laquelle elle se préparait.

Parmi les sœurs, il s'en trouva une qui, transportée par l'apparition miraculeuse, fit des vœux perpétuels, tout en déposant avoir vu Notre-Seigneur ; avoir éprouvé des sensations extraordinaires, et s'accordant sur le fait principal. Il y eut dans les dépositions quelques différences de détail : des sœurs déclarèrent avoir vu toute la chapelle illuminée ; les autres, s'accordant sur l'éclat dont le Sauveur était environné, peignaient la clarté diversement : ils la disaient comme une couronne de feu, comme une gerbe de feu, de diamants, etc.

N'ayant pas mérité de contempler Jésus-Christ à découvert, j'ignorais ce qui s'était passé, et la supérieure, trop prudente pour se hâter de répandre elle-même cette nouvelle, ne voulut pas qu'on en parlât dans la maison, jusqu'à ce que je fusse venu ; mais je l'appris auparavant. Le lendemain, fête de Ste Jeanne, m'étant rendu à Ste-Eulalie, le sacristain s'empressa de m'apprendre le prodige dont lui avaient parlé l'enfant qui encensait et plusieurs personnes étrangères à la maison, et qui ayant assisté à la bénédiction de la veille, avaient été également témoins de ce miracle. Un moment après, M. Delord vint me raconter ce qu'il avait vu lui-même. Il était encore extrêmement ému et versait des larmes en me parlant. Il me déclara qu'il n'avait pas fermé l'œil de toute la nuit, et m'offrit de rédiger sa relation. J'ai cru, sur le récit de ce prêtre, mais dans un siècle tel que le nôtre, il faut beaucoup de prudence, surtout à l'égard d'une maison naissante, qui, comme toutes les œuvres de Dieu, ne manque pas d'ennemis. Je recommandai donc de ne pas parler de ce prodige, jusqu'à ce que j'eusse consulté les supérieurs ecclésiastiques. J'allai à l'Archevêché. Le premier grand-vicaire me dit qu'il croirait commettre un crime, en refusant de croire. Cependant il exigea que je fisse écrire à chaque témoin et au prêtre leurs témoignages particuliers, afin de remettre le tout à Mgr. l'Archevêque. J'obéis : ces attestations, qui sont assez nombreuses pour me convaincre de la vérité du fait, ont été déposées dans les mains du Cardinal de Bordeaux, qui ne doute point du miracle, ainsi que son confesseur. Ce dernier a voulu que l'on peignît Notre-Seigneur tel qu'on a déclaré l'avoir vu, et il conserve ce portrait avec une foi remarquable. Le supérieur des Jésuites de Bordeaux et plusieurs prêtres considérables par leur piété et leurs lumières, ont été tellement convaincus, qu'ils en ont écrit la relation et l'ont envoyée à des personnes éloignées de notre ville. Quoique on ne puisse douter de ce qu'affirme un prêtre, lorsqu'il déclare sous serment ce qu'il a vu pendant plus de vingt minutes et qu'il a pour ainsi dire touché de ses mains ; quoique les autres témoignages émanent de personnes pieuses qui ne s'étaient rien communiqué, avant que tout le monde eût déclaré ce qu'il avait vu, soient de notre sainte religion, nous ne pouvons donner d'autres preuves du miracle que des attestations particulières, et nous croyons qu'il n'entre pas dans les desseins de Dieu de lui donner une publicité plus authentique. Il faut penser que ce prodige n'a été opéré que pour ranimer la foi de quelques prêtres aussi misérables que moi, s'il est possible qu'il y en ait, ou que le Seigneur a voulu consoler les pauvres filles de Lorette de toutes les tribulations dont elles ont été abreuvées, et leur apprendre qu'elles doivent s'encourager à continuer leur bonne œuvre, par la pensée que Dieu est avec elles. Peut-être aussi Jésus-Christ a-t-il voulu choisir cette pauvre maison, comme autrefois la crèche de Bethléem, pour y être adoré avec plus de ferveur dans le sacrement de son amour. Quoi qu'il en soit, ce prodige a été fort utile à Lorette ; on y aime Dieu plus que jamais, et la dévotion à la divine Eucharistie sera, je l'espère, toujours le caractère distinctif de ces pauvres filles. Il a été utile au bon prêtre qui en a été le témoin, pour la célébration du Sacrifice auguste ; et s'il a eu quelque épreuve, en cette occasion, il en sera récompensé. On peut ajouter qu'un grand nombre de personnes, les plus distinguées de la ville, viennent adorer le Très-Saint Sacrement dans la chapelle de Lorette, et font brûler des cierges en son honneur.

## PRÉDICTIONS SUR LES CALAMITÉS PROCHAINES.

Une religieuse morte en odeur de sainteté, il n'y a pas longtemps, a laissé des souvenirs qui, publiés un jour, impressionneront vivement les esprits. Le don de prophétie a éclaté admirablement en elle. Les paroles suivantes lui appartiennent. Elle rapporte des paroles de Jesus-Christ :

« Je ne puis pas supporter le mal ; je suis comme dans une
» piscine où l'eau me gagne. Je me laisserai encore toucher, mais
» après *la destruction et le châtiment* que j'ai annoncés....
» Ceux que j'aurais épargnés au milieu des cendres me toucheront. Ce sera un moment redoutable pour les ingrats et les
» méchants, mais sans frayeur pour les justes. Je vais être foulé
» aux pieds.... ma prison d'amour sera violée ; mais je n'y serai
» plus, mes ministres m'auront soustrait ; ils me porteront caché
» sur leur poitrine. Mon temple sera insulté, rempli d'horreurs.
» Ce moment sera court. — La France coupable verra couler le
» sang. Sa douleur sera amère, et j'y serai insensible. Le sang
» des martyrs et celui des impies abreuvera la terre : le premier
» criera miséricorde, et le second vengeance. »

« Mes enfants, dit Jésus-Christ, je vous préviens d'une seule
» chose, que ma tendresse de Père me porte à vous dire : Je désire que vous ne soyez point effrayés, point troublés, point
» abattus, quand ma voix menaçante se fera entendre dans sa
» rigueur. Faites-moi cette promesse qui me console. »

Voici comment s'exprime saint Michel :

« Les voilà avec leur victoire, avec leurs complots, réduits
» sous ma puissance et j'ai droit sur eux. Je leur montre mon
» épée, et leur dis : Citoyens de la terre, prenez vos armes et
» combattons, vous avec une puissance qui ne vient ni du ciel
» ni de la terre, et moi avec les armes de Dieu ;— Je les attein-

» drai rudement, et je leur ferai voir cette puissance inconnue
» qu'ils reconnaissent, puisqu'ils disent cette parole : Notre
» puissance ne vient ni d'en-haut ni d'en-bas.

» Leur discorde est déjà excessive : elle va jusqu'à la fureur.

» Le plus grand chef ne sera pas plus sérieux que le plus petit
» commandant.

» Ils veulent que la France jette le trouble partout.

» Ce moment sera terrible : la terre n'aura jamais connu, au-
» cun œil vivant ou mort n'aura jamais vu ce qui est réservé
» pour un temps prochain.....

» Les regards des méchants auront à peine contemplé cette
» justice de Dieu, qu'ils seront fermés pour ne plus se rouvrir.

» Vous, qui êtes fidèles, ne soyez pas troublés ; vous êtes des-
» tinés à voir ce que ceux qui ont vécu dans les siècles antérieurs
» ne virent jamais ; mais ne soyez pas épouvantés ; comptez sur
» la promesse miséricordieuse de votre Rédempteur. Le roi vien-
» dra au milieu de l'orage.

» Les acclamations pour les fils du roi hypocrite s'évanouiront
» bientôt. »

Nous laissons le lecteur commenter lui-même ces textes.

A. P.

## Encore les calamités, puis le salut.

Le *Messager du Sacré-Cœur* du mois d'avril 1879, rédigé par les Rév. Pères Jésuites, a publié des communications importantes d'une communauté, bien propres à remonter les courages tentés de défaillir devant les difficultés qui s'accumulent de jour en jour. Voici ce qu'a annoncé une des religieuses, morte tout récemment en grande réputation de sainteté.

« ... Le Sauveur *va* de nouveau sauver le monde, par des
» moyens dont sa charité n'a pas encore fait usage. On ne peut
» pas imaginer la grandeur de ce qu'il fera pour le monde, de
» ce qu'il prépare en sa miséricorde... Il faut que tout soit perdu

» sans ressource, afin qu'on voie que le salut vient de Dieu seul.
» Le Sauveur m'a dit : *Je le ferai seul, et personne ne pourra*
» *dire : C'est moi qui l'ai fait.* »

« La vérité de ces paroles est confirmée par la vie entière de cette chère Sœur. On y trouve la preuve consolante que les âmes parfaites ne font pas défaut à notre siècle, pas plus que les grandes miséricordes de DIEU. On peut dire que les soixante et quinze ans que cette bienheureuse Mère a passés sur la terre, ont été une suite continuelle de faits miraculeux, de grâces surnaturelles, de révélations empreintes d'un caractère prophétique et *toujours* vérifiées. La profonde humilité de cette âme lui a fait cacher, avec grand soin, les grâces merveilleuses qu'elle recevait ; mais tout porte à croire qu'elle n'était pas moins bien partagée que la vénérable Anna-Maria Taïgi. Beaucoup de prêtres éminents et de prélats la consultaient. Tous ceux qui l'ont connue, ou qui ont eu quelques rapports avec elle, la révéraient comme une grande servante de Dieu. »

## Faits contemporains prédits il y a trois mille ans.

La *Gazette de Francfort* parle d'un grand mouvement qui s'est produit chez les Juifs orthodoxes, à la nouvelle de la concession à une compagnie anglaise d'un chemin de fer dans la vallée de l'Euphrate. Cette voie passerait par l'Assyrie et la Babylonie et aurait des stations aux ruines de Ninive et à Babylone. Elle serait ensuite reliée par un chemin de fer à Jérusalem et au Caire. Or cet évènement aurait été connu de la manière suivante, il y a trois mille ans, par le prophète Isaïe :

» En ce jour-là, il y aura une voie de l'Egypte chez les Assyriens, et l'Assyrien entrera dans l'Egypte, et les Egyptiens chez les Assyriens, et les Egyptiens serviront Assur.

» En ce jour-là, Israël sera réuni comme troisième à l'Egypte et à l'Assyrie ; la bénédiction sera au milieu de la terre. »

Cette prophétie biblique, dont se sont tout de suite emparés les

Juifs, n'est pas à dédaigner. Le phylloxéra a été, d'une manière précise, prédit par le *Deutéronome*; pourquoi se refuserait-on à voir dans le texte d'Isaïe la prédiction de l'établissement d'une grande voie reliant l'Euphrate au Nil ?

## La voyante de Niéderbron.

Evêché de Strasbourg,

Strasbourg, 28 décembre 1848.

Monseigneur,

J'ai effectivement dans mon diocèse une personne qui est sujette à de fréquentes extases ; qui a prédit et qui prédit encore plusieurs événements publics. Depuis un an, les bulletins de ses révélations me sont envoyés régulièrement par son curé et confesseur. Voici ce que je puis certifier :

Le 20 novembre 1847, le 28 janvier 1848, et le 15 février, elle a dit que Louis-Philippe serait chassé de France avec toute sa famille. Le bulletin du 15 février, portait que cela arriverait très-prochainement. Le bulletin était entre mes mains le lundi 21 du même mois.

Elle avait annoncé les événements du mois de juin, et déjà au mois de mars, elle a dit que l'on devait prier pour deux archevêques, parce que leur vie était en danger. Quand on apprit la mort de l'Archevêque de Paris, on lui demanda quel était l'autre Archevêque. Elle répondit que c'était celui de Lyon.

J'ai oublié de dire qu'il y a plus d'un an, elle avait prédit la captivité et l'exil du Saint-Père ; que la république serait proclamée à Rome, mais que tout cela durerait peu.

Elle nous annonce le choléra et d'autres châtiments, que, cependant, on peut détourner en partie par la prière et par la pénitence. Elle exhorte surtout au culte de la sainte Vierge. Je pourrais écrire sur tout cela un gros livre ; mais en attendant, je me borne à recueillir des documents, et à ne rien faire et ne rien dire qui puisse ressembler à une démonstration ou communication officielle.

Rien n'égale, Monseigneur, la grande hâte avec laquelle je vous écris, si ce n'est le plaisir que j'éprouve d'exprimer mes sentiments profondément respectueux à un prélat que je vénère et aime en Jésus-Christ.

† A. évêque de Strasbourg.

## Relation sur le miracle de la conversion de la mère du R. P. Hermann.

Le 18 octobre 1861, après la sainte communion, je me trouvais dans un de ces moments d'union intime avec Notre-Seigneur, où il me fait si délicieusement sentir sa présence dans le sacrement de son amour, que la foi ne me semble plus nécessaire pour y croire. Au bout de quelques instants il me fit entendre sa voix et voulut bien me donner quelques explications relatives à une conversation que j'avais eue la veille. Je me rappelai alors que dans cette conversation, une de mes amies m'avait manifesté son étonnement de ce que Notre-Seigneur, qui avait promis d'accorder tout à la prière, était cependant demeuré sourd à celles que le R. P. Hermann lui avait tant de fois adressées pour obtenir la conversion de sa mère. Sa surprise allait presque jusqu'au mécontentement et j'avais eu de la peine à lui faire comprendre que nous devons adorer la justice de Dieu et ne pas chercher à pénétrer ses secrets. J'osai demander à mon Jésus comment il se faisait que lui qui était la bonté même, eût pu résister aux prières du R. P. Hermann et ne pas lui accorder la conversion de sa mère.

Voici sa réponse :

« Pourquoi Anna veut-elle toujours sonder les secrets de ma
» justice et cherche-t-elle à pénétrer des mystères qu'elle ne peut
» comprendre ? Dis-lui que je ne dois ma grâce à personne; que
» je la donne à qui il me plaît et qu'en agissant ainsi, je ne
» cesse pas d'être juste et la justice même. Mais qu'elle sache
» aussi que, plutôt que de manquer aux promesses que j'ai faites

» à la prière, je bouleverserais le ciel et la terre, et que toute
» prière qui a ma gloire et le salut des âmes pour objet, est
» toujours exaucée, quand elle est revêtue des qualités nécessaires.
» (Il ajouta) : Et pour vous prouver cette vérité, je veux bien te
» faire connaître ce qui s'est passé au moment de la mort de la
» mère du R. P. Hermann. »

Mon Jésus m'éclaira alors d'un rayon de sa divine lumière et me fit connaître ou plutôt me fit voir en lui ce que je vais essayer de raconter.

Au moment où la mère du R. P. Hermann était sur le point de rendre le dernier soupir, alors qu'elle paraissait privée de connaissance et presque sans vie, Marie, notre bonne Mère, s'est présentée devant son divin Fils, et se prosternant à ses pieds, elle lui a dit : « Grâce, ô mon Fils, pour cette âme qui va périr. Encore
» quelques instants, et elle sera perdue pour l'éternité ; faites, je
» vous en conjure, pour la mère de votre serviteur Hermann, ce
» que vous voudriez qu'il fît pour la vôtre, si elle était à sa
» place, et que vous fussiez à la sienne ; l'âme de sa mère est son
» bien le plus cher ; mille fois il me l'a consacrée ; il l'a con-
» fiée à ma tendresse, à la sollicitude de mon cœur. Pourrais-je
» souffrir qu'elle périsse ? Non, cette âme est mon bien, je la veux,
» je la réclame, comme mon héritage, comme le prix de votre
» sang et de mes souffrances au pied de la croix. »

A peine la divine suppliante avait-elle cessé de parler qu'une grâce forte et puissante s'échappa du cœur adorable de notre Jésus, et vint illuminer l'âme de la pauvre mourante, et triomphait instantanément de son opiniâtreté et de ses résistances. Cette âme se retourna aussitôt avec une amoureuse confiance vers celui dont la miséricorde la poursuivait jusques dans les bras de la mort et lui dit : « O Jésus, Dieu des chrétiens, Dieu que mon
» fils adore, je crois, j'espère en vous, ayez pitié de moi. »

Dans ce cri entendu de Dieu seul, et qui partait des plus intimes profondeurs du cœur de la mourante, étaient renfermés le regret sincère de son obstination et de ses fautes ; le désir du baptême, la volonté expresse de le recevoir et de vivre selon les règles et les préceptes de notre sainte religion, si elle avait pu revenir à la vie. Cet élan de foi et d'espérance en Jésus fut le dernier moment de cette âme. Au moment où elle le faisait marcher vers le trône de la divine miséricorde, les faibles liens qui la retenaient à son enveloppe mortelle se brisaient, et elle tombait aux pieds de Celui qui avait été son sauveur, avant d'être son juge

Après m'avoir montré toutes ces choses, Notre-Seigneur ajouta : « Fais connaître ces paroles au P. Hermann, c'est une consolation » que je veux accorder à ses longues douleurs, afin qu'il bénisse » et fasse bénir la bonté du Cœur de ma Mère et sa puissante » protection. »

Complètement étrangère au R. P. Hermann, la pauvre malade, dont la main vient de tracer ces lignes est heureuse de penser qu'elles répandront peut-être un peu de consolation et de baume sur la plaie toujours saignante de son cœur de fils et de prêtre. Elle ose solliciter l'aumône de ses ferventes prières. Elle aime à croire qu'il ne la refusera pas à celle qui, quoique inconnue pour lui, lui est unie par les liens sacrés de la même foi et des mêmes espérances.

Mlle Léonie G., auteur de l'*Eucharistie méditée*, des *Vertus eucharistiques*.

## Les Apparitions de la sainte Vierge en Pologne.

On se souvient que, l'année dernière, un pieux religieux, d'origine polonaise, voulut bien, après avoir lu dans nos colonnes un premier récit envoyé au *Monde*, nous adresser une suite de lettres au sujet des apparitions de la sainte Vierge à Dietrichswalde. De nouveaux faits, annoncés d'ailleurs, viennent de rappeler l'attention sur ce sujet; mais comme la mort est venue enlever à son exil notre bon correspondant, nous nous bornerons à reproduire la lettre suivante adressée de Pologne au *Monde*.

Posen, 18 août 1878.

Les lecteurs du *Monde* se souviennent probablement des merveilleux événements dont je les entretenais, l'année dernière, à pareille époque. La sainte Vierge, reine de la Pologne, *Regina Regni Poloniæ*, était descendue l'an passé dans son royaume comme pour consoler ses fidèles sujets à l'heure de l'épreuve suprême. La bourgade de Gietrzwald (Dietrichswalde), située en Varmie polonaise, diocèse d'Ermland, voyait se renouveler les merveilles consolantes de Lourdes. Seulement les apparitions célestes s'y répétaient tous les jours, depuis le 28 juin jusqu'au 8 septembre, et quatre personnes, dont deux petites filles, une veuve et une jeune fille, toutes simples paysannes, avaient le bonheur de contempler la Mère de Dieu.

En disparaissant pour la dernière fois l'année dernière, la sainte Vierge avait annoncé à ces créatures privilégiées qu'elle daignerait renouveler ses consolantes visites dans le cours des mois anniversaires, et notamment aux trois fêtes qui se célèbrent pendant ce temps, à savoir : Sainte-Marie-des-Anges, l'Assomption et la Nativité. On conçoit avec quel élan de piété les fidèles attendaient cette époque bénie : ce n'est pas à dire que le lieu des apparitions eût été abandonné par les pèlerins pendant le temps qui suivit la dernière. Au contraire, un pieux mouvement ne cessait d'emporter les fidèles vers cet endroit privilégié, et on ne peut se figurer avec quelle rapidité la dévotion à Notre-Dame de Gietrzwald s'est propagée et établie dans notre pays. Les plus ignorants d'entre les pauvres sacrifient leur dernier sou afin d'acheter le petit livre qui décrit ces merveilles, les malades se confient en foule à Celle qui est la santé des infirmes, et l'eau de la fontaine miraculeuse a déjà opéré maintes guérisons.

Plusieurs milliers de personnes se retrouvèrent dans l'humble enclos du cimetière le 2 courant, attendant l'apparition annoncée. Cette attente ne fut point trompée, et la vision consolatrice se renouvela le jour de l'Assomption de la très-sainte Vierge, au milieu d'un concours immense de fidèles. J'en tiens les détails de témoins oculaires, et essaierai de vous les donner, tout en désespérant de rendre fidèlement ces impressions émues et ces paroles où semble courir la flamme d'une foi ardente et d'un brûlant amour. Comme de coutume, après la sainte messe, célébrée dans l'humble église de Gietrzwald, le flot des pèlerins se répandit dans le cimetière, aux approches du vieil érable au-dessus duquel la sainte Vierge daigne apparaître à ses servantes. Les petites filles privilégiées étaient absentes, par la volonté de leur évêque, qui les a envoyées dans un couvent éloigné des Sœurs de Charité. Restaient la pauvre veuve et la jeune Catherine.

Selon l'usage adopté pendant les apparitions de l'année dernière, le peuple se mit à réciter dévotement le saint Rosaire. On conçoit l'effet de cette prière, murmurée à demi-voix par quinze mille personnes. Au commencement du second mystère, les deux pieuses femmes s'inclinent profondément et se relèvent au même instant dans un état d'extase et d'insensibilité complète. A ce moment, un gémissement sans pareil déchire toutes les poitrines, tous les bras se lèvent vers la vision pressentie, que deux êtres privilégiés voient seuls des yeux du corps, mais que tout le monde reconnaît par les yeux de la foi. Les hommes sanglotent comme des enfants ; impossible de rendre, de décrire cette émotion spontanée, ce mouvement d'une foi ardente, cet élan de piété convaincue ! Les deux pieuses femmes sont agenouillées contre le vent ; des rafales de pluie viennent leur battre le visage, frapper leurs yeux démesurément ouverts. Rien ne trouble la fixité des pupilles dilatées ; ni le vent ni la pluie ne les fait sourciller ; le regard reste immobile, tandis que des flots de larmes coulent le long de leurs joues. La récitation du saint Rosaire continue ; toutes les têtes s'inclinent à l'exemple des deux extatiques : la sainte Vierge bénit son peuple avant de disparaître. On achève le Rosaire, et on emmène les deux pieuses femmes au presbytère, afin de dresser le procès-verbal de leurs dépositions. L'Eglise, avec sa prudence accoutumée, retarde ses décisions ; les prêtres eux-mêmes gardent la plus extrême réserve au milieu de ces circonstances merveilleuses : ils accourent ici à titre de simples pèlerins ; le curé même de l'endroit, homme simple et craignant Dieu, épuise ses forces dans l'exercice de son saint ministère, mais se tient à l'écart au moment des apparitions, se joignant aux prières des fidèles, de la fenêtre de son habitation, qui fait face à l'érable privilégié.

Une croyance générale suppose que lui aussi a sa part de ces consolantes visions, mais que son humilité se refuse à trahir le secret des grâces dont il est l'objet. Les procès-verbaux seront probablement publiés très-prochainement, avec l'autorisation de Mgr l'évêque d'Ermland, comme cela a eu lieu pour ceux de l'année dernière, recueillis avec tant de sagesse par le savant éditeur des Lettres du cardinal Hosius, M. le docteur Hépler. Voici ce qui a transpiré jusqu'à présent des mystérieux colloques de la sainte Vierge avec ses servantes de choix : La persécution va finir ; le *signal* qui doit mettre un terme à la lutte a été donné : les paroisses orphelines recouvreront leurs pasteurs ; enfin, Sa Sainteté le Pape Léon XIII recevra de grandes consolations par la prospérité dont l'Eglise va jouir sous son règne. Je vous donne ces derniers détails sous toute réserve, car bien qu'ils m'aient été communiqués par des personnes dignes de foi, on ne peut jamais assez craindre quelque exagération involontaire dans les récits. La sainte Vierge aurait également manifesté une grande consolation du nombre des prêtres accourus en ce jour à Gietrzwald ; enfin, elle aurait renouvelé encore sa recommandation de réciter pieusement le Rosaire, promettant de bénir la famille où cette pratique serait fidèlement gardée.

L'ordre le plus parfait ne cessait de régner dans la foule des pélerins ; il y en avait de toutes les parties de la Pologne, et les frontières russes n'étaient point parvenues à en arrêter le flot. On remarquait aussi un ecclésiastique hollandais, qui était venu passer plusieurs jours dans cet endroit béni, sauf à emporter les plus abondantes bénédictions pour l'âme et pour le corps. On s'attend à un concours immense pour le 8 septembre, jour de la dernière apparition ; il est probable que l'Evêque fera revenir pour ce jour les deux petites filles qui ont aperçu les premières la sainte Vierge, au mois de juin de l'année dernière.

La police et les gendarmes continuent à veiller sur l'ordre, que personne ne songe à troubler; mais cette fois-ci les pèlerins n'ont guère à se plaindre de leurs molestations, comme c'était souvent le cas l'année dernière. L'industrie humaine et la spéculation ne se sont jamais jetées sur Gietrzwald, où les pèlerins arrivent en foule, préparés d'avance à toutes les privations. Il faut apporter des provisions de bouche, autrement on risquerait de mourir de faim. C'est à peine si on y trouve un abri, avec une botte de paille pour la nuit. La plupart des pèlerins couchent à la belle étoile, et pourtant rien ne refroidit leur zèle ni ne change leur piété.

La France, qui doit aux miracles de Lourdes une grande partie du réveil religieux, qui tient en échec l'esprit de l'impiété, s'associera volontiers aux émotions qui raniment chez nous cette vive piété, dont le souffle impie du siècle ne parvient pas à éteindre la flamme. Il est vrai que le royaume de Marie, au milieu du naufrage de toutes les humaines espérances, n'a jamais perdu le précieux don de la foi. Cette foi nous porte en masse aux pieds de Notre-Dame de Gietrzwald ! Cette foi nous relie aux traditions de nos pères, et c'est elle aussi qui nous préserve du désespoir et nous fait attendre avec *fermeté*, *patience* et *courage*, pour nous servir des paroles de Pie IX, l'heure de la miséricorde, qui sonne après celle de la justice, quand on a su se soumettre aux décrets de Dieu !

## Prédiction d'Holzhauser sur les temps présents.

Holzhauser, docte et pieux allemand du 17e siècle, a commenté l'*Apocalypse* d'une manière très-lumineuse ; mais l'interprète est supérieur à son tour, lorsque perçant l'obscurité de l'avenir, il en retrace lui-même le tableau. Ecoutez plutôt la peinture vivante qu'il faisait, il y a 150 ans, du libéralisme contemporain :

« Le démon sera comme déchaîné partout, et une grande tribulation désolera la terre. Les bons, très-étroitement unis, conserveront leur dignité et se garderont purs de tout contact avec les mauvais ; aussi seront-ils méprisés, raillés, insultés, et la bonté de notre Sauveur Jésus-Christ, récompensera dans le sixième âge leur patience, leur zèle, leur persévérance.

« A la fin du cinquième âge, l'hérésie de Luther aura engendré une erreur plus funeste que l'hérésie même ; l'athéisme ou le *pseudo-politicisme*, erreur qui pervertira de nobles princes, beaucoup d'hommes illustres parmi ceux-là mêmes qui se glorifieront du nom de catholique et que l'hérésie de Luther n'aura pas égarés. Ils se laisseront corrompre par le venin subtil de cette doctrine, qui dirigera les conseils des princes, gouvernera les Etats et se glissera dans les cours. Chacun se fera une religion et une conscience d'après ses principes politiques. »

On ne saurait décrire plus fidèlement les aberrations contemporaines et leurs désastreuses conséquences. Le Voyant annonce ensuite les tribulations qui doivent affliger l'Eglise, et en même temps le dernier concile général déjà commencé au Vatican, et qui sera rouvert lors du triomphe, sous la protection du monarque fort. Ce concile fulminera les erreurs modernes et spécialement l'athéisme, qui s'étale déjà avec un incroyable cynisme.

« Lorsque, continue le vénérable Holzhauser, de graves calamités affligeront le monde, que tout sera dévasté par la guerre, que les catholiques seront mis hors la loi par les hérétiques et les mauvais chrétiens, — lorsque l'Eglise et ses ministres seront comme réduits en servitude, que les principautés seront renversées, les monarques assassinés, les sujets fidèles mis de côté et que partout on conspirera pour établir des républiques, — alors il se fera, par la main du Dieu tout-puissant, un changement admirable que, d'après les prévisions humaines, personne n'aura pu imaginer. »

Voilà bien assurément les temps où nous sommes, avec leur délire doctrinal et leur fureur de destruction sociale. Vient maintenant, dans la révélation, cette grande figure que tous les âges ont annoncée et dont la gloire remplira le sixième âge.

« Avant le temps de ténèbres qui sera la dernière persécution,

Dieu consolera encore une fois son Eglise par la venue du grand monarque... Il marchera depuis sa jeunesse dans la simplicité de son cœur ; il brillera par l'éclat de sa sainteté, la gloire du commandement, l'intelligence, la sagesse, le zèle pour la religion. Il professera la vraie doctrine, et comme le soleil brille parmi les astres, il brillera parmi les princes chrétiens... Personne ne pourra lui nuire ni lui résister. Les princes lui seront unis par le lien de la foi catholique et de l'amitié... Après avoir humilié les hérétiques, comme un lion puissant dans les combats, il brisera tout par la force de ses armes... Il sera humble, doux, vrai, ami de la justice, vaillant dans les combats, sage, plein de zèle pour la gloire de Dieu. Sur lui se reposera l'esprit de sagesse, d'intelligence, de conseil, de force... Il détruira entièrement les Républiques (*Respublicas funditus destruet*)..., l'empire turc sera brisé, et le grand monarque règnera en Orient et en Occident : il sauvera, pour ainsi dire, tout l'univers et le délivrera, avec l'aide de Dieu, de tous ses ennemis, de toute ruine et de tout mal... Il défendra le Concile jusqu'à la fin de sa durée et aidera à l'exécution de ses décrets par toute la terre. »

On sait que le septième âge sera celui de l'Antechrist et de la fin du monde.

## Une Voyante du Sud-Ouest.

Le jour où sera écrite l'histoire de la mystique au dix-neuvième siècle, le monde religieux sera mis en possession du livre le plus étonnant peut-être qui ait jamais été colligé, en dehors des Ecritures sacrées. La société, alourdie par l'indifférence, esclave du sensualisme et penchant vers l'athéisme pratique, quand cette épouvantable erreur n'est pas hautement affichée, la société, disons-nous, menacée par la destruction, se trouve, par un admirable effet de la divine miséricorde, sollicitée surnaturellement à ne pas achever de se pétrifier, pour se briser ensuite, dans l'éloignement de toute véritable vie, la foi catholique. Ces instances du Ciel, soumises aux règles qui déterminent les communications célestes, à l'exclusion des tromperies de l'abîme, sont d'autant plus nombreuses qu'elles éprouvent de résistance et qu'elles trouvent le public généralement froid et prévenu. Après nous être entouré des précautions exigées par la prudence, nous sommes devenu dépositaire de confidences considérables sur ces faits, dont l'importance égale l'utilité. L'heure de tout dire n'est pas encore venue, mais nous laissons échapper dans ces pages quelques-unes des pieuses vérités dont nous avons la main pleine.

Une Voyante cachée, ou du moins inconnue de la foule, existe dans le Sud-Ouest. Nous taisons le nom de la localité. Voici ce que nous en communique une personne pieuse, éclairée et dont les renseignements authentiques sont puisés à une source qui ne saurait tromper.

« Samedi, 18 octobre 1879, Notre-Seigneur apparut à la Voyante dans une majesté resplendissante, et comme elle se plaignait de ses souffrances, Notre-Seigneur se montra dans sa flagellation, le visage tout couvert de crachats et lui fit comprendre par là qu'il fallait qu'elle souffrît de même. Le dimanche suivant, étant à la Messe, il lui fut donné de voir le Ciel ouvert et de contempler la Sainte-Trinité et tous les heureux martyrs. Elle entendit leurs voix mélodieuses qui disaient : Oh ! frères de la terre, courage, courage ! afin de remporter la palme de la victoire. Elle vit aussi une grande quantité de couronnes pour les martyrs à venir. Après cette vision, il lui fut montré tous les événements qui devaient arriver d'ici à peu de temps. Alors elle demanda à Notre-Seigneur que si elle devait souffrir le martyre, de lui donner force et courage. Notre-Seigneur lui répondit : « Je ne permettrai pas que leurs mains sacriléges te touchent. » Elle supplia Notre-Seigneur de vouloir bien éloigner de nous les fléaux. Il lui fut répondu : « Non, il n'y a plus rien à faire, il ne reste qu'à prier pour ceux qui doivent souffrir. »

» Le 17 du même mois, elle a dû communiquer avec Marie-Julie, qui lui a dit qu'elle ne pouvait plus rien obtenir et de prier. Elle a appris qu'elle souffrait énormémeut et qu'elle n'avait que peu de temps à vivre. »

Nous trouvons, dans les relations que nous avons reçues de la source susdite, un accent de vérité qui nous attache. L'ensemble des faits est empreint d'une sévère orthodoxie. La voyante ne dit rien pendant les extases ; mais après, puisqu'elle n'a aucune défense à cet égard, elle raconte à une pieuse et fidèle personne tout ce qu'elle a vu, tout ce qui lui a été dit pendant l'extase. Celle-ci a une mémoire prodigieuse et alors elle répète à M. le Curé tout ce que la Voyante lui a communiqué, puis revenue chez elle, elle dicte le même récit à une cousine qui l'écrit, séance tenante, et c'est celle-ci qui envoie les lettres.

Voici une réponse écrite par la confidente que nous venons de signaler.

St-A., le 21 décembre 1879.

Chère Demoiselle,

Je m'empresse de satisfaire vos désirs, ainsi que ceux de cette Dame.

Lorsque la Voyante a présenté vos demandes à N.-S. au sujet de votre pauvre frère, voici la réponse qu'elle a obtenue :

« Qu'elle ne se décourage pas au milieu de toutes ses sollici-
» tudes, bientôt elle en sera délivrée.
» Quant à cette Dame, N.-S. la traite bien amicalement ; Il l'a
» appelée son Enfant chérie, sa fille bien aimée ; puis il a dit :
» Qu'elle fasse profession de l'œuvre de mon Sacré-Cœur et
» qu'elle en observe fidèlement les œuvres, je la comblerai de
» mes grâces. »

Il faut sans doute que N.-S. tienne beaucoup qu'on s'enrôle sous la sainte bannière de son Sacré-Cœur, parce qu'il y a plusieurs personnes qui en pratiquent les œuvres et qui ne sont pas encore écrites sur le registre, soit oubli de M. le Curé, soit par autre cause.

Ces personnes ont fait demander à Notre-Seigneur ce qu'elles pouvaient faire à cela. Alors il a montré à la Voyante qu'il les portait écrites dans son Cœur, puis il a blâmé ceux qui mettent des oppositions, en ajoutant : « Qu'elles observent fidèlement les œuvres recommandées, car j'ai un trésor immense de grâce a répandre dans leurs âmes. »

Notre-Seigneur a demandé ensuite que chacun fasse des prières particulières pour le Souverain-Pontife, afin de soutenir son courage dans la tribulation. Il a recommandé de nouveau de prier pour ceux qui doivent subir le martyre.

Dans cette même extase de vendredi, il lui fut donné de contempler la Ste-Trinité dans une douce présence, ainsi que la Ste-Vierge. Tous paraissaient consternés.

La Ste-Vierge implora encore pitié et miséricorde; mais elle ne put rien obtenir.

Puis il lui fut dit, au sujet des événements, que beaucoup périraient par les flots.

Le jour de la Toussaint, elle souffrit si vivement au sujet des profanations en général, qu'au sortir de l'église, elle tomba la face contre terre. Je la relevai avec l'aide d'une autre personne et la gardâmes dans nos bras jusqu'à ce qu'elle eût repris sa vie naturelle.

La personne qui m'aida à la soutenir s'appelait Claire, et deux jours après N.-S. montra à la Voyante le bonheur qu'avait eu cette femme de m'avoir aidée à la soutenir et ce bonheur était si grand qu'elle l'enviait elle-même.

Voici à peu près les paroles : « Oh ! heureuse Claire, tu as servi d'instrument à mon supplice, tu as été l'arbre de la croix sur laquelle la victime s'est consommée. »

Alors N.-S. déploya à la Voyante le grand mystère de la continuation de sa Passion dans ses créatures privilégiées. Elle dit que jamais elle n'avait eu de si grandes lumières.

Le jour des Morts, elle demanda à Dieu qu'il délivrât un grand nombre d'âmes, au nom de son Sacré-Cœur. Alors, il lui fût dit cette parole :

« Aujourd'hui, je délivre cent âmes, en vertu de ta prière. »

Cette parole l'humilia si profondément qu'elle dit : « Mon Dieu,
» ma prière est pourtant bien impuissante pour obtenir une telle
» faveur à ces âmes ; c'est peut-être le démon qui m'a dit cette
» parole. »

Alors, il lui fut répondu : « Non, mon enfant, cent âmes, en
» vertu de ta prière, s'envolent vers les cieux. »

Le vendredi suivant, elle revint sur ce même point pour les
âmes du Purgatoire. Alors, il lui fut dit que plus d'un million
d'âmes avaient été délivrées ce jour-là par les prières et les sacrifices. Le 25 novembre, les stigmates ont coulé au front.

Ce même jour, Notre-Seigneur lui montra la rigoureuse justice
que son Père allait exercer sur le peuple et sur le Clergé. N.-S.
se montra si accablé de cette rigueur, qu'Il dit : « qu'Il préférait
» mourir une seconde fois s'il le fallait, mais que c'était en vain,
» qu'il ne pouvait plus rien obtenir de son Père céleste. »

Puis, Il lui dit : « Tu diras au Directeur et à ton confesseur
» qu'ils offrent des sacrifices à mon Père, pour qu'il n'abandonne
» pas ceux qui doivent subir le martyre. »

Le 30 novembre, étant à la Messe, pendant la consécration,
Notre-Seigneur lui apparut en croix, versant une abondance de
sang. Il lui montra que c'était par amour pour les hommes qu'Il
avait répandu tout son sang. Ensuite, après la Ste Communion,
elle resta un asssez long espace de temps en extase. Alors Notre-
Seigneur se produisit dans toute la richesse et la tendresse de son
amour.

Puis, Il lui montra combien Il était satisfait de toutes les personnes qui avaient fait le matin la sainte Communion et lui dit :
« Que je suis heureux et satisfait ! Mon cœur brûle d'amour pour
ces épouses ! Il n'en sera pas de même pour les fêtes de l'Immaculée Conception ; il y aura des Judas. »

Puis, Il lui dit d'y aller pour souffrir.

En effet, la même scène que le jour de la Toussaint se renouvela.

Dans cette même extase, la Ste-Vierge lui apparut aussi, tenant
des couronnes pour ceux qui doivent mourir martyrs.

———

La veille de Noël, la Voyante fut pressée d'aller à la messe,
pour faire la sainte communion en esprit de réparation. Pendant

le sacrifice, il lui fut montré toutes ses fautes, chacune en particulier. Ensuite elle vit N.-S. sur la Croix. Des pieds, des mains, du sacré côté, le sang coulait avec abondance. Il lui fut dit que c'étaient ses péchés qui en étaient la cause. Elle resta la journée entière accablée sous ce poids terrible. Le soir elle en éprouvait une telle fatigue, qu'elle en demanda l'éloignement.

Alors la sainte Vierge la favorisa de sa douce présence et lui dit :

« Tu te sens triste et découragée ? Prends courage ; je suis demeurée moi-même au pied de la Croix, jusqu'à la consommation du sacrifice. »

Ces paroles suaves la fortifièrent.

Elle alla à la messe de minuit, marchant péniblement. De retour chez elle, N.-S. lui apparut dans sa flagellation : sa chair divine était en lambeaux. A cette vue, elle tomba par terre, et on la soutint jusqu'à ce qu'elle fût rendue à la vie naturelle. N.-D. lui dit ensuite que ce qui se passait symbolisait plusieurs mystères et en particulier celui de la Rédemption. N.-S. lui dit aussi que les personnes qui auraient le bonheur de se trouver près d'elle et de la relever, pendant l'extase, recevraient des grâces de sanctification, parce qu'elles servaient d'instrument à son supplice et qu'elles assistaient à la représentation de sa mort sur le Calvaire.

Le dimanche 11 janvier, il y eut une première communion dans une paroisse de la contrée, et une personne commit une profanation. A cette occasion, se renouvela la scène qui avait eu lieu le jour de la Noël. Au sortir de la messe, le Sauveur se révéla à la Voyante dans sa flagellation. Elle se courba jusqu'à terre et je la soutins jusqu'à ce qu'elle reprît ses sens... C'est un spectacle terrible, dit-elle, que d'assister aux douleurs de la passion de Jésus-Christ. Les personnes dont les péchés causent cette mémoire de la mort du Seigneur, sont là présentes avec les fautes qui les dégradent.

Un chrétien fervent a fait demander à N.-S. s'il serait appelé au martyre : « L'effusion du sang n'aura pas lieu pour lui, a répondu le Verbe incréé, mais je lui demande surtout de prier mon

Père, pour qu'il n'abandonne pas ceux qui seront appelés à subir l'immolation. »

Un prodige s'est produit à la bénédiction : pendant que le vénérable curé remettait le Saint-Sacrement dans le tabernacle, après avoir donné le salut, N.-S. a, pense-t-on, laissé échapper un rayon de gloire de son cœur adorable. Une lumière incomparable inonda l'église, et les personnes présentes restèrent sous une délicieuse impression.

Je vous rapporte ces faits sans les connaître. Dieu me semble vouloir par tous ces moyens attirer les cœurs à lui, et avertir la terre coupable que si elle ne revient pas à la foi et si elle ne recourt pas à la pénitence, elle appelle sur elle toute les rigueurs de la justice céleste.

## Suite des apparitions de la Sainte Vierge en Pologne.

Pages 138 et suivantes, nous avons donné une relation sur les apparitions de la Mère de Dieu en Pologne Voici la suite de ce mémorable récit.

## Apparitions de Gertzwald.

En 1877, la Sainte-Vierge apparut à quatre pauvres femmes du village polonais de Gertzwald, en Prussé La Mère de Dieu avait promis d'apparaître cette année encore, aux mêmes dates des 2 et 15 août et le 8 septembre. Elle a tenu sa promesse : 60,000 personnes étaient accourues de tous les points de l'ancienne Pologne, malgré les difficultés qu'elles ont rencontrées. Elles chantaient des cantiques dans les convois de chemins de fer. A partir de Brésal, dernière station, les pélerins marchaient en procession, bannières déployées. Il y avait cinquante prêtres, qui n'ont pu suffire aux confessions : cela s'entend.

Deux des quatre femmes favorisées l'an dernier de l'apparition étaient seules présentes ; c'étaient les deux plus âgées, la veuve

Bylitewska et Catherine Wieczorck, âgée de 24 ans. Les autres, deux petites filles, avaient, pense-t-on, subi quelque puissante influence exercée sur les parents. Ces deux femmes, qui sont de Gertzwald, ont revu la Sainte-Vierge, comme en 1877, avec certains phénomènes nouveaux

L'apparition se manifestait le matin, entre sept et huit heures, au milieu du Rosaire ; les deux femmes en extase la saluaient au commencement de la bénédiction et à la fin de la manifestation, qui durait seulement 8 ou 9 minutes. Une clochette avertissait la foule qui se prosternait. Les prêtres et d'autres pèlerins passaient aux Voyantes des morceaux de papier pliés, sur lesquels étaient écrites des questions adressées à la Sainte-Vierge. Elles lisaient les lignes écrites, sans déplier le papier, l'une d'elles ne sait même pas lire, et elles transmettaient la réponse de la Sainte-Vierge. Le curé de Gertzwald a reçu une réponse à une question intéressante, qu'il n'avait pas cru pouvoir écrire.

D'après les réponses reçues, le Culturkampf ne durera plus longtemps, mais n'est pas encore à la veille de cesser. Il y aura encore des persécutions. Le curé de Gertzwald sera jeté en prison comme aussi les deux Voyantes. La Pologne sera divinement secourue. La Sainte-Vierge ayant parlé en polonais, les procès-verbaux ont dû être rédigés dans cette langue, et ont été signés ainsi par les deux femmes. Un procès-verbal des guérisons miraculeuses opérées à Gertzwald, soit à la source bénie, soit devant l'érable, pendant les apparitions, a été également rédigé, et il y en a eu beaucoup. M. le Curé de Gertzwatd reçoit fréquemment des lettres lui annonçant des guérisons obtenues à la source sainte. Un sourd-muet a recouvré la parole. Une jeune aveugle a recouvré la vue. L'érable béni aurait déjà été emporté par fragments dans la Pologne entière, s'il n'était protégé par une forte barrière et s'il n'était défendu d'y toucher. Des messes nombreuses sont demandées en actions de grâce de miracles accomplis.

Le dimanche, 8 septembre, dit une lettre écrite par un pieux ecclésiastique : « A sept heures et demie du matin, les deux femmes, au troisième *Ave Maria*, s'inclinèrent subitement jusqu'à terre ; en même temps, le son de la clochette se fit entendre et la foule se prosterna. C'est que Marie avait apparu aux femmes élues, belle d'une beauté céleste, souriante, couverte d'un manteau royal, tout resplendissant d'or, sous une tunique blanche avec des fleurs d'or, tenant dans ses bras l'Enfant Jésus, vêtu de blanc et bénissant tous les deux le Saint-Père, le clergé et la foule agenouillée.

Gertzwald a reçu déjà, en Pologne, le nom de lieu des miracles.

## Missi à Deo.

> Le monde attend une parole,
> Le siècle a besoin d'un héros.
> (LAMARTINE.)
>
> *Date lilia manibus plenis.*
> (VIRGILE.)

Nous croyons devoir reproduire ici cette poésie à la louange du Pontife saint et du Monarque fort. Elle n'a paru que dans notre *Album de la poésie catholique, à l'occasion du Concile*, et n'est connue que d'un petit nombre.

> Il est écrit que deux grands hommes,
> Une auréole sur le front,
> Pour sauver les temps où nous sommes,
> Dans l'Occident apparaîtront.
> L'un doué d'une vertu rare,
> Resplendira sous la tiare,
> Arbitre de la vérité ;
> L'autre, des peuples l'espérance,
> Monté sur le trône de France,
> Etonnera l'humanité.

Jusqu'à l'heure qui les révèle,
Ils souffrent dans l'isolement ;
La voix forte qui les appelle
A résonné du firmament.
A cette glorieuse marque.
Et du Pontife et du Monarque
Se reconnaît le principat.
Elus d'un vaillant caractère,
Ils vont régénérer la terre,
Dans un commun apostolat.

Voyez le nouveau Charlemagne,
Aimé des peuples, craint des rois :
L'Ange du Très-Haut l'accompagne ;
Il a pris pour sceptre la croix.
Il est nommé le fort, le sage ;
Il renverse sur son passage
Les ennemis du nom français.
Il met un frein à l'anarchie
Et rend l'antique monarchie
Plus redoutable que jamais.

Le monde admire du grand homme
Les majestueux étendards.
C'est l'heure où vers l'antique Rome
Il tourne ses puissants regards :
Du lieutenant du Christ, du Juste
Il rétablit le droit auguste,
Relève la sublimité.
Le Siége vénéré de Pierre
Exerce sur la terre entière
L'apostolique autorité.

Mais le Pontife magnanime,
Honorant le Prince à son tour,

Veut, dans la nouvelle Solyme,
Lui prouver amour pour amour.
Il le revêt d'un diadème
Que le Christ a béni lui-même
Et qui préserve des revers.
En le sacrant il le déclare
Le défenseur de la tiare,
Le premier Roi de l'Univers.


Tout cède aux décrets de l'Eglise ;
Le Pape au monde les prescrit,
Et le Monarque favorise
Ces règlements du Saint-Esprit.
Ils vont, l'un à l'envi de l'autre,
Le premier généreux apôtre,
Le second l'appuyant en roi ;
Le Globe, sous cette tutèle,
Dans le Très-Haut se renouvelle,
Est vivifié dans la foi.


En tous lieux les vertus fleurissent
Avec la romaine unité ;
Les cultes séparés périssent,
Photius est déshérité.
D'Albion à la Moscovie
Tout revient à l'arbre de vie ;
La robe du Dieu Rédempteur
Cesse enfin d'être déchirée :
Il n'est plus dans toute contrée
Qu'un seul troupeau, qu'un seul pasteur.


L'empire de ce faux-prophète
Dont Médine fut le berceau,

Sous le joug courbe enfin la tête.
Il est délivré le tombeau
De Jésus, le sauveur des hommes.
Le Christ règne ; sur cent royaume
La paix étend sa douce main ;
Pierre de fleurs couvre sa barque.
Honneur au Pontife, au Monarque,
Les délices du genre humain.

---

## Calamités sur les villes.

Les prophéties menacent plusieurs villes de grandes calamités et peut-être de destruction. Il n'est pas superflu, pour ceux en particulier qui traitent légèrement les prédictions, de réunir quelques textes de la Bible, relativement aux cités coupables. Ces citations sont propres à éclairer ces esprits téméraires, et les ravir à leur quiétude regrettable, avant que les faits eux-mêmes viennent les désabuser.

« Faites retentir la trompette dans Sion.... Le jour du Seigneur » va venir, ce jour de ténèbres et d'obscurité, ce jour de nuages » et de tempêtes.... *Joël*, c. II.)

« Mettez la faucille dans le blé, parce qu'il est mûr et prêt à » être moissonné.... Le pressoir est plein, les cuves regorgent, » parce que leur malice est montée à son comble. » (*Id.* c. III, v. 13.)

« Le vin pleure, la vigne languit, et tous ceux qui avaient la » joie dans le cœur sont dans les larmes. La terre souffrira des » élancements qui la déchireront, des renversements qui la brise- » ront.... La lune rougira, et le soleil sera couvert de confusion. » (*Isaïe*, c, 21, v. 4ᵉ contre Tyr.)

« Je ferai cesser parmi eux les cris de joie et d'allégresse ; les
» les chants de l'époux et ceux de l'épouse; le bruit de la meule et
» la lumière de la lampe. » (*Jérémie*, c.26, v.10, contre Jérusalem,)

» Fuyez le milieu de Babylone, et que chacun de vous sauve sa
» vie, de peur que vous ne périssiez dans son iniquité.... Baby-
» lone est, dans les mains du Seigneur, une coupe d'or qui a
» enivré toute la terre. Toutes les nations ont bu dans son vin, et
» elles ont été agitées. » (*Id.* c. 51, v. 6 et 7.)

« J'ai vu les montagnes et elles tremblaient. J'ai vu les collines
» et elles étaient agitées. — La terre fondra en larmes à la vue
» de ces maux, et les cieux se couvriront de deuil. » (*Id.* c. 4, v.
24 et 28.)

« Ces sept lampes sont les sept yeux du Seigneur, qui parcou-
» rent toute la terre... » — « Les deux grappes d'olive qui font
» couler l'huile dans les canaux d'or, sont les oints de l'huile sa-
» crée qui assistent devant le dominateur de toute la terre. » (*Za-
charie*, c. 4, v. 10 et 14.)

« Voici ce que m'a dit le Seigneur des armées, le Dieu d'Israël :
» Prenez de ma main cette coupe du vin de ma fureur, et vous
» en ferez boire à tous ceux vers lesquels je vous enverrai. »
*Jérémie*, c. 48, v. 26.)

« Enivrez Moab du vin de la colère de Dieu, parce qu'il s'est
» élevé contre le Seigneur. » (*Id.* c. 48, v. 96.)

« Je ferai venir contre Elam les quatre vents des quatre coins
» de la terre ; je les disperserai par tous les vents, et il n'y aura
» point de peuples chez qui les fugitifs d'Elam n'aillent chercher
» leur retraite. — Je ferai trembler Elam devant ses ennemis. »
(*Jérémie*, c. 49, v. 36.)

» L'ange passa aussitôt sa faulx sur la terre, il vendengea la
» vigne sur la terre, et en jeta les raisins dans la grande cuve
» de la colère de Dieu;

» Et la cuve fut foulée hors la ville, et le sang sortit de la
» cuve en telle abondance, que les chevaux en avaient jusqu'au
» mords, dans l'étendue de mille six cents stades... (*Apocalypse*,
» c, 14, v. 19 et 20)

» Et après que vous aurez achevé de lire ce livre, vous le
» lierez à une pierre, vous le jetterez au milieu de l'Euphrate;

» Et vous direz : C'est ainsi que Babylone sera submergée ; et
» quelque effort que l'on pense faire, elle ne se relèvera jamais.
(*Jérémie*, c. 51, v. 63 et 64).

» Alors un ange leva en haut une pierre semblable à une
» grande meule de moulin, et la jeta dans la mer, en disant :
» C'est ainsi que Babylone, cette grande ville, sera précipitée avec
» impétuosité, en sorte qu'elle ne se trouvera plus... (*Apocalypse*,
c. 18, v. 21).

» Considérez Assur : il était comme un cèdre sur le Liban ; son
» bois était beau ; ses branches étendues, sa tige haute, et du
» milieu de ses branches épaisses et touffues, il en sortait une
» qui s'élevait au-dessus de toutes les autres...

» Mais, parce que ce cèdre s'est élevé dans sa hauteur, qu'il a
» poussé si haut la pointe de ses rameaux verts et touffus, et que
» son cœur s'est élevé dans sa grandeur, je l'ai brisé entre les
» mains du plus fort d'entre les peuples... Je l'ai chassé,
» comme son impiété le méritait... (*Ezéchiel*, c. 31, v. 3 et 4.)

---

## Prophétie de Saint Vincent de Paul.

Au commencement de la Restauration, parut à Paris, chez
Adrien Leclère, un opuscule de 12 pages in-12. Il était intitulé :

*Dissertation intéressante sur les évènements de nos jours* (1) et renfermait les deux faits suivants, qui sont certains :

PREMIER FAIT.

« Il est notoire, par une tradition constante dans la congrégation de la Mission et dans celle des Filles de la Charité, que leur saint instituteur confia, avant de mourir, un papier cacheté à la famille d'Argenson, sur le dos duquel il écrivit de sa propre main ce qui suit : *Væ cuicumque aperiet hanc cartam, priusquam consummati sint centum anni post obitum meum !* Malheur à celui qui aurait la témérité d'ouvrir ce papier avant que ce soient écoulés cent ans après ma mort ! Il recommanda que l'aîné de ladite famille se transportât, à l'époque marquée, dans l'endroit où serait le roi de France, pour lui en faire la lecture. La volonté du saint fut exactement remplie ; car on sait qu'il mourut en 1660 ; et en 1760, les missionnaires qui étaient à Versailles, attendant avec empressement l'ouverture du papier, dans l'espérance d'être instruits des grands secrets qu'il devait contenir, virent arriver le marquis Paulmy d'Argenson vers la fin de septembre ; ils apprirent même l'heure de l'audience assignée pour

(1) La date de cette plaquette résulte clairement de cette observation: « *Nota. Depuis trois ans, le Saint-Pontife, relégué à Savonne, n'avait cessé de recommander la dévotion à Notre-Dame-des-Sept-Douleurs ; et depuis, à Fontainebleau, il a réitéré souvent cette recommandation, en indiquant la Compassion de la Sainte-Vierge comme le terme de notre délivrance. En effet, le 1er avril, jour de cette fête, le règne de l'étranger a fini et celui des Bourbons a commencé.* »

La France a toujours été chère à Marie, qui la regarde comme un héritage. C'est au vœu à jamais mémorable d'un de nos rois, c'est aux prières incessantes qui s'élèvent vers Notre-Dame dans tous nos sanctuaires, que notre patrie doit de rester toujours la fille aînée de l'Eglise et de goûter les fruits anticipés du règne de Dieu, dans les bonnes œuvres qui ne cessent de s'accroître sur notre sol : pour contribuer à nous affermir dans cette croyance, rien n'est plus frappant que les deux faits que nous rapportons.

le lendemain par Louis XV. Le fameux papier fut lu : il n'y eut pour témoins que le Monarque, le marquis d'Argenson et le ministre Lavrillère. Les missionnaires n'eurent rien de plus empressé que de se rendre auprès de ces deux seigneurs, pour les conjurer de vouloir bien leur faire part de ce qui était contenu dans l'écrit de leur père ; mais ils furent bien trompés dans leur attente ; l'un et l'autre, avec un extérieur triste et abattu, ne donnèrent d'autre réponse que celle-ci : « Hélas ! mes chers messieurs, hélas ! recommandons-nous à la Très-Sainte Vierge ! Hélas ! hélas !.. » Voilà tout ce qu'ils purent tirer du marquis et du ministre, des gémissements, des lamentations, et ces seuls mots bien remarquables : « recommandons-nous à la Très-Sainte Vierge. »

### DEUXIÈME FAIT.

Ce qui suit donnera l'explication de ce qui précède :

« Vers la troisième année de la Révolution, trois religieuses du couvent de la Visitation, à Châlon-sur-Saône (ces religieuses vivaient du temps de la persécution qu'éprouvèrent à Paris les prêtres orthodoxes de la part des jansénistes), déposèrent avec serment, en présence du vicaire-général, les paroles suivantes, qui furent imprimées et lues par M. Sicardi, l'un des assistants de la Congrégation de la Mission : « Lorsque les Jansénistes persécutèrent si cruellement les bons prêtres à Paris, et que nous nous entretenions un jour à ce sujet, le vénérable directeur que nous avions alors étant présent, nous parla ainsi : Je vous vois bien affligées, mes filles, sur ce qu'ont à souffrir à Paris les défenseurs de la sainte doctrine, les prêtres fidèles à Jésus-Christ ; mais si vous vivez dans les années 1790, 91, 92 et suivantes, c'est alors que vous aurez sujet de pleurer, quand toute la France sera bouleversée, quand le sang y ruissellera de toutes parts ; quand le trône sera presque renversé et la religion à deux doigts de sa perte ; quand enfin il règnera un chaos d'abominations dans cet infortuné royaume. Cependant Dieu se ressouviendra de ses miséricordes ; les choses changeront de face ; à cet état de désolation universelle succèdera un ordre admirable, et l'Eglise de France sera plus florissante que jamais. Après ces paroles du saint directeur, une de nos consœurs s'adressant à lui : Permettez-moi, lui dit-elle, mon père, de vous demander si vous êtes prophète, pour nous annoncer ce qui doit arriver après que se sera écoulée une si longue suite d'années. — Non, répondit-il, je ne suis pas prophète ; mais ce que vous venez d'entendre est sorti de la bouche de saint Vincent de Paul. »

« Rapprochons actuellement, continue l'auteur de l'opuscule, ces deux faits, et ne doutons pas que Dieu, ayant fait connaître à saint Vincent de Paul les maux qui devaient pleuvoir sur notre malheureuse patrie, à cause de l'incrédulité et du libertinage que nous avons vu y être portés à leur comble, lui découvrit aussi l'unique ressource que sa Providence lui ménageait dans ses malheurs, qui était la protection de Celle à qui s'adressait, dans tous ses besoins, et toujours efficacement, le grand saint Louis ; de Celle à qui nos pères donnèrent, dès le principe de la religion catholique en cette monarchie, les plus grandes marques de leur dévouement, de leur amour et de leur confiance. En effet le silence des deux témoins de la lecture du papier mentionné, les recommandations à la Sainte-Vierge, qu'ils insinuèrent dans l'accablement où ils se trouvaient, tout cela indiquait assez que Louis XV leur avait défendu de rien découvrir de ce qu'il renfermait, qui n'était autre, à ce qu'il parait d'ailleurs par la déposition des religieuses de Châlon, que la prophétie des maux qui allaient affliger la France, la pénitence universelle qu'il fallait faire, les prières que l'on devait adresser à Marie, comme à celle qui fût seule capable d'apaiser la colère de son Fils et d'obtenir la conservation de la Foi, la fin des fléaux et le retour de la miséricorde.

» N'est-il pas encore vraisemblable que Louis XIII, qui avait la plus grande confiance en saint Vincent de Paul, par qui il voulut être assisté à l'heure de la mort, fut porté par le même saint, qui prévoyait nos malheurs, à consacrer pour toujours sa personne et celle de ses descendants, avec ses sujets, à l'auguste Mère de

Dieu, qu'ils devaient tous prendre pour leur Protectrice, leur Patronne et leur Avocate ? De là l'établissement de la so'ennelle procession, la plus pompeuse, la plus magnifique de l'Eglise de France, en l'honneur de la Reine de l'univers qui, avant ces temps de calamités, avait lieu le jour de l'Assomption. C'était en cette Fête que nos rois renouvelaient avec tous les Français leur consécration au service de Marie, qui vient de vous prouver combien est grand le crédit dont elle jouit auprès de Dieu, combien son cœur a été sensible à nos malheurs C'est le jour de sa compassion que notre délivrance a été opérée. » (Op. citat., p. 1 à 5.)

*Gaude, Maria Virgo, cunctas hæreses sola interemisti in universo mundo.*

Nous avons eu soin d'écarter généralement de ce livre le riche répertoire des prophéties antérieures à nos jours. En faisant une exception pour celle qui précède, nous l'avons considérée comme inédite, si peu elle est connue, puis par le culte de la Mère de Dieu, auquel elle exhorte, elle se rattache aux nécessités spirituelles du présent et de l'avenir. Sa place était donc dans ces pages.

## Prophétie de Guillaume Postel (1) sur le Grand Monarque et le Pontife Saint.

L'abbé Mercier de Saint-Léger a résumé en deux pages le livre aussi curieux que rare de Guillaume Postel : *Absconditorum à*

(1) G. Postel vivait au xvi<sup>e</sup> siècle et posséda une science universelle. Il n'eut que le malheur de professer quelques erreurs, qui tinrent peut-être de la maladie. Postel, dit Feller, était, malgré ses rêveries, un des génies les plus étendus de son siècle. Il avait une vivacité, une pénétration, une mémoire qui allaient jusqu'au prodige. Il connaissait parfaitement les langues orientales, une partie des langues mortes et presque toutes les vivantes. François 1<sup>er</sup> et la reine de Navarre le regardaient comme la merveille de leur siècle. Charles IX l'appelait son philosophe. On assure que quand il enseignait à Paris, dans le collège des Lombards, il y avait une si grande foule d'auditeurs, que la salle de ce collège ne pouvant les contenir, il les faisait descendre dans la cour et leur parlait d'une fenêtre. On ne peut nier qu'il n'eût fait beaucoup d'honneur aux lettres, si à force de lire les rabbins et de contempler les astres, il n'avait pas un peu perdu la tête.

*constitutione mundi clavis, qua mens humana tam in divinis, quàm in humanis pertinget ad interiora velaminis æternæ veritatis* (in-18, Amsterodami, 1646). Nous avons recueilli cette analyse sur la garde et le premier feuillet blanc de l'exemplaire possédé par l'abbé Mercier du livre sus-indiqué. Cet exemplaire est en notre possession.

L'ouvrage renferme 15 chapitres. On y trouve que, non-seulement Postel croyait que l'âme humaine de J.-C. avait été créée et unie avec le Verbe Eternel avant la création du monde (ce que le père Niceron met au nombre de ses erreurs); mais qu'il croyait à la venue de Jésus-Christ sur la terre, quand bien même l'homme n'aurait pas péché; c'est dans le chapitre neuvième qu'il établit l'utilité de cette incarnation.

Le but de ce livre (chapitre 7) est d'annoncer cette découverte qu'il appelle un secret des Écritures, que les Apôtres ni l'Eglise n'ont pu porter jusqu'à ce jour. Il se regarde comme assez fort, non-seulement pour porter ce secret, mais pour en porter une infinité d'autres que le Christ va découvrir. Il traite ce sentiment de sentiment sûr et solide; il le regarde comme absolument nécessaire et il se met d'avance à l'abri des objections, en disant avec une suffisance indigne d'un théologien : *Qui etiam sententia, dimidiès contraveniantur, tamen prævalebit.*

Du reste, il relève cette connaissance pour annoncer le *rétablissement général de toutes choses*, qu'il regardait comme prochain; de sorte qu'après l'enfance du monde sous la loi de nature, sa virilité sous la loi de grâce, tout allait, selon lui, se concilier et se réunir dans un même pasteur, de sorte qu'il n'y aurait plus sur la terre qu'un Pape, *qui serait en même temps roi, pontife et juge, et dont le siège serait à Jérvsalem*; qu'une même langue, qu'un même esprit et qu'un même culte. Il autorise tout cela (chapitre 15) fort ingénieusement, par beaucoup de figures, de types, de comparaisons, qui peuvent faire preuve de la profonde connaissance qu'il avait acquise dans les Ecritures.

Postel ne distingue jamais l'état de la grâce depuis J.-C. de l'état de nature et de la loi mosaïque. Postel attend un siècle d'or et ne parle point des temps apocalyptiques où cette unité de sentiments, d'affections, de biens, de culte se trouve si parfaitement exprimée.

Postel avait trouvé dans sa science le fond de ces vérités qui ont trait au Grand Monarque et au Pontife Saint. L'abbé Mercier de Saint-Léger aurait vu ce double point prophétique dans son vrai jour, s'il avait lu les traités suivants du même Postel : 1° *De monarchia et monarcho divino, cœlesti et humano jure electo, vel eligendo ad tollend. Tyrann.* 2° *Commentarius super Abdiam ; de Expeditione in Terram S.per Gallos aut victos aut triomphantes, et de Noachi, et Adam Christi sepulchris recuperandis. In Româ, Damasco et Hierosol, ut exspectant Orientales Occidentalium christianorum suppetias.*

La note suivante de Charles Nodier (*Temps*, n° du 29 octobre 1835) justifie notre dire : « Postel eut l'avantage d'être instruit dans tous les idiomes savants de la terre : il était prodigieusement versé dans l'étude de toutes les choses qu'il est presque bon de savoir et d'une multitude d'autres qu'il aurait été fort heureux d'ignorer. On peut dire à sa louange que sa phrase était assez nette, si ses idées ne l'étaient jamais. *Deux* préoccupations, qui n'ont cessé de le dominer et qui font, pour ainsi dire, l'âme de ses livres les plus célèbres, enlevèrent ce prodigieux esprit à la culture des lettres utiles ; *la première était la monarchie universelle sous le règne d'un roi français,* rêve ambitieux d'un patriotisme extravagant, que nous avons vu cependant tout près de se réaliser ; le second était l'achèvement de la rédemption imparfaite par l'incarnation de Jésus-Christ dans la femme : et à la mysticité près, nous savons que cette chimère n'a pas été entièrement abandonnée de nos jours. Au xix$^e$ siècle, Postel eût certainement tenu quelque place éminente dans les conseils secrets de l'empereur et dans le conclave saint-simonien, ce qui n'empêche pas qu'il y eut en lui un fou fanatique, un fou fantastique, un fou hyperbolique, un fou proprement, totalement et complètement fou, comme parle Rabelais, et ce qui prouve peut-être qu'il y en avait deux. »

Postel fut un homme de génie, qui eut des erreurs de doctrine

— 164 —

et qui se trompa dans certaines particularités qui touchent au Grand Monarque et au Pontife Saint. Il a vu ces deux envoyés providentiels. Il a cru, ce qui est bien excusable, que leur venue serait au xvie siècle : mais Chavigny, dans ses Pléïades, assigne bien aussi à Henri IV le rôle de l'homme immense que nous attendons. Pyrus l'avait vu dans la personne de Louis XIV. Mais l'époque qui le verra, c'est la nôtre. Le Kabbale des Juifs offre l'exemple d'une opinion pareille sur un grand événement, considéré d'âge en âge comme devant se réaliser dans chacun des patriarches, alors que l'accomplissement était réellement éloigné : l'espérance de chaque génération, parmi les patriarches, était de de donner le jour au Messie.

Postel, quoi qu'en dise l'abbé Mercier, distingue le Grand Monarque du Pontife Saint. Ce qui a pu troubler sa déclaration, dans le siège à la fois royal et pontifical placé par lui à Jérusalem, c'est que Rome est parfois ainsi désignée, et qu'en outre, certaines dénominations ont besoin d'être interprétées dans les prophéties.

## Prophétie révélée par l'archange Gabriel au Bienheureux Amédée, évêque de Lauzanne, sur le Pontife saint et le Grand Monarque.

Traduit de *Vaticiniorum, liber primus. Viennæ Austriæ*, 1584.

Un pasteur aimé et élu de Dieu entrera au temps donné dans le temple, et chassera dehors les acheteurs et les vendeurs ; il renversera les tables des trafiquants et sanctifiera le temple ; il purgera et réformera l'Eglise ; et tous admireront stupéfaits ; il sera béni de la bénédiction de Jacob, parce qu'il sera le fils premier-né et légitime de Dieu, et véritablement le Vicaire de l'Eglise de Jésus-Christ. Il imitera ce dernier en réalité par la parole et l'exemple ; il purgera le monde d'une multitude d'erreurs ; il apprendra tous les secrets qui sont encore cachés, sur Dieu, sur les

Anges et le monde universel. Alors s'accomplira cette parole de l'Apocalypse : J'ai vu la cité sainte, nouvelle Jérusalem, descendant des cieux par la volonté de Dieu. » Cette Jérusalem nouvelle a été vue à Rome ; c'est à elle que Dieu a transféré son règne et son sacerdoce, par lequel Rome sera renouvelée en ces jours et présidera alors au monde entier. Ce pasteur sera assimilé au roi David, car de même que ce dernier a réformé l'ancienne Jérusalem, celui-ci réformera la nouvelle, c'est-à-dire Rome et l'Eglise ; il sera le véritable fils de l'Eglise et le pasteur accepté de tous, de Dieu et des hommes ; le Seigneur lui donnera sa grâce et sa prudence : il déliera ses lèvres et sa langue : ce pasteur racontera ouvertement les magnificences de Dieu, manifestant à tous les mystères jusque-là réservés, et l'universalité des hommes écoutera sa voix.

Il unira l'Eglise de l'Occident et celle d'Orient dans une harmonie perpétuelle. Parmi beaucoup d'autres, sept hommes l'assisteront spécialement, et ils seront très-dignes de leur mission, comme les anges qui sont auprès de Dieu pour le servir. Il enverra ses apôtres dans l'univers pour avoir le soin des brebis du Seigneur et pour être tout entier aux choses divines ; la paix universelle reviendra avec la réformation. Après avoir pacifié le monde, le pasteur promulguera à tous la volonté de Dieu et les hommes vivront dans la vérité, la pureté de la foi et la crainte de Dieu. Tous chériront le Pasteur et observeront ses avis et ses préceptes, et lui viendront en aide dans tous ses desseins, notamment pour la conversion des rebelles à la loi de Dieu. Ils renonceront aux fautes dont ils avaient contracté l'habitude, et se réjouiront de voir le terme des dissensions, parce que la foi du Seigneur sera dans tout le monde.

Les rois prolongeront leur vie ; ceux qui étaient depuis longtemps ennemis se réconcilieront ; nouveaux pharisiens, ils s'efforceront d'introduire la discorde, mais ils ne le pourront, parce qu'il n'y a pas de sagesse ni d'accord secret contre le Seigneur. Avant l'arrivée du vrai Pasteur, les rebelles à Dieu ne seront pas véritablement combattus. L'opposition des Allemands et l'ineptie de leurs princes retarderont les temps fortunés, mais avec le Grand Pasteur surgira un Grand Roi qui obtiendra d'abord la cité de Naples, et partira de là pour soutenir la cause de Dieu contre les rebelles dans l'Europe ; la foi sera augmentée et la volonté de Dieu en ce temps sera parfaitement accomplie, et il faudra que la concorde et une complète union soient établies pour qu'il n'y ait plus qu'une seule bergerie. Les sectes cesseront ; l'ancienne unité reviendra ; tous les membres n'auront plus qu'une tête, et tous feront partie du même troupeau ; de même qu'il y a quatre évangélistes, le Pasteur révèlera les quatres règles de la vie, il n'y en a pas davantage....

*(Traduit pour la première fois.)*

## Prophéties d'Anselme, évêque du Sunium (XIIe siècle), sur Paris et sur Rome.

Ces prophéties font partie d'un in-4° : *Vaticinia, seu prædictiones illustrium virorum*, imprimé à Venise, en 1605, chez Batista Bertoni. Des gravures accompagnent le texte. La 23e vaticination est ainsi conçue : « Hélas ! hélas ! ville malheureuse qui soutiens les douleurs et les passions ; ville misérable, pour que la lumière te vienne, il t'est donné de tenir les armes quelque temps. Il y aura dans tes murs des meurtres et une grande effusion de sang. Les dragons rompront leurs œufs ; ils en feront leur nourriture. Leurs membres s'étendront redoutables et armés pour la guerre intestine. Une foule innombrable sera dévorée par le glaive. Cette ville est remplie de fornication, de souillures, d'adultères, de rapines, d'injustices ; elle disparaitra. Autre Sodome, son dernier jour sera devant ses yeux. » — Vous l'avez deviné, cette ville, c'est Paris.

La prophétie 25° dit, en parlant de Rome occupée par les démagogues : « Malheur à toi ! ville aux sept collines, lorsque la lettre K sera louée dans tes murs. Alors ta chute approchera ; tes dominateurs et tyrans seront détruits. Tu as irrité le Très-Haut par tes crimes et tes blasphèmes, tu périras dans la défaite et dans le sang. Voici Jean Bonne-Grâce et Constantin le Pauvre ! (le Pontife saint et le Grand Monarque). Toi qui honores les choses saintes et qui leur prêtes l'appui de ton bras, que la poussière dont tu es couvert ne te fasse pas rougir ! Et toi, homme à la longue barbe (Garibaldi), tu la perdras à bon droit, et tu seras dégradé à la face du monde, pour avoir présidé à la mort du Pontife qui se nomme Jean *Obi.* »

## Prophétie de saint Ange, martyr.

Cette prophétie sur le Grand Monarque est extraite de la *Vie de S. Ange, martyr de l'Ordre de la B. V. Marie du Mont-Carmel,* écrite en 1127, par Enoch, témoin oculaire. Ce texte est un extrait du chapitre XV, qui est un dialogue entre Jésus-Christ et le saint. (Traduit pour la première fois) :

— Saint Ange. Ayez pitié, Seigneur, de votre Eglise, et détournez votre colère de votre peuple ; vous êtes mort pour lui dans votre clémence et vous l'avez racheté par l'effusion de votre sang précieux, suscitez enfin un Envoyé pour la délivrance de votre ville sainte, et qu'il l'arrache à la servitude et aux mains de ses ennemis.

— Jésus-Christ. Lorsque mon peuple sera contrit et qu'il connaîtra mes voies; qu'il embrassera ma justice et l'observera, un Envoyé paraîtra et délivrera ma cité ; il rétablira la paix et sera, au milieu des nations, la consolation des justes.

— Saint Ange. Quel sera, Seigneur, ce libérateur de votre cité ?

— Jésus-Christ. Un Roi s'élèvera finalement de l'antique race des rois de France, d'une insigne piété envers Dieu ; il sera honoré par les princes chrétiens et dévoué à la foi orthodoxe ; il sera aimé d'eux, et sa puissance s'étendra au loin sur la terre et sur la mer. Alors, l'Eglise, comme retirée d'une certaine destruction, ce Roi s'unira au Pontife romain et le soutiendra ; l'erreur sera détruite parmi les chrétiens; l'Eglise sera rendue à l'état que les bons ont choisi pour elle Il enverra une armée à laquelle s'uniront spontanément de nombreux guerriers, s'élançant au combat pour la gloire de mon nom ; et l'amour de la croix qui les transportera, leur obtiendra des trophées dont l'éclat s'élèvera jusqu'au ciel Le Monarque, équipant bientôt une flotte, passera les mers, rendra à l'Eglise les contrées qu'elle avait perdues. Il délivrera Jérusalem.

Ayant ainsi parlé, Jésus-Christ disparut des yeux de saint Ange, au sein d'une nuée éblouissante.

Roanne. — Imp. E. FERLAY.

# PRÉDICTIONS
## DE LA VÉNÉRABLE ANNA-MARIA TAÏGI.

―――――

Anna-Maria Taïgi naquit à Sienne, le 29 mai 1769, de Luigi Gianetti et de Maria Masi, ses parents. Gianetti était pharmacien, et le mauvais état de ses affaires lui fit abandonner sa ville natale pour Rome. Anna-Maria avait alors six ans. Le chemin fut fait à pied. Ces pauvres gens étaient bons chrétiens, et ils élevèrent leur enfant dans les meilleurs sentiments. Ils se mirent en condition.

Anna-Maria fit sa première communion à douze ans, avec des dispositions parfaites. Elle se mit alors à dévider de la soie, entra ensuite chez une dame respectable comme femme de chambre. C'est là que Domenico Taïgi, attaché au service de la famille Chigi, la connut, apprécia ses qualités, la demanda et l'obtint en mariage. Anna-Maria avait alors dix-huit ans. Elle fut le modèle des épouses et des mères.

Domenico, heureux et fier des grâces de sa compagne, aimait à se montrer en public avec elle. Celle-ci, pour lui plaire, sacrifia à la vanité et aux divertissements. Un jour cependant qu'elle était au milieu de la foule, aux solennités de Saint-Pierre, elle se trouva auprès d'un religieux Servite, le P. Angelo, à qui une voix mystérieuse révéla que la servante de Dieu était choisie pour la sainteté et qu'il en aurait la direction. Un jour, Anna-Maria alla en effet à l'église Saint-Marcel, et voyant un confessionnal entouré de pénitents, elle s'en approcha, estimant que le religieux qui inspirait tant de confiance, répondrait à la sienne. La Providence la guidait, car le P. Angelo, c'était lui qui confessait, lui dit en la voyant : « Ah ! vous êtes enfin venue, âme chérie du ciel ! Bon courage, le Seigneur vous aime, il vous veut toute à lui. » Anna-Maria, étonnée, apprit l'avertissement que le Père avait reçu, et versa des larmes d'attendrissement. Elle se retira consolée ; mais dès ce jour elle se voua à la pénitence et à l'esprit de sacrifice. Elle se couvrit d'un cilice, se livra à des macérations que le père Angelo dut contenir, pour en empêcher l'extrême rigueur. Elle obtint de son mari de ne plus aller aux promenades et délaissa toute parure et ornement de toilette.

La servante de Dieu désira être *religieuse au milieu du monde*, et devint à cet effet Tertiaire des Trinitaires déchaussés. Depuis le jour de son admission, elle contempla le soleil dans lequel, pendant le courant de sa vie, elle devait voir tant et de si grands prodiges. A mesure qu'elle avança dans la perfection, ce globe devint plus lumineux.

Anna-Maria, ferme dans la voie de sa conversion, après avoir sacrifié ses parures, pratiqua l'abstinence et la sobriété. Le vendredi et le samedi, elle redoublait d'austérité, et ses jeûnes se prolongeaient souvent jusqu'à quarante jours, selon l'importance de la grâce qu'elle sollicitait du Seigneur. Elle retranchait sur ses aliments et faisait la part des pauvres. Elle garda scrupuleusement ses regards, mit une garde de circonspection sur ses lèvres, eut une activité continuelle, et suffit aux besoins du ménage, à l'époque du gouvernement français, où son mari resta sans emploi : elle avait appris à faire des chaussures et des corsets. La nuit, elle se livrait à des exercices de piété et se contentait de deux heures de sommeil.

Le ménage d'Anna-Maria était simple, mais propre. Au fond de sa chambre était un petit autel autour duquel la famille s'agenouillait matin et soir. Elle eut sept enfants, quatre garçons et trois filles, et fut une mère accomplie dans la pratique de ses devoirs. Elle les allaita tous. Elle en fit de bons chrétiens et eut soin de leur faire apprendre un métier. Son mari, d'un naturel emporté, fut constamment adouci par la douceur de sa femme. Elle donna jusqu'à la fin des soins et les secours dont elle disposa à ses vieux parents. La persuasion que Dieu est toujours présent dirigeait toutes ses actions. Elle était désolée d'entendre blasphémer. Elle visita les malades, elle aima toujours la sincérité. Sa soumission à son confesseur ne cessa jamais d'être exemplaire.

Anna-Maria fut rudement éprouvée dans sa foi, et Dieu la soumit sur ce point à de pénibles épreuves : plusieurs impies qu'elle voulut ramener au Seigneur, la désolèrent par leurs résistances, leurs objections, leurs insinuations diaboliques. Ce fut une des causes des cruelles maladies qui la tourmentèrent. Elle eut toutefois la joie de sauver plusieurs de ces âmes perverties. Le démon, de son côté, ne négligea rien pour lui suggérer des doutes sur la foi et pour troubler son âme: il se rendit même visible, et sous des formes trompeuses, attaqua la servante de Dieu captieusement sur les mystères et sur les pratiques pieuses. Les esprits infernaux la maltraitèrent plusieurs fois et voulurent la faire mourir. Ils l'attaquèrent aussi par l'aiguillon de la chair. Les déchirements d'Anna-Maria furent profonds et prolongés, mais rien ne fut capable de la séparer de l'amour de son Dieu. Il lui en resta de douloureuses infirmités qui durèrent toute sa vie. Tant de dons surnaturels qui lui furent accordés motivèrent la purification de tout son être par de dures et continuelles souffrances.

L'espérance en Dieu d'Anna-Maria fut inébranlable. L'humilité dont elle fut remplie ne diminua pas cette première vertu. Visitée par les puissants de la terre, qu'elle conseillait et éclairait, elle n'accepta jamais de présent, et elle ne voulut jamais consentir à ce que ses enfants quittassent leur condition. « *Je ne sers pas Dieu par intérêt*, disait-elle à ceux pour qui elle avait obtenu des grâces signalées, *remerciez la Sainte Vierge ou tel autre Saint, et non pas moi.* »

Anna-Maria pratiqua héroïquement la pauvreté. Elle fut détachée des choses de la terre; mais son abandon à la volonté divine fit qu'elle ne manqua jamais de rien, même dans les temps les plus difficiles. Elle atteignait la perfection dans l'amour de Dieu. L'extase lui était si familière, qu'elle la surprenait même en public et jusque dans l'accomplissement de ses devoirs domestiques. Chaque harmonie de la nature provoquait en elle le ravissement. Mais c'est le mystère de nos autels surtout qui avait le privilege de la transporter : après la communion, elle était assidûment ravie en Jésus-Christ. Elle avait un tel sentiment de la présence réelle, qu'à l'église Saint-Ignace, un prêtre, la prenant pour une hypocrite, eut la coupable malice de la communier avec une hostie qui n'était pas consacrée. Elle le comprit et dut en avertir son confesseur. Le prêtre avoua sa faute. Un jour, dans l'église Saint-Charles aux Quatre-Fontaines, au moment de la communion, l'hostie vola des mains du prêtre sur les lèvres de la servante de Dieu. Il y avait plusieurs témoins de ce prodige.

Dans l'église de l'Enfant-Jésus, Notre Seigneur apparut, un jour, dans l'hostie à Anna-Maria; il était ravissant de beauté et reposait sur un lis magnifique. Une autre fois, à Saint-André *Della Valle*, le Divin Sauveur se montra aussi à son humble servante dans le pain eucharistique, environné de lumière, couvert de la pourpre royale. Pendant l'extase, le Sauveur lui adressait de suaves allocutions. Le Cardinal Pedicini, qui fut longtemps le directeur d'Anna-Maria, raconte longuement ces enivrements célestes.

Le démon, prenant la forme d'un homme bien mis et d'un âge avancé, la censure et l'accable d'insultes, à l'église *della Pietà*; dès qu'elle s'approchait de la table sainte, l'esprit mauvais arrachait violemment la nappe des mains d'Anna-Maria. Elle gardait alors patiemment le silence et attendait pour communier une autre messe. Elle eut une admirable dévotion pour la Très-Sainte-Trinité, la Passion de Notre-Seigneur et la Très-Sainte Vierge. La mère de Dieu lui parla, un jour, à l'église de l'*Ara-Cœli*, devant une de ses images, et lui dit que cette image était sans lumière et trop peu honorée ; des prodiges justifièrent ce fait et les honneurs réclamés furent enfin rendus. Nous avons une touchante prière que, dans une extase, la Sainte Vierge dicta à Anna-Maria. S.S. Pie IX y attacha des indulgences précieuses.

Comme les voyantes actuelles de Fontet, de Blain, de Bois-d'Haine, écoutent des entretiens de plusieurs saints, outre Notre-Seigneur et la Sainte Vierge, ainsi Anna-Maria était favorisée de pareils discours. C'étaient les apôtres, des martyrs, des confesseurs qui lui enseignaient les sublimités éternelles. Saint Joseph, saint Philippe de Néri, saint François de Paule, saint Louis de Gonzague, saint Jean de Matha, saint Félix de Valois, sainte Philomène, se révélaient à elle en particulier. Saint Michel, saint Raphaël étaient l'objet de sa dévotion. Son ange gardien lui prodiguait ses inspirations, même d'une manière sensible. Sa sollicitude pour les âmes du Purgatoire fut héroïque. Plusieurs de ces âmes, délivrées de leurs peines par son invocation, vinrent la remercier avant de s'envoler au ciel.

Nulle âme n'eût jamais plus de respect pour l'Eglise, la hiérarchie ecclésiastique, le souverain Pontife. Elle faisait nu-pieds le pèlerinage des sept basiliques pour attirer les grâces du Seigneur sur ses lieutenants ici-bas. Son amour du prochain se répandait en actes généreux de toutes sortes. Pendant la famine de 1798, elle accrut son ardeur au travail, pour soulager les pauvres autant que cela put dépendre d'elle. Rencontrait-elle des malheureux pressés par la faim et souffrant du froid, elle les menait dans son humble demeure et leur donnait de la nourriture et des vêtements. Dans les hôpitaux, que de fois des femmes malades tendirent les mains vers elle comme vers l'ange de la charité! Elle avait le don de consoler les affligés.

Il résulte des informations canoniques pour la béatification de la servante de Dieu, qu'elle reçut du ciel le pouvoir de guérir les maladies corporelles, et qu'elle opéra un grand nombre de guérisons. Le cardinal Pedicini parle ainsi dans sa déposition : « J'en laisse plusieurs centaines dont je pris note au moment même où elles avaient lieu, et des milliers qui n'ont pas été écrites. » Jésus-Christ lui accorda cette prérogative après lui être apparu, tandis qu'elle était malade, et l'avoir instantanément délivrée de tout mal. La main que le Sauveur avait tenue avait acquis cet éminent privilège.

On lit dans la déposition du mari de la vénérable : « Je me souviens que Peppina, fille de Sofia, se fit mal à un œil ; les chirurgiens dirent que la pupille était déchirée, et désespéraient de la guérison, à cause de l'inflammation qui devait nécessairement s'y trouver, avec danger de perdre l'autre œil. La servante de Dieu fit le signe de la croix avec l'huile de sainte Philomène, mit la *main* sur la tête de l'enfant, et l'envoya au lit. Peppina dormit très-bien, sans ressentir de douleur, et le lendemain matin l'œil était si parfaitement guéri qu'elle put aller à l'école des Maestre Pie de Jésus ; le chirurgien ne pouvait pas le croire, et voulut faire plusieurs expériences pour s'assurer si elle voyait. »

Parmi beaucoup de relations miraculeuses, toutes prouvées par témoins, nous reproduisons la suivante : « On devait faire l'opération d'un cancer au sein à une religieuse de l'Enfant-Jésus. Anna-Maria, aux prières de laquelle on la recommanda, fit répondre : « Si la religieuse a beaucoup de foi, l'opération n'aura pas lieu; mais il faut la confiance en Dieu. » La religieuse en ayait fort peu. Son confesseur l'exhorta vivement à se confier à la divine Providence. On applique l'huile qu'Anna-Maria avait envoyée; la nuit suivante, la malade se trouva guérie instantanément, au grand étonnement de toutes les religieuses.

Mais si Anna-Maria a opéré tant de guérisons corporelles, les conversions ou guérisons spirituelles qu'elle a obtenues de la Grâce ne sont pas moindres. « Nul engagement avec les sectaires, dit le cardinal Pedicini, qui pût résister à la puissance que Dieu avait donnée à sa bien-aimée. Les uns étaient ébranlés par la grâce divine, en présence de cette femme, et retrouvaient plus tard la vie spirituelle. » Tous les pécheurs qui se mirent en rapport avec elle furent éclairés sur le triste état de leur âme, et bien des fois leur cœur se trouva tout à coup et complètement converti. A l'exemple du Sauveur des hommes, elle pardonna généreusement les injures, pria pour ses ennemis, dont plusieurs furent ignobles, et alla jusqu'à leur faire tout le bien qu'elle put.

La mission spéciale d'Anna-Maria était surtout d'expier pour les temps désastreux où elle a vécu, et par ses propres souffrances, d'ouvrir sur le monde les trésors de la miséricorde infinie. Le R. P. Calixte, historien de la Vénérable, compare justement la vocation d'Anna-Maria à celle de sainte Catherine de Sienne.

Ces privilèges éminents accordés à la sainteté ne sont reçus qu'au prix de rudes sacrifices et en passant par le creuset des souffrances. Exprimant la désolation intérieure d'Anna-Maria, au temps des suprêmes angoisses qui devaient achever de la purifier, le cardinal Pedicini s'énonce comme suit : « Les consolations célestes disparurent comme un éclair et laissèrent à leur place la sécheresse, la peine et le travail ; aux larmes de la componction succéda le tourment, à la suavité la tristesse, à la dévotion douce et tendre le plus accablant ennui. Son âme passa rapidement des splendeurs du jour aux ténèbres les plus épaisses de la nuit ; des demeures fortunées de la plus brillante cour, elle fut précipitée dans la plus obscure prison, et d'un jardin délicieux sur un sable aride et désert. » Sa résignation ne se démentit point, et Dieu, satisfait de cette soumission volontaire, répandit abondamment ses bontés sur les pécheurs et sur l'Eglise. Anna-Maria avait souhaité que Dieu fît de son offrande cette précieuse application. Notre Seigneur lui dit un jour :

« Tes souffrances sont inexprimables, je veux qu'on les écrive ; et malgré tout ce qu'on lira, on ne pourra jamais comprendre le tourment de ton âme ; moi, j'écris tout en lettres d'or, et ce n'est qu'au ciel qu'on pourra comprendre la grandeur de ton amour souffrant ; c'est là qu'il sera récompensé, là que sera couronnée la patience de ta longue et volontaire agonie. Aussi t'ai-je dit plus d'une fois que je t'avais élue pour être du nombre des martys, et que ta vie ne devait être qu'un long et pénible martyre. »

Anna-Maria priait pour les malheureux criminels condamnés à mort, et acceptait des souffrances jusqu'à ce que le Seigneur satisfait, accordât le retour demandé. Elle implorait avec larmes « pour le salut de ces pauvres pécheurs qui, abusant des grâces divines, se lient par d'horribles serments aux sociétés secrètes. Elle voyait surnaturellement leurs réunions obscènes dans les parties les plus reculées du monde, leurs plans sanguinaires contre les gens de bien, et, à cet aspect, elle s'animait à de ferventes prières, à de généreuses immolations, afin que son Epoux céleste ne permît pas l'accomplissement de leurs desseins impies, principalement contre Rome.

» Dieu, en sa faveur, déjoua bien des fois les plans des sectaires ; il daigna même lui donner l'assurance que, de son vivant, ils ne réussiraient jamais à entrer dans la Ville Eternelle ; mais il exerçait ensuite les droits de sa justice sur sa fille bien-aimée, en redoublant ses souffrances en proportion des grâces qu'elle obtenait. »

Pendant l'exil de Pie VII, elle demanda le retour du chef de l'Eglise et la restauration de Rome catholique, en ce moment anéantie ; « par toutes ces œuvres satisfactoires, animées de la plus ardente charité, elle mérita d'être assurée de la réalisation de ses vœux. Un jour, où elle priait avec la plus grande ferveur pour l'Eglise, à l'époque de la déportation de Pie VII, elle entendit Dieu lui annonçant, dans un ravissement, la chute imminente des ennemis de la religion, et la date précise du glorieux retour du chef de l'Eglise dans Rome ; on en prit note dès lors, et tout s'accomplit ponctuellement comme elle l'avait prédit. » (R. P. Calixte.)

### Le Soleil mystérieux d'Anna Maria.

Mais ce qui doit surtout nous occuper dans ce récit, c'est le côté surnaturel et prophétique de la vie de notre Vénérable. Victime volontaire pour se dévouer au salut des pécheurs et à la défense de l'Eglise, Anna-Maria, dont la justice divine avait accepté l'immolation, devait être dotée d'un moyen permanent qui lui donnerait à la fois connaissance du passé, du présent, de l'avenir. Ce don fut ce brillant et mystérieux soleil dans lequel elle voyait l'état des consciences, la situation des peuples de la terre, les ébranlements politiques, les guerres, les projets des cabinets, les trames des sociétés occultes, les embûches diaboliques, les crimes, les superstitions, tous les fléaux d'ici-bas. Dieu était présent dans ce soleil, d'après cette parole d'un prophète : *In sole tabernaculum.* Le Sauveur lui-même prit soin de dire à la Vénérable : « Qu'il avait fait pour elle ce qu'il n'avait encore opéré pour aucun autre de ses serviteurs, en lui accordant un don que nul d'entre eux n'avait jamais eu ».

La moindre imperfection dans les actes d'Anna-Maria déterminait des ombres sur le globe lumineux; la servante de Dieu s'humiliait alors, et le soleil reprenait son éclat. Ce don était possédé par la Vénérable d'une manière stable et continuelle, elle l'avait toujours devant les yeux, partout où elle allait, la nuit comme le jour. Ce mystère de la grâce dura quarante-neuf ans, c'est-à-dire jusqu'à la mort d'Anna-Maria. Le confesseur lui ayant ordonné de demander à Dieu de lui retirer ce don, et de le communiquer à quelque vierge des monastères, il fut répondu : « Que Dieu est libre de faire ce qu'il veut; que personne ne doit avoir l'audace de vouloir pénétrer ses secrets, et que le confesseur devait se borner à faire son devoir, et rien de plus. »

A mesure que la pieuse femme progressa dans la vertu, le soleil devint plus lumineux, et en peu de temps il acquit une splendeur que n'auraient pas sept soleils réunis en un seul foyer. Sa grandeur était celle du soleil naturel, entouré de ses rayons. Cette clarté eût fatigué les yeux les plus sains, mais Anna-Maria n'en éprouvait aucune incommodité, et l'œil très-malade qu'elle avait y trouvait même du soulagement. A l'extrémité des rayons supérieurs était une grosse couronne d'épi-

nes entrelacées, qui embrassait toute la dimension du disque.
Les deux extrémités de la couronne portaient deux épines très-
longues, comme deux verges, dont les pointes arquées venaient
se croiser sous le globe solaire, et sortaient des deux côtés
des rayons. Au centre droit, une belle femme était majestueusement assise, les yeux levés vers le ciel, et dans l'attitude de
la contemplation extatique; ses vêtements jetaient le plus vif
éclat, et de son front partaient deux rayons verticaux semblables à ceux de Moïse, quand il descendit de la montagne; ses
pieds reposaient sur l'extrémité inférieure du disque solaire,
à gauche. Le centre était inaccessible aux ombres et aux figures
qui partaient de la terre; une force invincible semblait repousser d'elle toute obscurité. C'était la divine Sagesse incar-
née. Le mystérieux soleil figurait la divinité; la couronne et
les deux longues épines, en forme de croix, indiquaient la
nature humaine passible et ses principaux mystères douloureux : le couronnement d'épines, la flagellation, le crucifiement.
La majestueuse femme, dont le front supportait deux rayons,
exprimait plus particulièrement la seconde personne divine,
source de l'intelligence et de toute lumière.

La servante de Dieu voyait dans son soleil tout ce qui se
passe sur la terre. Mais elle se gardait contre la curiosité et
n'interrogeait le disque miraculeux que pour la gloire du Seigneur. Elle voyait des figures, des objets passer continuellement devant le soleil; quelquefois ces objets étaient représen-
tés au naturel : des tempêtes, des coups de tonnerre, des pluies
torrentielles, des tremblements de terre, des pestes, des révo-
lutions, des massacres, des émeutes, des défaites, des victoires,
etc. D'autres fois, c'étaient des symboles allégoriques, des
poignards, des faisceaux d'épines, des réseaux, des boulets,
des bombes incendiaires, ou bien des couronnes, des colliers
d'or, des pierres précieuses, une pluie d'or, etc. Bien des fois

elle vit le soleil s'ouvrir de haut en bas, et il en sortait des torrents de sang. Souvent aussi, elle vit des aérostats noirs qui prenaient feu subitement, et répandaient sur la terre une épaisse fumée, puis des monceaux d'armes et des feux d'artifice, etc. Enfin, c'était un mouvement perpétuel; mais si Anna-Maria regardait le soleil pour y voir un objet déterminé, tous les signes allégoriques disparaissaient, et l'objet qu'elle cherchait se montrait clairement. Les réponses obtenues par ce miroir céleste et révélateur furent constamment exemptes d'erreur et d'incertitude.

La Vénérable parcourait par le regard la terre et les mers et pénétrait le ciel et les abîmes de l'enfer; les peuples les plus lointains étaient connus d'elle. Ce n'étaient donc pas seulement les choses particulières et individuelles que la pieuse femme lisait dans le mystérieux soleil. Elle connaissait en général tout ce qui se fait de bien et de mal dans le monde. Elle voyait les fléaux décretés pour chaque nation et pour chaque royaume; la cause de ces maux, les remèdes qu'on aurait pu y appliquer. Elle voyait le désordre de chaque rang de la société, le libertinage et l'insubordination des populations, les crimes des riches, l'oppression des pauvres, la propagation des mauvaises doctrines. Elle voyait minutieusement et en détail le monde entier comme nous voyons la façade d'un édifice; et même, pour en avoir une connaissance exacte, nous sommes obligés de regarder successivement, et à plusieurs reprises, les diverses parties, tandis qu'en un clin d'œil, elle voyait les choses sous tous les aspects. « Enfin, dit un des témoins du procès, c'était véritablement un don du paradis. »

Dès que le don surnaturel fait à Anna-Maria fut connu à Rome, des personnes élevées en dignité s'en préoccupèrent, et il fut placé auprès de la Servante de Dieu, en qualité de confidents, des prêtres pieux et instruits et qui méritaient pleine confiance. C'est ainsi que tant de faits merveilleux ont été recueillis.

Anna-Maria connut, par son mystérieux soleil, la destinée des âmes après la mort. En priant pour une de ces âmes, son sort dans l'éternité lui était connu. Si l'âme était dans le Purgatoire, elle paraissait au bas des rayons sous forme d'un cœur souillé ou d'un diamant obscurci, et la Servante de Dieu voyait très-clairement ses peines, les raisons pour lesquelles elle souffrait, et la durée de l'épreuve; sa charité travaillait à en abréger le temps par des prières et des pénitences. L'image restait le peu de temps qu'il fallait à Anna-Maria pour comprendre, par un seul coup d'œil, l'état de l'âme; puis, la figure allégorique baissait lentement et disparaissait. Si l'âme était déjà en possession de la gloire, elle paraissait comme un cœur étincelant ou comme un diamant qui jetait le plus vif éclat; elle s'arrêtait un instant, pendant lequel la servante de Dieu comprenait clairement, par un simple regard, la récompense des vertus qu'elle avait particulièrement pratiquées. L'âme faisait quelques mouvements et répandait une vive splendeur, puis elle allait se perdre dans le disque lumineux. Enfin, si c'était une âme damnée, les rayons du soleil se répandaient à gauche, une horrible caverne s'entr'ouvrait, et la Servante de Dieu y voyait clairement l'âme infortunée, les motifs de sa condamnation, et les peines atroces qu'elle endurait; en un clin d'œil, la terrible vision disparaissait dans un choc effroyable d'éclairs et de tonnerres, et ensuite les derniers rayons du soleil se réunissaient de nouveau. Anna-Maria, par délicatesse, ne désignait jamais les personnes qu'elle avait vues de cette manière.

Le Supérieur général des Trinitaires déchaussés, le P. Jean de la Visitation, ayant appris la mort de son père, le dit à la Servante de Dieu, afin qu'elle priât pour lui. Elle répondit qu'il était en Purgatoire, et spécifia les motifs pour lesquels il s'y trouvait, rendant compte de l'emploi qu'il avait géré. Or, Anna-Maria ignorait complètement quelle avait été la condition du défunt.

Un prêtre de sa connaissance étant mort, elle vit qu'il était sauvé pour s'être fait violence en faveur d'un mendiant fort importun ; cet acte de vertu avait été le principe, pour lui, de beaucoup de grâces qui l'excitèrent à d'autres œuvres méritoires. Elle vit ses souffrances et le temps qu'elles devaient durer.

Elle connut le salut d'un comte assez célèbre, mort deux jours auparavant. Sa vie, adonnée à la mollesse et dissipée par de continuels voyages, avait été tout autre que chrétienne. Néanmoins, il se sauva pour avoir non-seulement pardonné à son ennemi, mais encore lui avoir fait du bien. Il devait pourtant demeurer en purgatoire autant d'années qu'il en avait passé d'inutiles en ce monde.

Anna-Maria vit un ecclésiastique très-estimé sur la terre par son activité, ses prédications et son zèle, cruellement tourmenté dans le purgatoire, parce qu'au lieu de chercher avec droiture la gloire de Dieu, il avait ambitionné la réputation de grand prédicateur et ne s'était pas dépouillé de l'amour-propre.

Elle vit qu'un laïque de ses amis, mort avec une réputation d'excellent chrétien, avait été condamné à de grandes souffrances dans le purgatoire, pour avoir cultivé avec trop d'empressement et de soin l'amitié des personnes influentes, et n'avoir pas recherché, de propos délibéré, le mépris du monde.

— Elle vit qu'une de ses bonnes amies, qui avait eu des lumières surnaturelles, était en purgatoire pour n'avoir pas gardé le silence, comme elle le devait, et pour n'avoir pas usé fidèlement des dons du Seigneur.

Elle vit deux religieux de sa connaissance condamnés au

purgatoire. Le premier, mort en odeur de sainteté, avait montré trop d'attachement à son jugement; le second avait laissé une réputation universelle comme directeur spirituel, mais il avait eu une conduite trop dissipée; le dernier temps de sa vie, quoique ce fut pour l'exercice du ministère; s'il eût observé plus régulièrement la vie de communauté, il ne serait pas mort sitôt.

La servante de Dieu vit dans ce mystérieux soleil le catafalque dressé pour Léon XII; quelques années après, en parlant de lui, elle vit apparaître modestement sa belle âme, au sommet inférieur des rayons du soleil, comme un magnifique rubis qui n'était pas encore purifié; l'âme descendit peu à peu et disparut.

Elle vit un frère convers capucin, qu'elle connaissait particulièrement, transporté directement du lit de mort au ciel, et son âme bienheureuse, embrasée d'une ardente charité, occuper l'un des premiers sièges du paradis. C'était le frère Félice de Montefiascone. Elle vit aussi l'âme bienheureuse d'un convers mineur de l'Observance d'Amélia, assistée par la sainte Vierge, voler de la terre au Ciel, et se placer parmi les séraphins.

Le général des Trinitaires se trouvant en Espagne, pendant l'invasion française, fut massacré avec son compagnon par les soldats de Napoléon. Anna-Maria annonça qu'ayant accepté cette mort pour l'amour de Dieu, les âmes de ces religieux s'étaient envolées directement dans le Ciel. Des lettres, qui arrivèrent dans quelques semaines, confirmèrent l'immolation et naturellement l'heureux partage des victimes là-haut. Le procès de béatification auquel sont empruntées nos citations, mentionne beaucoup de faits analogues.

Celle que le Seigneur avait comblée de prérogatives si hautes, pouvait-elle manquer de pénétration dans la science des mystères chrétiens ? Aux questions dogmatiques les plus élevées, elle répondait avec justesse et précision. Elle était sublime sur l'Incarnation du Verbe, sur la virginité de Marie. Un jour qu'elle fut consultée sur le petit nombre des élus dans nos jours, elle regarda son soleil et vit le sort des personnes décédées pendant le jour qui s'écoulait; très-peu, pas même dix, volèrent au Ciel; plusieurs s'arrêtèrent en purgatoire, et les autres tombèrent en enfer.

Dans le mystérieux soleil, Anna-Maria, en pensant aux principales circonstances de la vie de Notre-Seigneur, assistait en quelque sorte à sa naissance, au voyage en Egypte, à la vie de la Sainte Famille à Nazareth, puis à la prédication et aux miracles de l'Homme-Dieu, enfin au drame auguste de sa passion. Elle connut dans ses moindres détails la vie de la sainte Vierge, comme aussi celles des saints qui occupèrent ses méditations.

La servante de Dieu pénétrait aisément l'état des consciences et était devenue la directrice de plusieurs personnes amies qui avaient acquis sa confiance et son affection. Elle lisait dans les âmes les plus minutieuses circonstances morales. Elle découvrit fréquemment au prêtre confident ses pensées secrètes et lui donna d'utiles conseils. Le cardinal Pedicini la consultait sur les affaires des charges qu'il occupait, et il en recevait de prodigieuses lumières, provenant indubitablement de la sagesse divine. Il était plus facile à la Voyante de connaître l'état d'une âme, qu'il ne l'est pour nous de faire la lecture d'un livre, puisque cette lecture exige un certain temps, et qu'un regard sur le soleil lui suffisait.

Les secrets de la nature étaient connus d'Anna-Maria. Le fond des mers, comme l'immensité des cieux; le centre de la terre et ses abîmes étaient présents à ses yeux comme la superficie de sa chambre. Les siècles écoulés se présentaient à ses yeux avec tous les faits qui s'y rapportent; le passé était pour elle comme le présent. Des spéculateurs voulurent explorer le lac de Némi, dans l'espoir d'y trouver des trésors de l'antiquité. Anna-Maria annonça qu'ils perdaient leur temps et leurs peines. En effet, ils ne trouvèrent absolument rien.

En priant pour un malade, elle lisait aussitôt dans le soleil la nature du mal, les chances de guérison, les remèdes à prendre, les dispositions divines pour lesquelles la maladie avait été envoyée. Elle eut de nombreuses occasions de manifester ce don particulier, et toujours elle signala le moyen de guérison. Faute de suivre les indications qu'elle donnait, plusieurs moururent. Elle indiqua à jour fixe la fin de plusieurs personnes, nommément celle du cardinal Mavarizani et de Marie-Louise, reine d'Etrurie. Les faits de ce genre sont nombreux dans le témoignage de la cause.

A l'occasion d'un membre de la Compagnie de Jésus, pour lequel elle était consultée, elle vit dans le soleil mystérieux les évènements relatifs à cet ordre religieux et les persécutions auxquelles il devait être en butte. Elle pouvait constater le lieu où se trouvait telle ou telle personne, la raison pour laquelle une correspondance était en retard, l'endroit où on retrouverait un objet perdu.

Elle avait coutume de recommander aux malades les moyens naturels, bien qu'elle eût pu les guérir au contact de sa main ; elle disait qu'il ne faut recourir aux miracles que par nécessité. Toutefois, elle opéra, à diverses reprises, des guérisons extraordinaires. Par la pénétration des consciences, même les plus recueillies, elle convertit un grand nombre de pécheurs. Elle découvrait parfois en eux des péchés qu'ils ne connaissaient même pas. En rencontrant quelqu'un dans la rue, elle connaissait en un instant l'état de sa conscience, les décrets divins à son égard, le moment de sa mort et son éternité.

Peu après la naissance d'un de ses enfants, elle sut que, il continuait à vivre, il devait mourir un jour sur l'échafaud, pour un délit d'ailleurs assez léger ; elle recourut à la bonté divine et obtint que cet enfant mourût quelques mois après.

Lorsqu'un sectaire affilié aux sociétés secrètes se présentait à elle, le mystérieux soleil se couvrait de ténèbres, et elle connaissait à l'instant tous ses plans et complots ; mais, d'autre part, quand une personne vertueuse venait la voir, le disque solaire indiquait aussitôt son mérite.

La vertueuse femme confirma des vocations religieuses ou autres sur lesquelles il était élevé des doutes. Le P. Settimio Poggiarelli, Augustinien, avait eu l'apparition de deux anges l'assurant du succès d'une affaire qui l'intéressait au plus haut degré. Anna-Maria, consultée, affirma que ces deux prétendus anges étaient deux démons qui avaient pris cette forme pour le tromper. Elle avait déclaré que l'affaire tournerait d'une manière toute opposée à ce qu'ils avaient annoncé ; et c'est ce qui arriva. Elle découvrit plusieurs autres tromperies que l'esprit des ténèbres avait employées pour faire tomber des âmes dans l'illusion. Elle donna des lumières sur plusieurs religieuses sur le compte desquelles les directeurs se méprenaient. Elle indiqua la retraite de personnes qui avaient déserté leur domicile pour cause de chagrins. Elle sauva un malheureux, dont les affaires étaient en désordre, et auquel elle envoya son confident : il allait se donner la mort.

Le cardinal Pedicini n'entreprenait rien dans son diocèse de Palestrina, sans au préalable avoir consulté la Vénérable, dont il connaissait les merveilleux privilèges. Elle prédisait des naufrages, des accidents, des chutes, indiquant ce qu'il y avait à faire et signalant telles maladies pour la guérison desquelles il n'y a pas de remède. Léon XII étant tombé gravement malade, après son élection, on craignait pour le Pontife. Mgr Strambi envoya quelqu'un chez la servante de Dieu. Elle tranquillisa le prélat sur l'état du Souverain Pontife, et faisait dire au premier de se préparer lui-même à mourir. Moins de quinze jours après, Mgr Strambi était au cercueil.

Le confident, devenu secrétaire du maître de chambre de Léon XII, avait coutume de lire à la Voyante la liste des personnes qui avaient demandé audience pour le lendemain. Après avoir regardé le soleil, elle lui disait de prendre garde, en faisant entrer certains étrangers, et d'attendre, pour avoir des renseignements auprès des ambassadeurs. Il se présenta entr'autres, une fois, un sectaire qui avait de fort mauvaises intentions et qui fut écarté.

Anna-Maria vit dans son soleil les massacres d'Espagne, la guerre de Grèce, les journées de juillet à Paris. Déjà elle avait vu la déroute de l'armée française devant Moscou, au moment où elle avait lieu. Elle décrivit la fuite de Napoléon avec tous ses détails, bien avant qu'on eût pu en avoir la nouvelle. Elle vit aussi sa mort à Sainte-Hélène, son lit, ses dispositions, son tombeau, la cérémonie de ses funérailles, le sort de ce prince dans le temps et dans l'éternité.

Certaines circonstances avaient obligé Anna-Maria de voir l'ambassadeur d'une grande puissance auprès d'un gouvernement d'Italie. Elle commença par répondre exactement à ses questions; puis, elle lui exposa toute sa vie, les évènements de sa jeunesse, les personnes qu'il avait connues pendant la révolution française, son arrestation pendant la nuit, et tout le reste de son existence, avec les fautes qu'il avait commises durant sa longue carrière. L'ambassadeur était stupéfait. La pauvre femme aborda la politique, et fit de la situation un exposé qui augmenta l'étonnement du diplomate. Elle décrivit clairement les affaires des cours de l'Europe et du reste du monde; comment tous les cabinets politiques étaient attentifs à discerner les effets de leur action et de leurs intrigues, dont la plupart se dissipaient comme la fumée ; comment les trames ourdies par telle cour, pour telle fin, avaient été déjouées par la Providence ; quel doit être le but des souverains, la fidélité des ministres et leur circonspection ; quelle était la politique du gouvernement ottoman dans ses relations avec telle cour, qui, de son côté, employait tel moyen pour atteindre son but.

En un mot, Anna-Maria décrivit le monde politique, les gouvernements, la diplomatie, les négociations, les intrigues secrètes dont elle annonça le résultat final, tout à fait contraire aux vues qu'on avait, et aux moyens qu'on employait. L'ambassadeur demeura plus d'une heure avec la pieuse femme ; en sortant il avait les larmes aux yeux, et dit à la personne qui l'avait conduite : « Quel prodige ! Quelle merveille ! Comment une femme peut-elle savoir tout cela ? On ne peut nier qu'elle ne soit remplie de la science divine. Elle a le monde entier sous les yeux, comme je tiens ma tabatière à la main. Elle sait tout ; tandis que nous, vieux diplomates, nous ne savons même pas ce qu'on traite secrètement dans les cours auprès desquelles nous sommes accrédités. » Ce diplomate était un ambassadeur de France à Turin qui, passant à Rome, avait voulu connaître Anna-Maria.

Le général Alexandre Michaud s'était rendu à Rome pour le Jubilé accordé par Léon XII. Il était aide-de-camp de l'empereur Alexandre de Russie, dont la mort était vaguement annoncée. L'ambassade russe était sans dépêches. Un ami conduisit le général chez la Vénérable, à qui il exposa ses craintes, et qui lui répondit : « La nouvelle n'est que trop vraie. Demain l'ambassade russe recevra la nouvelle officielle. » Ce qui s'effectua exactement. La pieuse femme consola le général Michaud en lui déclarant que l'âme de l'empereur était en Purgatoire, et qu'il était mort catholique. Ce souverain avait trouvé miséricorde devant le Seigneur, parce qu'il avait usé de miséricorde envers le prochain, respecté le souverain Pontife, protégé la sainte Eglise romaine. Le général redoutait d'entreprendre, en hiver, le voyage de Saint-Pétersbourg, où il redoutait d'ailleurs de rencontrer des hostilités. Il lui fut donné l'assurance qu'il n'avait rien à redouter, et que son retour serait entouré de marques de respect et d'estime. Le tout se réalisa à la lettre.

Lors du départ de Mgr Lambruschini comme nonce de Léon XII à Paris, Anna-Maria lui annonça un voyage heureux, mais un séjour qui serait un long et douloureux martyre. L'histoire garde la relation de ces tribulations de l'éminent prélat.

Anna-Maria avait annoncé les troubles d'Espagne, la révolte générale, la déposition du chef de la nation. Ce prince finit ses jours à Rome. Les destinées fatales de plusieurs grandes familles furent ainsi annoncées, et les faits vérifièrent les prédictions.

Anna-Maria vit l'incendie de la basilique de Saint-Paul ; quelques mois avant l'évènement, étant en prières devant le Saint-Crucifix, elle sut que Dieu permettrait ce malheur, en punition des profanations qui se commettaient dans ce lieu. Il lui fut dit en général : « Je veux en faire un monceau de ruines. »

En 1830, pendant la révolution qui mit Louis-Philippe sur le trône, Anna-Maria vit cette catastrophe. Elle en donnait les péripéties, jour par jour, comme si elle eût été sur les lieux. Elle connut et décrivit de la même manière la révolution de Bruxelles, avant qu'on eût pu l'apprendre par une autre voie.

Elle raconta dans le plus grand détail les batailles de la guerre de Pologne, à mesure qu'elles se donnaient, ainsi que les incendies, la désolation des villes et des campagnes, et cela avant que la plus rapide dépêche télégraphique pût en informer. Anna-Maria voyait et annonçait les évènements les plus lointains, quelquefois avant leur accomplissement, et d'autres fois au moment même où ils s'accomplissaient.

Anna-Maria vit dans le mystérieux soleil l'élection de tous les papes, depuis Pie VII. Elle prédit leurs actes et les évènements qui devaient avoir lieu sous leur pontificat, longtemps avant qu'ils s'accomplissent.

Le marquis Baudini rapporte comme suit la prédiction de la vénérable sur le retour du pape, pendant que le général Miollis commandait à Rome : « Environ un an avant le retour de Pie VII, lorsque les affaires politiques présentaient un aspect bien triste, elle me dit que le pape retournerait glorieusement sur son siège, en m'indiquant l'époque précise ; qu'il officierait à Saint-Pierre, le jour de la Pentecôte ; et tout cela s'accomplit exactement ».

Dès avant le retour de Pie VII, elle avait vu dans la mystérieuse lumière le départ des Français, la fin de leur gouvernement ; les fêtes que l'on ferait partout, sur le passage du pape en Italie et surtout à Rome. Elle vit les suites de la Restauration, la manière dont son gouvernement devait être implanté, les malheurs subséquents, les conspirations et tout ce qui devait arriver. Elle vit les plans homicides des sociétés secrètes contre Rome, et surtout contre le haut clergé. Bien des fois elle se rendit à Saint-Paul pour y épancher son cœur devant Dieu. C'était surtout alors que son ardente charité la portait à intercéder par de ferventes et continuelles prières, et à s'offrir à la divine justice comme victime pour ses frères.

Ses prières à cet effet furent si persévérantes et si ferventes, que Dieu lui promit expressément que les plans des impies ne réussiraient jamais dans Rome ; qu'il leur laissait le champ libre pour agir, mais qu'il les arrêterait au moment où ils se croiraient sur le point de triompher ; de son côté, elle devait se disposer à satisfaire à sa justice, en compensation de grâces aussi signalées. Aussi toutes les fois que les machinations des loges maçonniques furent déjouées, la servante de Dieu fut-elle frappée de maladies mortelles, de persécutions, de misères, de calomnies et de terribles peines d'esprit.

La pieuse femme ne se décourageait jamais ; dès qu'elle voyait reparaître dans le mystérieux soleil les plans déjoués, ourdis de nouveau, tels que le massacre des prêtres et des hauts dignitaires de l'Eglise, etc. ; elle rappelait au Seigneur sa promesse, sauf à payer ensuite le prix de ses grâces par de nouvelles souffrances. Ce phénomène dura toute sa vie. Que l'Eglise est redevable aux prières et aux pénitences de cette pieuse femme ! Que ne lui doit pas la ville de Rome en particulier !

Un des premiers cardinaux avait résolu de faire sa promenade du soir dans un certain endroit de Rome. Anna-Maria, voyant dans le soleil le piège que les sectaires avaient préparé, chargea aussitôt le prêtre, son confident, d'aller avertir ce digne prince de l'Eglise de ne pas aller à tel endroit pour sa promenade, comme il l'avait résolu en lui-même, mais de prendre une autre route. Cette communication surprit vivement le cardinal, qui n'avait manifesté à personne son intention.

A peine Anna-Maria fut-elle sortie de la maladie mortelle dont elle avait été accablée sous le pontificat de Pie VII, que Dieu lui révéla, dans le soleil mystérieux, de nouveaux plans, plus terribles que les précédents, et qui étaient sur le point d'éclater. Elle s'offrit de nouveau à Dieu, qui, de son côté, remplit sa promesse. Les sociétés secrètes ne se lassèrent jamais de conspirer sous Léon XII, Pie VIII et Grégoire XVI ; mais le Seigneur, agréant pleinement la générosité et l'esprit d'immolation de son humble servante, déjoua constamment les conspirations des impies, qui avaient déjà fixé l'heure et le moment de leur triomphe. Souvent il procura l'arrestation de chefs ; d'autres fois il fit avorter leurs projets, en les découvrant directement à quelque sainte âme, ou par des inondations, des pluies torrentielles, qui en empêchaient l'exécution, ou par d'autres moyens encore que la pieuse femme remarquait toujours dans le soleil.

Anna-Maria avertit que l'on devait s'empresser de faire donner les derniers Sacrements à Pie VII ; les médecins prétendaient qu'il ne courait aucun danger ; mais la Servante de Dieu fit savoir que l'on ne devait pas s'en rapporter à leurs promesses, et qu'il ne tarderait pas à mourir ; le fait le prouva bientôt.

Lors de la dernière maladie du Pape Léon XII, Anna-Maria reçut, le grand matin, de son céleste époux, l'ordre de prier pour son passage à l'éternité. Elle entendit ces paroles : « Lève-toi, et prie pour mon Vicaire, qui est sur le point d'être appelé à mon tribunal ». Elle se leva aussitôt, pria, et l'on apprit la mort du Pape le lendemain.

« Je me souviens fort bien, dit le marquis Carlo Bandini, qu'après la mort de Léon XII, pendant que les cardinaux étaient au Conclave, et lorsque personne ne pouvait prévoir l'époque où il plaisait à Dieu de consoler l'Eglise par l'élection du nouveau Pape, Anna-Maria annonça l'élection, huit jours avant qu'elle fût faite, en ajoutant que le pontificat de Pie VIII serait court.»

La Servante de Dieu vit dans le mystérieux soleil le catafalque préparé pour les funérailles du Pontife. Pie VIII tomba malade, mais il se trouva un peu mieux, et l'on espérait qu'il pourrait reprendre ses audiences ; le soir même, la Servante de Dieu vit le catafalque surmonté de la tiare. Pie VIII s'éteignit peu de jours après.

Après la mort de Pie VIII, la révolution devait éclater à Rome. Dieu fit voir à la pieuse femme, accablée de souffrances, les divers moyens qu'il avait pris pour couper tous les fils du complot. Le divin époux lui disait souvent que ses souffrances étaient nécessaires, pour diverses fins qu'elle connaissait, et pour d'autres qu'elle devait être contente de ne pas connaître. Ces souffrances lui étaient annoncées, afin qu'elle s'y préparât, par des coups redoublés, qu'elle entendait dans son cœur ; ils étaient plus ou moins forts, selon l'intensité du mal qui allait survenir. Elle se résignait tranquillement, quoique la pauvre nature en sentît toute l'amertume. Dieu la lui faisait savourer pour augmenter ses mérites. Elle demandait avec humilité pardon pour elle et pour les autres, répétait cette parole qui lui était familière dans ses souffrances : *Peccavi, Domine, miserere mei.* J'ai péché, ô Seigneur, ayez pitié de moi.

Le P. Philippe, confesseur d'Anna-Maria, raconte ainsi la prophétie de la vénérable sur le pontificat de Grégoire XVI :

« J'allai avec la servante de Dieu visiter le Crucifix de Saint-Paul hors les murs. Le cardinal Capellari y vint après, de Saint-Grégoire. Anna-Maria occupait l'unique prie-Dieu qui se trouvât dans la chapelle ; j'essayai de la secouer, afin qu'elle cédât la place au cardinal, mais elle était en extase et ne s'aperçut de rien ; le bon cardinal me fit signe de la laisser tranquille et s'agenouilla devant la balustrade. Anna-Maria, revenue de son sommeil extatique, se mit à regarder fixement son soleil, puis le cardinal. En retournant à Rome, je la questionnai sur ce regard fixe qu'elle avait arrêté quelque temps sur le cardinal Capellari. Comme elle devait par obéissance me découvrir toutes choses, elle me dit franchement : « C'est le Pape futur. » Elle me découvrit les signes allégoriques qu'elle avait remarqués à ce sujet dans le mystérieux soleil ; c'était une petite colombe, entourée de rayons d'or, qui se posait devant lui ; elle était couverte de nuages qui indiquaient les épreuves du Pontificat.

« A l'époque où Anna-Maria prédit l'élection du cardinal Capellari, Pie VIII n'était pas très-bien. Elle commença dès lors à faire de ferventes prières pour lui ; il mourut quelques mois après. Pendant la vacance du Saint-Siège et durant les conclaves, la servante de Dieu redoublait ordinairement ses prières et ses pénitences, pour qu'il plût à Dieu de donner à son Eglise un Pasteur capable de la gouverner et de la défendre. Le conclave s'étant donc réuni, Anna-Maria vit de nouveau paraître dans le soleil les signes de l'élection du cardinal Capellari : une petite colombe portant la croix ; une autre, les clefs ; une troisième, la tiare ; deux autres buvant dans un calice aux armes des Camaldules. Elle vit en même temps la révolution qui fut comprimée, et toute la suite du Pontificat.

» Le cardinal Capellari me témoignait une grande bonté ; il m'offrait du tabac, ainsi qu'à Mgr Barberini, à cause d'un mot spirituel qui lui fut dit dans l'antichambre de Léon XII, lors de son élévation au cardinalat ; il protesta que Monseigneur et moi, nous aurions toujours du tabac de sa tabatière. Je le rencontrai à Sainte-Marie de la Victoire, un peu avant qu'il entrât au Conclave ; il m'appela pour m'offrir du tabac, et, en le prenant, je lui dis : « Je ne voudrais pas que ce fût la dernière fois ; car qui oserait mettre sa main dans la tabatière du Pape ? » Il me répondit en souriant : « Allons donc ; je n'y pense pas ! » et remonta en voiture. Il y avait bien des jours que les cardinaux étaient assemblés. D'après ce que m'avait annoncé Anna-Maria, je me rendis à l'un des tambours du Conclave, auquel présidait Mgr Apada. Je demandai le cardinal Barberini, et, après avoir pris des nouvelles de sa santé, et lui avoir demandé ce dont il pouvait avoir besoin, je lui dis :

« Prenez dix-sept ou dix-huit prises de tabac dans la tabatière de votre ami, et dites-lui que je ne pourrai plus en prendre. » C'était prédire clairement la papauté. Le cardinal Barberini prit les dix-sept prises de tabac dans la tabatière du cardinal Capellari ; mais ne pouvant pas faire usage de toutes, il les prenait et les jetait par terre. Le cardinal surpris lui dit : « Que faites-vous ? Vous jetez mon tabac ? » — « Je vous le dirai plus tard », répondit Barberini, en continuant de compter les dix-sept prises. Cappellari sourit à l'annonce que le cardinal lui fit de ma part. Le fait est qu'il fut élu Pape dix-sept ou dix-huit jours après. Les portes ayant été ouvertes, il me vit dans la grande salle, avec l'ambassadeur du Portugal, et me jeta un coup d'œil significatif. Plus tard, j'allai lui faire acte d'obédience avec mes collègues du collège des Chapelains pontificaux ; il me fit rester après les autres et m'offrit du tabac. Il continua de m'en donner chaque fois que j'allais à l'audience.

» Après la mort d'Anna-Maria, je lui en fis offrir un portrait lithographié, par l'intermédiaire du premier aide de chambre, le chevalier Gaetano Meroni, et lui fis part de toute la prophétie susdite, concernant les évènements relatifs à son auguste personne, tels que la Servante de Dieu me les avait communiqués.

» Après l'élection de Grégoire XVI, la révolution éclata dans l'Etat pontifical. Anna-Maria, alors déjà décédée, avait vu dans son soleil les plus sanguinaires des sociétés secrètes, surtout contre les ministres du sanctuaire. On ne saurait dire toutes les prières, les sacrifices, les pénitences qu'elle offrit à Dieu avec toute l'énergie de son âme. Dieu, qui l'aimait particulièrement, ne sut pas lui refuser une grâce demandée avec tant de confiance et de zèle ; mais pour accroître encore ses mérites, il lui révéla que sa justice se satisferait sur elle-même, pour tant de péchés qui se commettaient et devaient se commettre encore dans cette ville. Elle se résigna à la volonté divine et accepta tout, pourvu que l'Eglise et l'Etat pontifical fussent préservés de si grands maux. En effet, il lui en coûta de terribles souffrances et une longue maladie, sans compter le cortège ordinaire des peines de famille et autres tribulations de tout genre.

Anna-Maria avait connu les événements qui rempliraient le règne de Pie IX, en même temps qu'elle précisait à l'avance l'avènement de ce grand Pontife. Non-seulement son soleil lui avait présenté les faits généraux de cette période d'un tiers de siècle, mais encore elle avait appris ce qui suivrait. L'instruction du procès de béatification n'étant pas terminée, il reste certains points à éclaircir Nous croyons aussi que le Saint-Siège, toujours prudent, a voulu ne pas livrer à la publicité certains documents d'une très-haute importance. Ce qui a trait aux dernières phases de la crise révolutionnaire, à la destruction des méchants, à la double apparition du Pontife-saint et du Monarque fort prédits par tant de prophéties, a dû se dévoiler nettement aux regards de la Vénérable ; mais les renseignements qui nous manquent laissent sur ces tableaux imposants plus d'une obscurité. Nous ne chercherons donc pas à pénétrer entièrement ce que la Providence n'a pas voulu nous livrer en entier. Toutefois les pièces authentiques ci-après répandront une lumière abondante sur le pontificat de Pie IX, puis un certain jour sur les tourmentes et le triomphe de la justice dont nous ne sommes pas éloignés.

« Les différents pontifes. dit Mgr Luquet, sous lesquels vécut Anna-Maria, et l'auguste Pie IX lui-même, bien qu'elle fût morte avant son élévation au suprême pontificat, ont été l'objet des lumières surnaturelles que Dieu lui donnait. Voici, en particulier, ce qu'elle connut, bien longtemps d'avance, au sujet de notre saint Pontife. Nous tenons ces détails d'un prêtre respectable en qui Anna-Maria avait la plus grande confiance, et qui nous les attesta de vive voix et par écrit, dès les premiers temps de Pie IX. Elle parlait un jour à ce même prêtre de la persécution que l'Eglise devait subir. Elle lui fit connaître ce que les impies devaient tenter contre Rome, comme par malheur nous l'avons vu se réaliser. Elle lui indiqua ce que souffrirait alors le conducteur de la barque de Saint Pierre.

» Désireux de savoir ce que serait ce Pontife, le prêtre lui demanda s'il se trouvait au nombre des cardinaux. Elle répondit que non, que c'était un simple prêtre, alors habitant hors de l'Etat romain, dans des contrées fort lointaines. En effet, l'abbé Mastaï était alors simple prêtre, attaché à la nonciature du Chili. Anna-Maria décrivit le futur Pontife. Elle dit qu'il serait élu d'une manière extraordinaire ; qu'il ferait des réformes ; que si les hommes en étaient reconnaissants, le Seigneur les comblerait de bénédictions, mais que s'ils en abusaient, un bras puissant s'appesantirait sur eux pour les punir. Elle dit que ce Pontife, choisi selon le cœur de Dieu, serait assisté par lui de lumières spéciales ; que son nom serait divulgué dans tout le monde et applaudi par le peuple ; que le Turc lui-même le vénérerait et enverrait le complimenter. Qu'il aurait à la fin le don des miracles. »

Les ténèbres prédites par Anna-Maria ont beaucoup préoccupé le public, et tous les voiles ne sont pas écartés sur la question. Mgr Natali a affirmé que ces ténèbres dureront trois jours. Elisabeth Canori Mora, Palma, comme aussi nos voyantes de Fontet et de Blain, ont annoncé le même fait lugubre, sans en préciser la date.

Comment ne pas reconnaître les prodromes de la grande crise sociale dont tout le monde a conscience, dans les peintures que voici ? (Procès de béatification).

« Un jour, raconte le cardinal Pedicini, elle priait, en versant un torrent de larmes. Elle offrait au Seigneur ses peines et ses souffrances, afin que les pécheurs se convertissent, que le péché fût détruit et que Dieu fût connu et aimé. Le Seigneur daigna lui manifester les horribles péchés de personnes de toute condition, et combien il est offensé. A cette vue, la vénérable ressentit une profonde douleur, et dit en soupirant : « O mon bien-aimé ! Comment pourrait-on remédier à un si grand désastre ?... Il lui fut répondu » : Ma fille, mon épouse ! mon Père et moi, nous remédierons à tout. Après le châtiment... ! ceux qui survivront devront se comporter ainsi.... etc. » Et elle vit une foule innombrable d'hérétiques rentrer dans le sein de l'Eglise ; elle vit aussi leur conduite édifiante et celle des autres catholiques.

» Une autre vision eut lieu lorsqu'elle était en oraison devant le petit autel de sa chambre ; la sainte femme priait pour s maux de l'Eglise et pour ceux du monde entier. Elle vit paraître dans les airs un globe semblable à la terre, entièrement entouré de flammes qui menaçaient de le consumer. D'un côté était Jésus crucifié, répandant un torrent de sang ; à ses pieds était la Sainte Vierge qui, ayant déposé son manteau de Reine, priait instamment le divin Sauveur d'arrêter, par les mérites de son sang offert pour les pécheurs, les fléaux dont les hommes étaient menacés ; Anna-Maria s'unit à cette prière et la vision disparut.

» Anna-Maria parlait souvent au prêtre, son confident, de la persécution que l'Eglise devait traverser et de la malheureuse époque où l'on verrait se démasquer une foule de gens que l'on croyait estimables. Elle demanda quelquefois à Dieu quels seraient ceux qui résisteraient à cette terrible épreuve ; il lui fut répondu : « Ceux auxquels j'accorderai l'esprit d'humilité. » C'est pour cela que la servante de Dieu établit dans sa famille l'usage de réciter, après le rosaire du soir, trois *Pater*, trois *Ave Maria* et trois *Gloria Patri*, en l'honneur de la Très-Sainte Trinité, pour obtenir qu'elle daignât, par sa bonté et sa miséricorde infinie, mitiger le fléau que sa justice réservait à ces temps malheureux.

» Pendant plusieurs jours de suite, elle vit se répandre sur le monde entier des ténèbres excessivement épaisses, puis tomber des débris de murs et de poutres, comme si un grand édifice se fût écroulé.

» Ce fléau lui avait été manifesté à plusieurs reprises, dans le mystérieux soleil. Il plut à Dieu de lui révéler aussi que l'Eglise, après avoir traversé plusieurs douloureuses épreuves, remporterait un triomphe si éclatant, que les hommes en seraient stupéfaits ; que des nations entières retourneraient à l'unité de l'Eglise romaine, et que la terre changerait de face ».

Le passage que voici est du R. P. Calixte, page 243, note 1.

» Voici encore, sur les évènements futurs, quelques lambeaux des prédictions attribuées à Anna-Maria, et que nous avons pu recueillir de la bouche de personnes dignes de foi :

» Le Pape sera réduit à ne posséder que la seule ville de Rome (1). Les cadavres des hommes tués aux environs de Rome seront aussi nombreux que les poissons charriés dans cette ville par un récent débordement du Tibre (2). Tous les ennemis de l'Eglise, cachés ou apparents, périront pendant les ténèbres, à l'exception de quelques-uns que Dieu convertira bientôt après... L'air sera alors empesté par les démons, qui

---

(1) Cela était arrivé, mais la Voyante a dû aussi prédire l'envahissement de Rome : ce qui le prouve, c'est la suite du texte.

(2) Ceci nous paraît se rapporter à la guerre que le Grand Monarque fera aux spoliateurs du Saint-Siège, pour rétablir le Pape dans ses droits.

apparaîtront sous toutes sortes de formes hideuses... Les cierges bénits préserveront de mort, ainsi que les prières à la Très-Sainte Vierge et aux Saints Anges... Après les ténèbres, saint Pierre et saint Paul, descendus des cieux, prêcheront dans tout l'univers, et désigneront le Pape... (1). Une grande lumière, jaillissant de leur personne, ira se reposer sur le cardinal, futur Pape... — Saint Michel Archange, paraissant alors sur la terre sous la forme humaine, tiendra le démon enchaîné jusqu'à l'époque de la Prédication de l'Antechrist... — En ce temps-là, la Religion étendra partout son empire. *Unus Pastor*. Les Russes seront convertis, ainsi que l'Angleterre et la Chine, et le peuple sera dans la jubilation en contemplant ce triomphe éclatant de l'Eglise... — Après les ténèbres, la Santa-Casa de Lorette sera transportée par les anges à Rome, dans l'église de Sainte-Marie-Majeure...»

Un prélat, camérier secret de Pie IX, a affirmé au R. P. Calixte que la Vénérable a également prédit : « la définition de l'Immaculée-Conception, la tenue du Concile du Vatican et la proclamation de l'infaillibilité pontificale. Elle aurait annoncé également la lutte sanglante qui a eu lieu entre la Prusse et la France, et l'humiliation, l'affaiblissement de celle-ci, pour avoir oublié son titre et ses devoirs de fille aînée de l'Eglise ; aux horreurs de la guerre avec l'étranger et de la guerre civile succèderont les luttes sanglantes des prétendants révolutionnaires, et cet état de désolation durera jusqu'à ce que le peuple de France aille se jeter aux pieds du souverain Pontife pour le conjurer d'y mettre fin par sa suprême autorité. Le pape alors enverra en France un légat

---

(1) Elie et Enoch doivent paraître à la fin des temps. Il n'en coûtera pas plus à Dieu, si cela est dans ses éternels desseins, d'accomplir le miracle indiqué ici, au temps qu'il a pu marquer ici.

pour y prendre connaissance de l'état des esprits, et, sur le rapport qui lui sera fait, il nommera, pour occuper le trône de France, un roi très-chrétien ».

Ces prédictions nous semblent devoir être considérées comme vraies, sauf peut-être que les textes ne sont pas absolument arrêtés dans quelques parties, et que, pour établir une concordance parfaite avec l'universalité des prophéties, quelques détails peuvent être sujets à interprétation. Il y a dans ce qui précède l'indication formelle du Pontife saint et du grand Monarque ; il importe peu de savoir dans toutes les particularités comment ces deux envoyés de Dieu renouvelleront de concert la face de la terre.

Pie IX, dans une allocution du mois de septembre 1871, parlait ainsi : « Il y avait un bon vieux prêtre, Mgr Rafaele Natali, promoteur zélé de la cause de la vénérable Anna-Maria, qui nous racontait des choses merveilleuses de cette servante de Dieu, et surtout des prédictions relatives au temps où nous vivons. Nous nous fondons peu sur ces prédictions, et nous ne les avons pas trop lues, mais elles sont consignées dans le procès-verbal, et le Saint-Siège portera à cet égard son jugement. Or, ce bon prêtre nous a répété fort souvent, comme le tenant de la Vénérable, qu'un moment viendrait où le Saint-Siège serait réduit à vivre et à se soutenir des aumônes du monde entier, mais que, d'ailleurs, l'argent ne manquerait jamais. En vérité, il serait difficile de ne pas reconnaître la justesse de cette prédiction. Remercions le Seigneur, prions-le toujours davantage et espérons ». (*Gazette du Midi*, 23 juillet 1871).

Il n'est pas inutile de rappeler ici que sainte Hildegarde, prédisant au douzième siècle la déchéance de l'Autriche, avait indiqué pour le même temps le morcellement successif du patrimoine de Saint-Pierre. Elisabeth Canori Mora, de son côté, a parlé presqu'identiquement à Anna-Maria de la descente en corps et en âme des apôtres saint Pierre et saint Paul sur la terre, pour y prêcher et pour y présider à l'élection miraculeuse du Pontife Saint, tant signalé par les prophéties. Le bienheureux Labre a parlé, lui aussi, de la translation de la Santa-Casa à Rome ; il est allé jusqu'à annoncer qu'elle serait ensuite transportée de Rome en France. N'est-il pas écrit que le royaume de France est le royaume de Marie? Les révélations de Fontet ne nous font-elles pas espérer une basilique incomparable, sous l'invocation de Notre-Dame-des-Anges ?

S. Léonard de Port-Maurice et Marie Lataste ont, comme Anna-Maria, prédit la proclamation de l'Immaculée-Conception. Le vénérable Holzhauzer et la Sœur de la Nativité ont annoncé à l'avance la tenue du Concile du Vatican. Marie Lataste, Rosa Colomba, l'universalité des voyants qui ont précédé, comme Anna-Maria, comme Marie-Julie, comme Berguille, ont affirmé que nos commotions sociales ne finiront qu'avec le retour de nos royales fleurs de lis. Toutes les vaticinations dignes de foi annoncent les calamités indiquées par Anna-Maria, de même que le triomphe de l'Eglise qui doit suivre.

Holzhauzer, qui a si doctement commenté l'Apocalypse, a divisé l'histoire de l'Eglise en sept âges: 1º De Jésus-Christ à Néron; 2º de ce tyran à Constantin ; 3º de ce dernier empereur à Charlemagne ; 4º du fils de Pépin à Léon X ; 5º de ce pape au Monarque Fort, que doit voir notre génération. Le 6e âge durera jusqu'à l'Antechrist, qui indique le 7e âge et la fin des temps. Le désordre est général; et l'arrivée du Souverain Maître de toutes choses vient clore la durée des âges, et ouvrir les portes de la double éternité bienheureuse pour les justes, pleine de tourments pour les réprouvés.

Ce serait une bien précieuse étude pour l'historien catholique que celle où il lui serait donné d'observer les sociétés démagogiques, d'après les visions d'Anna-Maria et les papiers qu'a dû laisser son confident. Cette étude jetterait une grande lumière sur la situation présente et sur les évènements prochains. Nous savons déjà que la confusion démagogique sera presque générale, quand paraîtra le monarque Fort, le héros prédestiné qui opèrera les changements merveilleux, à l'aide desquels l'Eglise fleurira magnifiquement et les peuples posséderont une incomparable félicité. Anna-Maria a déclaré que l'Italie et l'Espagne tomberaient aux mains de la république radicale, et nous voyons qu'en effet elles en prennent assez directement le chemin,

Les annales de notre pays en font foi, nos pères croyaient à la perpétuité de la couronne de Saint Louis dans les descendants de ce prince. Cent voix prophétiques ont parlé dans ce sens. Il n'est pas jusqu'à Pie IX qui, un jour, n'ait laissé tomber de ses lèvres augustes cette grande affirmation : « La France ne périra pas au milieu de ces terribles épreuves. Dieu a sur elle de grands desseins, elle sera plus que jamais le plus ferme soutien de l'Eglise ; si la France périssait, la fin des temps serait arrivée. »

Une note imprimée à Rome, quelque temps après l'insurrection qui éclata dans la cité sainte, au mois d'octobre 1867, met en lumière l'esprit prophétique d'Anna-Maria, la protection qu'elle exerça sur la capitale du monde chrétien, en même temps qu'elle écarte les nuages dont s'enveloppent les trames formidables des sociétés secrètes. Cette note, la voici ; elle est rapportée par le R. P. Calixte :

« Dieu avait promis maintes fois à sa fidèle Servante d'épargner en sa considération la ville de Rome, et d'empêcher que les sectaires pussent s'y établir. Cette promesse divine devait avoir une éclatante réalisation, trente ans après la mort de la Vénérable. Dans la soirée du 22 octobre 1867, le prêtre confident ressentit une forte secousse et reçut d'Anna-Maria la manifestation de ce qu'avaient décrété contre Rome les impies Garibaldiens Don Rafaele Natali connut par cette voie les plans terribles de ces innombrables sectaires qui voulaient faire de la Ville éternelle un monceau de ruines, de manière à ce que l'on pût dire : « Là fut Rome ; » comme l'on dit : « Là fut Carthage, ici Athènes. » Les moyens pour opérer cette horrible destruction étaient tous arrêtés. On avait désigné ceux qui devaient mettre le feu aux églises, aux édifices publics et aux quartiers des troupes pontificales, en employant à cet effet des bombes à double fonds. Cette criminelle espérance fut trompée, et tant de projets iniques furent enfin déjoués. Le prêtre confident, une fois averti, fit prendre possession de la Ville éternelle et surtout du Capitole à la vénérable Anna-Maria, au nom de Pie IX. Le soir même, il fit part au Souverain-Pontife de l'avertissement céleste qu'il avait reçu et de la protection qui couvrait la Ville et le Capitole ; il donna à Sa Sainteté l'assurance que, dans la nuit, Marie, la Vierge immaculée, et son divin Fils opèreraient en faveur de Rome des miracles surprenants, et que les impies seraient confondus dans leurs plans et totalement dispersés. »

Pour effectuer cette prise de possession, ajoute l'historien de *la Vénérable Anna-Maria Taïgi*, Don Rafaele avait fait apposer par un jeune prêtre italien, don Benvenuto Magini, une image de la Vénérable sur la façade principale du palais des Conservateurs. Un pieux capitaine de la légion d'Antibes nous assurait dernièrement avoir vu lui-même cette image, dans la soirée du 22 octobre, et il s'étonnait alors du calme et de la sécurité qui régnaient dans le quartier du Capitole, tandis que le reste de la ville était dans le tumulte et la consternation. On connaît les événements providentiels qui ont suivi.

Peu de jours après ce succès du parti de l'ordre, on vit circuler dans Rome des photographies de diverses grandeurs qui représentaient au bas, sur un prie-Dieu à deux faces, d'un côté, S. S. Pie IX, et, de l'autre, la Vén. Anna-Maria, élevant tous deux leurs mains vers le ciel, en signe de reconnaissance et d'ardente supplication. S. Pierre et S. Paul présentaient leurs vœux au Très-Haut, et couvraient de leur protection le Capitole et toute la ville de Rome.

Depuis, nous dira-t-on peut-être, l'ennemi est entré dans la Ville sainte et y a commis bien des iniquités. Adorons les décrets du Ciel, et envisageons les crimes commis au loin. Puis, rappelons-nous les promesses que nous possédons, et sachons bien que si l'Église est outragée, le bras du Seigneur n'est pas raccourci ; que bientôt il manifestera sa puissance pour la justification des bons et la destruction des pervers.

Nous avons voulu faire connaître Anna-Maria comme prophétesse et thaumaturge ; nous touchons au terme de notre tâche. D'autres écrivains se sont attachés à sa biographie, et après l'ouvrage de Mgr Luquet, du P. Calixte, etc., il n'y a pas lieu de revenir sur ce sujet. Nous ne décrirons donc pas plus longuement la réputation de sainteté de la Servante de Dieu, qui attirait auprès d'elle tant de hauts personnages comme aussi tant d'humbles chrétiens, avides des grâces qu'elle obtenait du divin Maître et des lumières qu'elle répandait. Nous ne peindrons pas autrement son humilité, au sein des célestes faveurs dont la comblait le bien-aimé Jésus.

La haute estime des papes Pie VII, Léon XII, Pie VIII, Grégoire XVI, ne fit pas défaut à la Vénérable. Ces pontifes eurent même pour elle de l'admiration, Léon XII en particulier. Les guérisons miraculeuses, opérées par elle en visitant les malades, remplissent un des chapitres de sa vie. Elle ne se comptait pour rien, dans ces prodiges, et rapportait tout au Seigneur. En butte à bien des outrages, à bien des calomnies, à des persécutions, Anna-Maria, comme son divin modèle, garda le silence et pardonna. La prudence et la justice furent les compagnes assidues de la Vénérable. Sa discrétion ne se démentit jamais. Sa force et son courage ont assez éclaté dans ses souffrances héroïquement supportées, pour ne pas omettre de signaler en elle ces deux vertus. La tempérance et la résignation ne furent pas moins son partage. Elle aima la pauvreté, elle voulut être victime d'expiation.

Le 10 mai 1836, Anna-Maria s'était rendue à Saint-Paul hors-les-murs, par un ordre de son confesseur, à qui elle dit que c'était pour la dernière fois. Devant le Saint Crucifix découvert, elle entendit les paroles suivantes : « Vis en paix, ma fille, et ne t'inquiète pas de l'extérieur. Tu n'as pas dit cette chose au hasard. Adieu, ma fille, tu me reverras au paradis, et pour l'acte d'obéissance que tu as fait aujourd'hui, je t'ai accordé, ainsi qu'à ton confident, une grâce dont vous verrez l'épreuve sous peu de temps. Oui, ma fille, adieu ; bientôt tu seras avec moi dans mon royaume. Hâte-toi d'aller où tu voudras, parce qu'après c'est fini !...»

Anna-Maria s'alita bientôt, pour ne plus se lever : pendant plusieurs mois elle souffrit, calme et résignée. Elle annonça finalement et avec précision le moment de sa mort. Ses derniers jours furent un vrai martyre, mais sa douceur ne se démentit point. Elle consola sa pauvre famille et la conjura d'avoir toujours son espoir en Dieu. La Servante de J.-C. était plus dénuée que jamais ; c'est à peine si elle avait le strict nécessaire. Elle dut recevoir des secours qui ne répondaient parfois qu'imparfaitement aux besoins. Le prêtre-confident célébrait chaque jour la messe dans le petit oratoire d'Anna-Maria, et lui donnait régulièrement la communion. Cette dernière maladie dura sept mois. Le 2 juin 1837, un accès de fièvre l'avertit de sa dernière heure. Le lendemain, après avoir reçu la Sainte Hostie, un envoyé céleste l'informa qu'elle mourrait le vendredi suivant. Elle donna communication de ce fait au prêtre-confident, et ne dissimula pas sa joie. Elle eut un dernier entretien avec son mari, appela successivement chacun de ses enfants, leur recommanda la prière et la vertu. Le mercredi elle demanda et reçut le Viatique. Un religieux trinitaire lui appliqua l'absolution *in articulo mortis*, avec les indulgences, et elle entra en agonie. Au plus fort des douleurs qui couronnaient la fin de cette existence d'immolation, le prêtre confident fut guéri instantanément d'un gros rhume de poitrine par l'attouchement de la main d'Anna-Maria, qui fit aussi sur lui un signe de croix. Le jeudi soir, l'Extrême-Onction lui fut administrée. Les souffrances s'accrurent encore. Elle perdit l'usage de la parole. Les parents s'éloignèrent, comme c'est l'usage en Italie, aux derniers moments d'un mourant. Les personnes présentes, croyant que la Vénérable en avait encore pour quelques heures, se retirèrent ; c'était la nuit. Un prêtre, dans la même assurance, lisait son office dans une pièce séparée. Anna-Maria passa donc les trois dernières heures de son agonie presque seule. Dieu, par cet isolement, voulait rapprocher de plus en plus sa mort de la sienne. Le prêtre-confident, qui avait passé la nuit précédente, était allé prendre du repos, sur les instances de la Vénérable. Par une inspiration non équivoque, il revint auprès de la Servante de Dieu. Le prêtre qui était à côté fut appelé ; ils dirent ensemble les prières de l'Eglise, et cette âme pure se dégagea de ses liens terrestres, et alla s'unir au Sauveur Jésus, dans le séjour de l'éternelle paix.

Cette bienheureuse mort arriva à quatre heures du matin,

le vendredi 9 juin 1837. Dès que la nouvelle en arriva au cardinal Pedicini, ce prince de l'Eglise, dans une lettre annexée au procès de béatification, fit connaître à S. Em. le Cardinal-Vicaire, *les dons extraordinaires et les étonnantes lumières dont Dieu avait enrichi la Servante de Dieu, à l'égal des plus grands saints, afin que l'enveloppe mortelle de cette âme fortunée fût entourée des égards particuliers pratiqués dans des cas semblables et si peu communs.*

Le confesseur d'Anna-Maria pendant trente ans, le P. Philippe, écrivit également au cardinal Odescalchi, pour donner les mêmes témoignages, affirmer les mêmes prérogatives, solliciter les mêmes honneurs.

En 1837, le choléra qui avait désolé l'Europe avait frappé l'Italie. La Vénérable avait reçu du Sauveur Jésus la promesse que le fléau n'atteindrait pas Rome, tant qu'elle vivrait ; mais dès que la médiatrice cessa d'être l'aiguille qui préservait de la foudre, celle-ci éclata avec une extrême violence. Les premières victimes tombèrent le jour même du décès d'Anna-Maria.

Cependant le prêtre-confident, bien que dépourvu de ressources, ordonna pour la pieuse défunte des obsèques convenables, un cercueil de plomb, comptant sur la main de la Providence pour couvrir la dépense. Les ressources arrivèrent en effet, de Rome d'abord, puis de Milan et de Turin. Le corps fut porté au cimetière du Champ-Véran, le cercueil scellé des sceaux de l'avocat Rosatini, en présence de trois témoins, et enseveli, d'après les instructions de Grégoire XVI, dans un lieu séparé, hors de la chapelle du cimetière, du côté de l'Evangile, et non loin de la porte d'entrée. Une pierre de marbre recouvrit le sépulcre avec l'inscription.

Cependant le bruit de cette mort se répandit dans la ville éternelle, et le prêtre-confident était obsédé de questions, autant du côté des personnes haut placées que de celles d'humble condition. Le chanoine Del Buffalo ne put s'empêcher de dire à don Rafaele : « Quand le Seigneur appelle à lui des âmes qui lui sont si chères, c'est un signe qu'il veut punir : préparons-nous à des fléaux ».

Le peuple de Rome, célébrant les vertus de la vénérable, s'écriait en mille endroits : « La sainte est morte ! » Malgré l'effroi qu'inspirait l'épidémie, la foule allait visiter l'heureux tombeau. Parmi les cardinaux qui honorèrent le plus la mémoire d'Anna-Maria, furent les cardinaux Pedicini, Micara et Ferretti. Les hommages rendus furent unanimes. Le cardinal-vicaire ordonna au prêtre-confident de recueillir les faits relatifs à l'existence d'Anna-Maria. Mgr Luquet composa sur ces documents la vie de la Vénérable, qui se vendit par milliers et porta le nom vénéré aux contrées du globe les plus éloignées. Par son intercession, de grands pécheurs revinrent à Dieu, des malades guérirent, des grâces considérables furent obtenues. La sainte femme apparut elle-même à plusieurs personnes, pour leur apporter des lumières dont elles avaient besoin.

Dix-huit ans s'étaient écoulés, et les pieux visiteurs n'avaient pas discontinué d'aller honorer le tombeau d'Anna-Maria. On voulut alors transférer son corps à l'église Saint-Charles *aux Quatre-Fontaines*, où elle avait prié, où Dieu lui avait accordé divers prodiges, où elle avait désiré avoir son dernier asile. Toutefois, le cardinal-vicaire décida que les précieux restes seraient translatés à Notre-Dame de la Paix. Le juge, le procureur fiscal, le notaire, le postulateur de la cause, d'autres témoins procédèrent à l'exhumation du cercueil, l'ouvrirent et trouvèrent le corps intact, les habits sans altération. Procès-verbal fut dressé. Devant l'église de la Paix, quoiqu'on eût fait la translation de nuit, se trouva massée une grande foule. La dépouille fut placée au-devant de l'autel de saint Antoine, du côté de la sacristie. Sur les instances de la famille et des amis d'Anna-Maria, dix ans plus tard, Pie IX donna l'autorisation de transporter les reliques à Sainte-Marie-de-la-Paix, dans la basilique de Saint-Chrisogone *in Trastevere*, où elle avait souhaité reposer.

La réception du corps eut lieu solennellement à Saint-Chrysogone, où il fut mis dans un petit monument près de la chapelle du Saint-Sacrement. Le peuple y accourut, et depuis, des visiteurs de toutes les nations viennent s'y prosterner. Le cercueil de la Vénérable, ouvert encore à cette occasion, offrit au visage une teinte bronzée, mais les chairs étaient souples. C'était à la date de 1868. Bien des visiteurs ont voulu interroger don Rafaele, décédé en 1871, à l'âge de quatre-vingt-dix ans. Ce vieillard du sanctuaire gardait une grande réserve, lié qu'il était par la foi du serment; le secret était imposé par l'instruction de la cause, mais il ne pouvait s'empêcher de s'écrier : « Oh! que de belles et grandes choses on connaîtra au moment de la béatification ! »

De nombreux faits miraculeux, obtenus par l'intercession de la Servante de Dieu, ont été constatés et les déclarations authentiques rapportées dans le procès juridique. De ce nombre sont beaucoup de guérisons accomplies non-seulement en Italie, mais dans les divers pays de l'Europe. L'enquête relative à la béatification se compose de plusieurs milliers de pages, et se rattache à trente témoins de toute condition, qui tous connurent personnellement Anna-Maria. La relation du cardinal Pedicini, écrite par lui-même, n'a pas moins de mille pages. Plusieurs des personnes qui ont bénéficié des bienfaits accordés par l'entremise de la Vénérable, ont donné d'assez fortes sommes pour subvenir aux dépenses de ces examens et des nombreuses vérifications exigées par les lois et règlements ecclésiastiques. Les évènements malheureux qui ont désolé l'Eglise ont contribué au retard mis à la glorification d'Anna-Maria. Cependant un décret pontifical, à la date du 8 janvier 1863, ayant déclaré vénérable Anna-Maria Gesualda Taïgi ; l'instruction du procès touchant, croyons-nous savoir, à sa fin, le Souverain-Pontife ne saurait beaucoup tarder à déclarer notre thaumaturge bienheureuse. Peut-être que le Saint-Siège attend, pour une si mémorable solennité, des jours meilleurs, que, pour notre part, nous croyons assez prochains.

## Échos surnaturels de la Terre-Sainte.

Un vénérable curé du diocèse de Tulle nous a écrit récemment la lettre suivante, qui contient des faits bien merveilleux. Nous ne mettons ici que les initiales des noms propres, voulant éviter des actes de curiosité trop communs dans le public religieux, et qui ne sont pas sans inconvénients pour la bonne cause, parce qu'ils ouvrent la porte à des versions inexactes ou exagérées, ou à des réticences mal interprétées, ce qui porte atteinte à la réalité des faits surnaturels. Nous sommes nous-même avare de réflexions, préférant donner les documents tels qu'ils existent : l'ensemble de ces documents est le même partout, quant au fond ; pour les détails, c'est au lecteur à les considérer dans une mesure fournie par un jugement droit.

« No....., janvier 1880.

» J'ai eu dans ma paroisse un Triduum de fin d'année, prêché par le R. P. B....., du couvent de B..... Ce religieux a été seize ans en Terre-Sainte. Il s'est trouvé à Bethléem, lors du pillage de la Crèche, en 1855, par les Druses, et parmi les victimes de leurs longs poignards, neuf de ses co-religieux furent comptés. Il en a été quitte, lui, avec une profonde blessure dans la région du cœur. Laissé pour mort, il a échappé à la décollation. Ce pieux missionnaire me paraît doté du privilège de l'intuition des âmes et en relation avec des saints invisibles, avec lesquels il s'entretient à haute voix, après ses ferventes oraisons. Je vous parle de cela pour l'avoir entendu moi-même. Il m'a assuré que son séjour au milieu du troupeau qui m'est confié est un prodige de la **miséricorde** divine ; que je le comprendrai plus tard.

» Je ne puis, dans une lettre, vous raconter les faits surnaturels qu'il nous a retracés dans l'intimité, de sœur Marie de Jésus, la stigmatisée de Bethléem, dont il a été parlé plusieurs fois dans les correspondances religieuses d'Orient, et qui est morte depuis dix-huit mois. C'était une turque convertie, et si bien partagée d'en haut, qu'elle parlait de nos divins mystères comme un profond théologien. Elle était du mont Thabor. Ses prédictions surtout provoquent l'admiration. C'est par elle que Pie IX a été plusieurs fois averti que sa vie était en danger. Son frère vint pour la tuer, et il la laissa frappée par le glaive et baignée dans son sang. La Sainte Vierge guérit subitement ses blessures et la rendit à la vie. Après sa mort, on a retiré son cœur, qui porte, dit-on, une blessure miraculeuse, comme celle de plusieurs saints. Ce cœur a été porté à Rome, et le sang de la blessure en est resté plein de vivacité.

» Mme W..... de C....., a reçu une lettre du R. P. M...., du couvent d'Alep, confirmant ces particularités et d'autres prodiges. Le corps de la stigmatisée est demeuré intact dans le cercueil, et on raconte même des merveilles opérées à ce tombeau. La sœur Marie de Jésus a prédit les évènements annoncés par tant de Voyants et attendus par tous ceux qui ont l'habitude de la méditation. Elle promet au R. P. B..... une protection spéciale pendant les jours mauvais. »

Une nouvelle lettre nous donne des renseignements plus étendus sur la vie surnaturelle de la sœur Marie de Jésus ; mais nous ne croyons pas devoir la publier, avant que de plus hautes déclarations nous mettent tout à fait à l'abri du soupçon d'être trop hardi.

### Encore une stigmatisée.

C'est une religieuse Carmélite, d'un couvent situé dans les Basses-Pyrénées. Les personnes un peu au courant des choses surnaturelles de nos temps se diront à elles-mêmes le nom de la ville qui renferme ce couvent. Il en a été parlé depuis plusieurs années. Le même motif ci-devant énoncé nous impose le devoir de la discrétion.

Comme cette victime embaume depuis un certain temps le cloître béni où le Seigneur se plaît, comme l'Agneau au milieu des lys, n'est-il pas juste qu'elle répande maintenant un peu de ses parfums au dehors, où les cœurs ont tant besoin d'être purifiés ?

Espagnole d'origine, cette religieuse est favorisée de grâces extraordinaires. Comme Marie-Julie et Louise Lateau, elle porte humblement sur sa chair virginale les sacrés stigmates du divin Crucifié. Elle est en possession du don de prophétie. Voici à quelle occasion elle s'est dévoilée au monde :

Au Carmel de P... fleurit la sainte pauvreté. Ne pouvant s'acquitter d'une dette de vingt mille francs, contractée pour la construction du monastère, la Révérende Mère prieure avait

lieu d'en être fort occupée. Or, un jour que la stigmatisée était plongée dans la ferveur de son oraison, une jeune fille lui apparut, en prononçant ces mots : « Dites à votre supérieure
» qu'elle écrive à M. de N...., à Paris, rue de G...., n° ..,
» afin qu'il vous donne gracieusement les vingt mille francs
» dont votre couvent a besoin. »

Cet ordre fut exécuté en toute confiance, encore que M. de N... fut inconnu des dignes filles de la séraphique sainte Thérèse.

Fort surpris d'une pareille demande, M. de N... répondit par un refus très-formel.

Cependant, quinze jours environ s'étaient écoulés, lorsqu'une apparition de la même jeune personne réitéra sa première recommandation à la stigmatisée. Celle-ci répliqua que sa supérieure avait écrit à M. de N..., mais que sa lettre n'avait eu aucun succès. Alors l'apparition ajouta : « Qu'on
» écrive de nouveau à M. de N... Dites-lui surtout que les
» obstacles sont levés et qu'il peut remettre la somme ; mais
» afin qu'il ne soupçonne aucune supercherie dans cette
» affaire, dites-lui encore que la demande de ces vingt mille
» francs est adressée au nom de sa fille bien-aimée, morte en
» 1866, à Rome. Et c'est moi-même qui suis sa fille. »

Ce nouvel ordre fut exécuté ponctuellement comme le premier.

Stupéfait de ces singulières affirmations, M. de N... se décida à partir pour le Béarn, car il avait hâte de causer avec l'angélique sœur favorisée de l'apparition...

Durant la conversation, il lui demanda s'il lui serait facile de reconnaître le portrait de sa fille, parmi une vingtaine de photographies de jeunes personnes, et soudain il les lui mit toutes sous les yeux. Sans tergiverser, la religieuse désigna tout de suite le portrait de Mademoiselle de N...

Ainsi le noble visiteur fut convaincu de l'authenticité surnaturelle et divine de la réclamation d'outre-tombe dont il était l'objet, et il remit volontiers les indispensables vingt mille francs entre les mains de la Révérende Mère supérieure du Carmel.

En reconnaissance de cette générosité, l'extatique révéla à M. de N... quatre choses importantes relatives aux évènements futurs, à savoir :

1º Le nouvel envahissement de la France projeté par les Prussiens, puis de l'Italie. Le mois est indiqué.

2º Une alliance de la France, de l'Angleterre, de la Russie et des Etats-Unis contre l'Allemagne.

3º La défaite, et en quelque sorte l'anéantissement de l'armée prussienne ou allemande sur le sol italien.

4º Enfin, le rétablissement de la monarchie en France et le relèvement complet de ce noble pays.

Cette quadruple prédiction, au moins dans la presque totalité de ce qu'elle énonce, se trouve d'accord avec les vaticinations qui ont pour objet un avenir très-prochain.

La sœur Rosa Colomba et plusieurs autres voyants parlent de la présence des armées allemandes dans la péninsule et de la grande défaite qui les y attendrait.

M. de Stenay a été le premier à publier ce qui précède dans un de ses écrits sur les prophéties. Nous ajouterons, nous, que M. de Nédonchel, le père de la jeune personne qui est apparue au Carmel de P..., est connu dans le monde religieux par un bel ouvrage publié par la librairie Casterman, et consacré à raconter la vie évangélique de sa fille. Dans un ouvrage inédit sur la dévotion à la plaie de l'épaule de N. S., nous citons le chapitre de ce livre où il est raconté que Mathilde de Nédonchel, vénérait quotidiennement le stigmate scapulaire du divin Sauveur.

## La révolution, d'après Henri Heine.

Cet écrivain, quoique protestant, a laissé des pages où parle un génie prophétique, et où le crime est marqué au fer chaud. Tels sont les deux morceaux qui suivent.

« Où la force brutale agit sans raison, aucune œuvre ne peut s'élever. Quand les peuples se délivrent eux-mêmes, le résultat est funeste. Malheur, quand dans le sein des villes, où les matières incendiaires sont amassées en secret, le peuple brisant ses chaînes cherche en lui-même un effroyable appui. La révolte se pend à la cloche qui retentit en hurlant, et cessant d'être consacrée aux accords de la joie, elle s'harmonise avec la violence. On l'entend retentir à pleine voix : liberté ! égalité ! Le tranquille bourgeois saisit ses armes, la foule remplit les salles, les bazars ; des bandes d'égorgeurs rodent de tout côté, les femmes deviennent des hyènes, et dans leurs effroyables transports, déchirent de leurs dents de panthère le cœur encore palpitant de leurs ennemis. Rien n'est plus sacré, tous les liens de pieux respect sont brisés. Le bon cède la place au méchant, et tous les vices s'exercent librement. Il est dangereux d'exciter le lion, la dent du tigre est destructive ; mais ce qui est plus effroyable encore, c'est l'homme dans sa démence.

» Malheur à ceux qui prêtent aux *éternels aveugles* la lumière du flambeau céleste ! Dans leurs mains elle n'éclairera pas, elle ne peut que brûler, elle réduit en cendres les villes et les pays d'alentour. »

Sous le titre de tonnerre allemand, voyez si vous ne trouvez pas aussi une prédiction dans le passage que voici :

Le tonnerre en Allemagne est, à la vérité, allemand aussi ;

il n'est pas très-leste et vient en roulant un peu lentement. Mais il viendra, et quand vous entendrez un craquement comme jamais craquement ne s'est fait entendre dans l'histoire du monde, sachez que le tonnerre allemand aura enfin touché le but. A ce bruit, les aigles tomberont morts du haut des airs, et dans les déserts les plus reculés de l'Afrique, les lions baisseront la queue et se glisseront dans les antres royaux. On exécutera en Allemagne un drame auprès duquel la révolution française ne sera qu'une *innocente ydille*.

### Prédiction allemande.

Le Jean de Troyes de Cologne, Guillaume de Hagen, greffier de la ville en 1270, raconte, dans sa *Petite chronique* manuscrite, malheureusement lacérée pendant l'occupation française, et dont il ne reste plus que quelques feuillets dépareillés à Darmstadt, qu'en 1247, sous le règne de ce même archevêque de Mayence, Siegfried, dont le tombeau fait dans la cathédrale une si redoutable figure, un vieux astrologue, nommé Mabusius, fut condamné à la potence comme sorcier et devin, et conduit, pour y mourir, au gibet de pierre de Lorckhausen, lequel marquait la frontière de l'archevêque de Mayence, et faisait face à un autre gibet qui marquait la frontière du comté Palatin. Arrivé là, comme l'astrologue refusait le crucifix et s'obstinait à se dire prophète, le moine qui l'accompagnait lui demanda en raillant en quelle année finiraient les archevêques de Mayence. Le vieillard pria qu'on lui déliât la main droite, ce qu'on fit : puis il ramassa un clou patibulaire tombé à terre, et, après avoir rêvé un instant, il grava avec ce clou, sur la face du gibet qui regardait Mayence, ce polygramme singulier : $IV + XX + XIII$. Après quoi il se livra au bourreau, pendant que les assistants riaient de sa folie et de son énigme. Aujourd'hui, en rapprochant l'un de l'autre les trois nombres mystérieux écrits par le vieillard, on trouve ce chiffre formidable : *Quatre-vingt-treize*. V. Hugo. *Le Rhin*, t. II, p. 481.

## Révélations d'Elisabeth Canori-Mora.

Elisabeth Canori-Mora, morte en 1825, âgée de 51 ans, arriva graduellement à la perfection chrétienne. Elle supporta avec résignation les écarts de conduite de son mari, veilla tendrement sur l'éducation de ses filles. Le Seigneur se manifesta à elle et lui dit d'entrer dans le tiers-ordre des Trinitaires déchaussés. Elle subit de grandes souffrances, et fut choisie comme victime pour apaiser la justice d'En-Haut. Ses épreuves furent extraordinaires ; mais Jésus-Christ la soutint et la rendit triomphante. Grâce aux mérites de la servante de Dieu, Rome fut sauvée de l'invasion des rebelles, et le Saint-Siège ne pleura pas l'exil du Souverain Pontife. Jésus-Christ, la Sainte Vierge, plusieurs Saints lui apparaissent. Elle obtient des grâces abondantes, et délivre par ses invocations beaucoup d'âmes du Purgatoire. Elle eut le don de la pénétration des cœurs et celui de prophétie. Elle pratiqua les vertus théologales à un degré sublime, et sa charité pour le prochain fut immense. Dieu lui fit connaître les besoins et les persécutions de l'Eglise : elle s'offrit en immolation pour apaiser le courroux céleste et faire descendre sa miséricorde. La Passion du Rédempteur fut la dévotion préférée d'Elisabeth. Elle fut pleine d'amour pour l'Eucharistie. Ses vertus furent admirables, son humilité prodigieuse. Sa mort fut précieuse devant Dieu, qui a voulu la rendre illustre par des apparitions et des grâces signalées. Voici, au point de vue du surnaturel, sous lequel nous envisageons surtout ici Elisabeth Canori-Mora, ce qu'en ont écrit deux graves auteurs :

« Pendant qu'Elisabeth priait (février 1821) très-humblement le Seigneur de délivrer la *Ville sainte* de l'invasion des rebelles de Naples (qui avaient de nombreux partisans à Rome), et d'accorder une protection signalée au Souverain Pontife, au clergé de toute la chrétienté, le divin Sauveur l'assura de nouveau de cette grâce, et conclut cette promesse par ces paroles : *Vois, ô mon aimable fille, combien mon amour pour toi est grand, puisqu'il va jusqu'à condescendre à ta volonté et à tes moindres désirs ! Es-tu contente ? Veux-tu encore d'autres preuves de l'amour infini que je te porte ?*

» A ces expressions si douces, si pleines de bonté, Elisabeth, humiliée et confondue, protestait qu'elle ne voyait rien en elle qui fût digne de lui et qui pût le porter à exaucer ses prières. Elle ajouta qu'elle désirait n'avoir absolument d'autre volonté que celle de Dieu.

» Le Seigneur, agréant toujours davantage les humbles sentiments de sa servante, lui dit : *Les bons et saints désirs que ma foi, mon espérance et ma charité t'ont dictés, et que, dès l'instant de ton baptême, j'ai mis dans ton cœur par une prédilection toute particulière, unis aux vertus qu'il m'a plu de te donner, te rendent l'objet de mes complaisances.*

» Pour accomplir sa promesse et réprimer la révolte napolitaine, le Seigneur se servit de l'expédition autrichienne. Afin de mieux réussir dans leur infâme dessein, les révolutionnaires qui se trouvaient à Rome avaient déjà persuadé au Souverain-Pontife d'abandonner la ville et de se retirer momentanément à Civita-Vecchia. Elisabeth, qui avait eu révélation de tous ces complots impies, suppliait instamment le Seigneur de ne pas permettre que son vicaire sortît de Rome. Elle fit connaître à son confesseur tout ce qui s'était passé en elle, l'instruisit des machinations des ennemis de l'Eglise, et le pria d'en parler au pape Pie VII, alors assis sur la chaire de saint Pierre. Le Père Ferdinand, homme très-prudent et très-sage, lui dit de bien réfléchir avant de le porter à une semblable démarche, parce qu'une chose aussi grave ne pouvait s'exécuter sans faire parler diversement le monde et sans manifester ce qu'il était nécessaire de tenir caché. Il lui dit donc de prier beaucoup, afin que le Seigneur donnât toutes les lumières nécessaires au Saint-Père, pour qu'il se décidât de lui-même à ne pas quitter Rome.

» Elisabeth pria avec une ferveur extraordinaire son bien-aimé Jésus de vouloir lui-même avertir son Vicaire des trames ourdies contre lui, parce qu'elle n'avait aucun moyen de lui en donner connaissance. Le Seigneur exauça sa prière, et voici comment elle-même raconta la chose à son père spirituel : « Dieu daignant accueillir favorablement mes pauvres priè-
» res, donna à mon esprit une agilité telle, qu'en un instant je
» pus pénétrer dans le Quirinal et jusque dans la chambre
» où se trouvait le Pape ; je lui parlai avec toute liberté, mais
» seulement d'une manière sprituelle et par voie d'intelli-
» gence ; je lui donnai par là toute l'assurance nécessaire pour
» sa stabilité à Rome. En effet, il mit exactement en pratique
» tout ce que mon pauvre esprit lui avait suggéré ; en sorte
» que, malgré les conseils insidieux qu'il recevait, et bien que
» tout fût déjà prêt pour le départ, voir même la voiture qui
» l'attendait, il fit tout mettre de côté, et dit qu'au lieu de
» partir il voulait aller se reposer. » (*Proc. Ord. Rom.* p. 298).

» La Servante de Dieu avait connu les projets des impies contre le Souverain-Pontife Pie VII, lorsque celui-ci était encore dans l'exil ; car, en priant le Seigneur de lui accorder un heureux voyage, elle l'avait vu, par différentes fois, entouré de loups furieux, mais assisté par deux anges qui étaient toujours à ses côtés.

» Après son retour de France, et le jour de la Très-Sainte-Trinité, elle l'avait vu dans la même situation, seulement les deux anges étaient tristes et pleuraient. Leur ayant demandé le sujet de leurs larmes, ils dirent, en regardant Rome d'un air compatissant : *Malheureuse ville! Peuple ingrat! la justice de Dieu te punira...*

» Le 26 février, Elisabeth communiqua à sa fille Lucine l'ordre qu'elle avait reçu de Dieu, de visiter la basilique de Saint-Jean-de-Latran, pour deux raisons principales : la première, pour lui rendre grâce de la suspension du châtiment mérité par Rome ; la seconde, pour reprendre, au nom de tous les catholiques, possession de cette église, en vertu du droit qu'elle y avait acquis par de nombreuses et cruelles souffrances, qu'elle venait d'endurer pour le salut de tous les hommes.» (*Vie de la Servante de Dieu Elisabeth Canori Mora*. Traduction de l'italien, p. 86 et suivantes).

Le P. Calixte, dans le même volume où il expose la vie d'Anna-Maria Taïgi, aux pages 344, 345, 346, 347, consacrées avec d'autres à Elisabeth, fait les peintures qui suivent :

« Elisabeth fut aussi favorisée de fréquentes apparitions de la Reine des cieux. En 1815, le 8 décembre, fête de l'Immaculée-Conception, elle la vit descendre dans le chœur de l'église Saint-Charles, appartenant aux religieux Trinitaires. Elle était accompagnée d'une multitude d'anges, des saints fondateurs de l'Ordre et d'un grand nombre de leurs enfants spirituels. Elle témoigna une affection spéciale à trois d'entre eux encore vivants, en particulier au confesseur d'Elisabeth, et leur donna à boire une liqueur précieuse, en disant :

« Prenez, mes enfants; elle vous délivrera du danger commun. » Elle voulait parler des soldats qui logeaient alors dans le couvent. Les saints fondateurs la prièrent d'en donner aussi à Elisabeth, ce qu'elle fit. » Elle te rendra forte dans les combats, lui dit-elle, contente dans les périls, et rassurée à l'heure de la mort. » Elisabeth la pria pour ses bienfaiteurs, et le divin Enfant les ayant tous bénis, la vision disparut.

Pendant la neuvaine préparatoire à la fête de l'Assomption, saint Ignace de Loyola lui apparut et lui dit de se préparer à être couronnée par le Seigneur. En effet, Jésus la revêtit, en ce beau jour, d'un habit précieux, orné de la croix trinitaire, et lui mit sur la tête une couronne fort-riche. Il l'accompagna ensuite jusqu'au trône de la Très-Sainte-Vierge. A la fête de l'Annonciation, elle fut appelée à contempler dans le ciel toute la magnificence de la Reine des anges ; l'archange saint Michel la fit approcher jusqu'aux pieds de son auguste souveraine, qui lui posa sur la tête un précieux diadème et la présenta au Père éternel.

Dans cette vision, Elisabeth, enflammée d'amour, mais non moins remplie d'humilité, supplia la Reine du ciel de lui apprendre à correspondre fidèlement aux grâces que Dieu daignait lui faire par son entremise.

D'après ce que nous venons de dire, on comprend quelle devait être la dévotion d'Elisabeth envers Marie. Elle l'honorait surtout en se préparant à ses fêtes par des jeunes rigoureux et de ferventes prières.

Elle reçut aussi des faveurs signalées de saint Joseph, de saint Jean-Baptiste, des apôtres saint Pierre et saint Paul et de saint Ignace de Loyola. Nous devons surtout faire mention de deux apparitions qu'elle eut du Prince des Apôtres. Dans la première, il lui ordonna de faire restaurer à Albano une église dédiée en son honneur, lui assurant qu'un bienfaiteur s'offrirait à lui donner pour cela tout l'argent nécessaire.

Il lui apparut une autre fois, en 1820, le jour même de sa fête, au 29 juin, et de la manière que voici : Elisabeth priait dans une église pour les pauvres pécheurs, lorsque, étant ravie en Dieu, elle vit le ciel s'ouvrir et saint Pierre en descendre, revêtu des habits pontificaux, accompagné d'une multitude d'esprits célestes. Il tenait en main une crosse avec laquelle il traça sur la terre une grande croix. Il appuya ensuite sa crosse aux quatre extrémités de la croix, et il en sortit, au même instant, quatre arbres magnifiques qui portaient des fleurs et des fruits merveilleux ; puis l'apôtre alla ouvrir les portes de tous les pieux asiles de la prière, après quoi il remonta au ciel. Ces arbres devaient servir de lieu de refuge au petit troupeau de Jésus-Christ et préserver les chrétiens du terrible châtiment destiné à bouleverser le monde.

Elle vit alors le ciel se couvrir d'épais nuages, un vent furieux souffla sur les hommes et les animaux ; les hommes en vinrent aux mains et les impies furent exterminés par les démons, tandis que les fidèles, protégés par les purs esprits, survivaient à la catastrophe, et renaissaient à la félicité.

Après ce terrible châtiment, le ciel s'éclaircit tout à coup ; saint Pierre descendit de nouveau, tandis que saint Paul parcourait l'univers pour enchaîner les démons et les conduire aux pieds de saint Pierre, qui leur ordonna de rentrer dans l'abîme. Dès lors parut sur la terre une belle clarté qui annonça la réconciliation de Dieu avec les hommes ; les chrétiens demeurés fidèles furent conduits par les anges devant le trône de saint Pierre, et ils le remercièrent humblement de la protection qu'il avait accordée à l'Eglise de Dieu.

Le saint apôtre choisit alors le nouveau Pontife ; l'Eglise fut reconstituée, les ordres religieux rétablis, et tous les chrétiens s'enflammèrent d'une noble ardeur pour la pratique de la religion. Tel fut, en un instant, le triomphe éclatant de l'Eglise catholique. Elle était louée, estimée et vénérée de tous. Tous les dissidents se donnaient à elle et reconnaissaient le souverain Pontife pour vicaire de Jésus-Christ ».

Ces quelques pages que nous avons citées sur Elisabeth Canori-Mora accusent l'ignorance et le mauvais vouloir de nombreux chrétiens qui dédaignent le surnaturel et rejettent les prophéties. Le surnaturel, de nos jours, éclate surabondamment, et il est méconnu. Les prophéties forment un concert ininterrompu et une concordance admirable, et pourtant on semble n'avoir pas assez d'ironies contre leurs solennels avertissements. Les opposants élèvent leurs dénégations, et aux portes même du Vatican, Anna-Maria et Elisabeth ont fait des prédictions pleinement réalisées ; l'Eglise a enregistré ces faits. Quelle plus imposante peinture imaginer que celle qui précède d'Elisabeth Canori-Mora, sur la crise sociale prochaine et sur la glorification de l'Eglise, qui doit l'emporter sur l'abîme et sur les complots des méchants !

## GRANDS FAITS SURNATURELS

### DANS UN ÉLU DE LA TRÈS-SAINTE VIERGE.

C'est du R. P. de Bray que nous allons parler ; c'est son histoire que nous allons dire. Nous aurions pu, nous servant de nos renseignements personnels, écrire cette biographie si surprenante, et déclarons-le, si peu connue du plus grand nombre ; mais pour des motifs sur lesquels nous gardons aujourd'hui le silence, nous préférons prendre ce travail dans le *Supplément à la politique divine,* de M. Van Gehugten (1). Cet ami ne nous en voudra pas de lui avoir donné ici la parole :

« Marie-Frédéric de Bray naquit, vers l'an 1818, au château de Belle-Vue, près Pouvourville, petit village situé à une lieue de Toulouse. A l'âge de six ans il devint malade, et sa maladie dura sans interruption pendant trente ans. Vers le milieu de l'année 1854, cette maladie avait atteint une telle gravité que les médecins jugeaient qu'il n'y avait plus de guérison à espérer. Le 22 juillet de la même année, ils déclarèrent que le malade ne dépasserait pas les huit heures du soir. Certain jour auparavant, le jeune homme avait entendu une voix qui lui disait : Faites vœu d'aller en pèlerinage à Portioncule et je vous guérirai. Vers minuit du jour susdit, étant sur le point de rendre son âme à Dieu, il rassembla le peu de forces qui lui restaient et dit à voix brisée : « Je le promets! » Au même instant il se trouva guéri et se leva aussitôt. Sa dévotion pour la Sainte Vierge, qui avait grandi avec lui et l'avait préservé de tous les périls de la jeunesse, augmenta dès lors à un point extraordinaire. M. de Bray, accompagné de Mgr Estrade, camérier du Saint-Père et ami de la famille du jeune homme, se rendit à Rome et de là à Portioncule, près d'Assise, pour s'acquitter de son vœu. En arrivant à Assise, il se rendit chez les RR. PP. Franciscains qui s'empressèrent de lui donner une cellule dans leur couvent. Un jour qu'il se trouvait dans cet appartement, il vit tout à coup les cieux s'ouvrir et en descendre la Reine des cieux, entourée de millions et de millions d'anges. Tandis que, transporté hors de lui-même à la vue de ce spectacle, il contemplait, dans le ravissement de l'extase, la splendeur de la cité des saints, une voix lui dit : « Va à Rome, je t'y ferai ordonner prêtre. Ensuite tu entre-

---

(1) Namur, Douxfils, éditeur, in-8°, 1877.

ras dans la Compagnie de Jésus, pour apprendre à obéir ; car pour commander, il faut savoir obéir. Tu en sortiras treize ans après avoir fait tes vœux, afin de fonder ce qui ne sera pas encore fondé, et de consolider ce qui sera déjà établi. » Après ces paroles, il vit une multitude de petites croix se détacher du ciel et tomber sur ses épaules ; le nombre en était si grand qu'il succomba sous leur poids. Quelques jours après, M. de Bray allant d'Assise à Portioncule, entendit une voix qui lui disait : « Regarde le ciel, et contemple, si tu peux, les étoiles ; je te ferai, mon enfant, père d'un grand peuple : tu fonderas une œuvre qui couvrira toute la terre, et des millions d'âmes seront sauvées par elle, mais tu souffriras en proportion des âmes que tu sauveras. »

» M. de Bray alla à Rome pour y continuer ses études latines, qui avaient été fort négligées à cause de sa santé, et pour commencer en même temps ses études théologiques. Au bout de deux années d'étude, son maître disait à un des amis de M. de Bray : J'ai scrupule de lui continuer mon enseignement, car je lui vole son argent. Je ne sais pas si d'autres que moi lui donnent des leçons sur le même sujet, mais quand j'aborde une question, je suis sûr qu'il la sait d'avance. C'est inutile que nous allions plus loin ; il en sait autant que moi, sinon plus.

» Il fallait donc, pour obtempérer aux ordres de la Très-Sainte-Vierge, penser à le faire ordonner prêtre. M. de Bray s'adressa successivement à plusieurs évêques, qui tous refusèrent de l'ordonner, parce qu'il n'était pas agrégé à leur diocèse. De cette manière, il était impossible de l'ordonner prêtre à Rome, quoique la Sainte Vierge l'eût positivement commandé ! Ces difficultés désolèrent beaucoup l'aspirant à la prêtrise. Un jour qu'il était prosterné devant le Saint-Sacrement, il ne cessa de répéter ces mots : Mon Dieu, ayez pitié de moi. Au bout de trois heures passées ainsi, Notre-Seigneur apparut à M. de Bray, et lui dit : Ne crains rien, dans trois jours arrivera ici un évêque français qui doit t'ordonner prêtre. C'est ma mère qui l'envoie. Elle se charge de tout. Le jeune homme alla raconter le fait au R. P. de Villefort, son directeur, qui ne voulut pas le croire.

» Tandis que ceci se passait à Rome, Mgr P.., évêque de P......, faisait sa tournée pastorale dans son diocèse. Un jour qu'il disait son action de grâces, après la Sainte Messe, une voix sortit du tabernacle et lui dit : Pars tout de suite pour Rome, ma Mère t'y a réservé une mission. L'évêque partit sur-le-champ, croyant que le Saint-Père avait besoin de lui ; mais grande fut sa surprise, lorsque personne à Rome ne put lui dire ce qu'il y avait à faire. Le R. P. de Villefort, ayant appris que Mgr l'évêque de P....., qu'il connaissait, était arrivé à Rome, alla lui faire une visite et lui demanda, pendant la conversation, quel motif l'amenait dans la Ville éternelle. Monseigneur P.. lui répondit qu'il n'en savait rien lui-même et lui raconta ce qui lui était arrivé. En ce moment, le Père de Villefort comprit tout, et apprit à l'évêque ce qu'il avait à faire à Rome. Le lendemain, M. de Bray fut introduit auprès de Mgr P.., qui l'embrassa tendrement, et lui dit : « Comment, c'est vous qui faites avoir des révélations à un évêque ! » Il lui accorda huit jours pour se préparer à l'ordination. Dans cet intervalle, M. de Bray eut une tentation furieuse à soutenir de la part de Satan, qui, prévoyant sans doute à quel adversaire il allait avoir à faire, lui suggéra de renoncer à l'état ecclésiastique, et de rester dans le monde. Il en parla à son directeur, qui essaya en vain de lui faire entendre raison. Ceci n'était qu'une tentation, mais M. de Bray ne le croyait pas. Le R. P. de Villefort, très-désolé de cet incident inattendu, pria son pénitent de venir faire une heure d'adoration avec lui devant le Très-Saint-Sacrement. Le jeune homme y consentit, et, au sortir de cette adoration, son cœur était changé et la tentation vaincue. Le surlendemain, il reçut la tonsure, et trois semaines après (le 17 fév. 1856), il fut ordonné prêtre après avoir reçu les ordres mineurs dans l'intervalle. Le soir du même jour, le R. P. Beckx le reçut dans la Compagnie de Jésus; mais, pour certaines raisons, il l'envoya passer une année dans sa famille. A la fin de l'année 1857, M. de Bray entra dans le noviciat de la Compagnie à Toulouse, et il resta dans cette ville jusqu'à sa sortie de la Compagnie, en 1872. Il avait fait ses premiers vœux, le 23 janvier 1860.

» Une fois entré dans la Compagnie, le R. P. de Bray s'appliqua avec ferveur à l'observance exacte de la règle ; il prit à cœur de devenir aussi humble, aussi simple et aussi soumis qu'un enfant: l'humilité, à laquelle il joignait une dévotion ardente à la Sainte-Vierge, était surtout sa vertu dominante. Mais le plus puissant moyen de sanctification pour cette âme devait venir des contradictions et des défiances de ses supérieurs et de ses confrères, à cause des faveurs extraordinaires dont il fut comblé, au sujet de l'érection de l'Archiconfrérie de Notre-Dame des Anges, dont nous allons dire un mot. Le 16 juin 1863, tandis que le R. P. de Bray disait la Sainte Messe, la Sainte Hostie devint d'un rouge de sang, après la Consécration, et le Saint Sang bouillonnait dans le calice. Ensuite, le Seigneur, s'étant montré au Révérend Père, lui dit: « Mon fils, je veux que tu établisses une Congrégation sous le vocable de Notre-Dame des Anges; tu la répandras dans tout l'Univers, et si on te demande qui t'en a donné l'ordre, tu diras : C'est le Seigneur Jésus-Christ. Adresse-toi à mon vicaire sur la terre. L'ingratitude des hommes est immense, leurs crimes couvrent toute la terre, et le sang des justes mis à mort pour mon nom crie vengeance ; leurs gémissements sont montés jusqu'à mon trône. D'un autre côté, la voix de la prière s'échappe des monastères d'hommes et de vierges, qui me sont consacrés, et monte vers le trône de mon Père comme un grand fleuve, et crie miséricorde. Prêtez l'oreille, mon fils, entendez-vous la prière des exilés et les soupirs de mes serviteurs qui sont tombés sous le glaive des persécuteurs (1). » Le Révérend Père ayant prêté l'oreille, entendit le bruit comme d'un torrent dévastateur rapide qui perce ses digues, et renverse dans sa course vagabonde tout ce qui s'oppose à sa furie (2). » La Sainte-Vierge, qui s'était tenue pendant ce temps à côté de l'autel, prit la parole et dit : « Mon fils, je suis la Mère de Jésus ; écoute ma voix : je veux que tu établisses cette Congrégation de Notre-Dame des Anges. Dis au pasteur de Pouvourville, mon serviteur : Allez trouver l'archevêque de Toulouse et demandez-lui d'établir cette œuvre dans sa paroisse. Aujourd'hui, c'est encore un grain de sénevé, demain ce sera un grand arbre, sous les branches duquel les oiseaux du ciel viendront se reposer. Aujourd'hui, c'est une source d'eau pure ; demain, ce sera un fleuve qui roulera majestueusement ses eaux à travers le temps. Ses ondes bienfaisantes couvriront la surface de la terre, et les âmes, comme des cerfs altérés, viendront s'y rafraîchir et s'y purifier de la philosophie moderne. Des millions d'âmes seront sauvées par cette œuvre. Voici, mon fils, tous ces enfants qui me viendront un jour de l'Orient et de l'Occident. Des chrétiens me persécuteront dans cette œuvre. Ils la fouleront aux pieds comme

---

(1) Quoique ces derniers passages soient présentés, l'un comme présent et l'autre comme passé, ils sont cependant à venir.

(2) Cette dernière figure est l'image prophétique de la révolution générale.

des plantes parasites, que le jardinier arrache de son jardin comme une herbe inutile. Toi aussi, ils te traiteront de fou, d'ignorant, à cause de mon œuvre ; mais ne crains rien, je serai avec toi, je ne t'abandonnerai jamais. Les hommes pervers se lèveront aussi contre mon œuvre et contre toi, comme les vagues de la mer soulevées par l'orage. Mais, pourquoi craindre, je suis ta mère, ta bonne mère. L'Eglise, la divine épouse de mon Fils, est ballottée de tous côtés par l'ouragan ; j'en souffre, mon enfant. Priez et faites prier pour son triomphe et pour le triomphe du vieillard qui est assis sur la chaire de Pierre. Cette Eglise triomphera : je l'exalterai autant qu'elle sera humiliée, et ses triomphes surpasseront ses défaites, et sa gloire ne trouvera pas d'égale. Tous les rois de la terre se sont faits apostats, et ils se sont levés contre le Christ et contre son vicaire. Tous les puissants de ce monde se sont faits esclaves de Satan et se sont consacrés à lui. Je veux que tu établisses cette Confrérie pour que les Anges viennent au secours de l'Eglise et confondent l'orgueil des superbes, l'insolence des méchants, et chassent ces légions d'âmes rebelles (*de démons*) qui couvrent toute la surface de la terre. Cette Congrégation a pour but de m'honorer comme Reine des Anges, afin d'obtenir, par mon puissant secours, le triomphe de l'Eglise sur la terre, mais particulièrement en France, ainsi que la conversion des impies, des pécheurs et des infidèles. Maintenant, mon enfant, marche dans la voie de mes commandements ; ne crains rien, je suis avec toi, je ne t'abandonnerai jamais (1). »

(1) Cette Congrégation, qui d'abord avait été agrégée à la *Prima primaria* de Rome, fut en 1871 érigée, par Pie IX, en Archiconfrérie dont le R. P. de Bray devint le directeur général, avec le consentement de ses supérieurs et de Mgr Desprez, archevêque de Toulouse. Aujourd'hui, cette direction lui est ôtée par la malveillance de certaines personnes.

» Tandis que le R. P. de Bray contemplait ce spectacle céleste, la Providence voulut qu'un prêtre du diocèse de Rhodez fut témoin de son admirable extase. Etant entré dans l'église du Gésu à Toulouse, tandis que le R. P. de Bray eut cette révélation, il leva les yeux pendant la consécration, et vit le Père enlevé du sol par l'hostie qui brillait de l'éclat du soleil. Jusqu'à la fin de la messe, il ne toucha pas la terre; et lorsqu'il donna la Sainte Communion aux fidèles, il ressemblait plutôt à un ange qu'à un homme, et au lieu de donner une hostie aux communiants, il leur donna un enfant d'une beauté merveilleuse. Quelque temps après, en rapportant cette vision à Mgr Delalle, son évêque, il disait : J'ai donc vu un homme revêtu du soleil.

» Les deux jours suivants, le R. P. de Bray eut encore la faveur de voir, à la Consécration, le divin Sauveur qui lui dit : « Mon fils, je suis Jésus que les hommes et les puissants de la terre persécutent dans son Vicaire. Travaille sans relâche et avec courage à l'œuvre que je t'ai confiée. Regarde autour de toi, les champs jaunissent de toutes parts, les épis sont abondants, la moisson est mûre, mais où sont les ouvriers ? Les hommes pervers se réunissent en troupes ; ils veulent la recueillir, et la serrer dans l'arsenal de Satan. Ils ont semé de l'ivraie dans mon champ ; arrache-la avec l'aide de ma Mère, sauve les âmes pour la vie éternelle. Obéis et ne crains rien. Tu seras attaché à la croix avec ton Sauveur. Tu seras traité comme un vil scélérat, comme un fou, comme un insensé à la suite de ton Maître. J'ai été soufflé, flagellé pour ton salut ; pourquoi ne le serais-tu pas pour l'œuvre de ma Mère. Pourquoi es-tu si craintif ? Tu trembles comme un enfant. Un jour, ton œuvre triomphera ; quand tu auras été sous le pressoir de la croix, tu seras victorieux de tes ennemis. Adresse-toi à mon Vicaire. »

» Le 11 novembre de la même année, le Révérend Père célébrant les saints Mystères dans l'église du Gésu, vit toute la surface de la terre se développer à sa vue; et des vallées, des hautes montagnes de l'Himalaya de l'antique Asie, comme de celles des Andes de l'Amérique du Sud, il vit sortir des troupes nombreuses de peuples, allant déposer leurs hommages et leurs richesses aux pieds de la Reine immaculée des Anges, dans la basilique qu'on doit élever à sa gloire *(à Fontet)* (1).

» Ce ne sont pas les seules faveurs que la Sainte Vierge a accordées à son favori; mais il est arrivé plusieurs fois qu'Elle l'a transporté à distance, pour assister des malades. Nous ne citerons qu'un seul exemple de cette bilocation, qui n'a été accordée que très-rarement à quelques saints.

» Au commencement de juin 1872, M. et M<sup>me</sup> Murray se rendaient à Lourdes, pour y demander à la Vierge Immaculée la guérison de leur dernière et unique enfant: Miss Isabelle, âgée de 19 ans, était condamnée par les médecins à une mort imminente, comme l'avaient été ses frères et ses sœurs avant elle. Arrivés à Agen, l'état de la malade s'était aggravé au point qu'il fallait suspendre le voyage, et songer à faire administrer à la malade les sacrements des mourants. L'enfant

(1) A la fête de la Portioncule de l'année 1866, le R. P. de Bray célébrait la Sainte Messe à l'église paroissiale de Pouvourville, lorsqu'il vit dans une vision, un temple magnifique. Il lui fut dit que c'était la future basilique de Notre-Dame des Anges. Le 2 octobre de la même année, il en vit la consécration. Cette fois-là, elle parut revêtue du soleil, parce que la Sainte-Vierge elle-même en était la lumière. Tandis que lui-même, ravi en extase à plusieurs pieds du sol, célébrait les saints Mystères à l'intérieur, quinze évêques bénissaient à l'extérieur la foule au son des cloches et des canons. Cette basilique a été aussi montrée à Berguille avec son magnifique maître-autel et ses douze autels latéraux.

voyait venir la mort sans terreur et se recommandait avec amour à Notre-Dame des Anges. C'était le 12 juin. Les parents envoyèrent donc un domestique chercher un prêtre, pour administrer les derniers Sacrements à leur enfant ; mais par une disposition providentielle, il alla s'amuser dans un café au lieu de s'acquitter de sa commission. Pendant que cette famille se trouvait dans la douleur, le R. P. de Bray éprouvait dans sa cellule une peine si vive, qu'il répandait des larmes abondantes et qu'il demandait au Seigneur force, courage et patience. A ce moment, la Sainte-Vierge lui apparut et lui dit : J'ai une jeune fille, qui m'honore comme Reine des Anges, bien malade à Agen, pars et va glorifier mon nom. Le Révérend Père lui demanda ce qu'il fallait faire pour celà. La Sainte-Vierge lui répondit : Va lui porter les derniers sacrements. A l'instant, le R. P. de Bray se trouvait dans la chambre de la moribonde à laquelle il administra le Saint-Viatique et l'Extrême-Onction, qu'un ange lui avait apportés. Après l'administration des Sacrements, le Révérend Père sortit de la chambre, avec l'ange qui lui avait servi de clerc. A peine avait-il fait quelques pas, que la Sainte-Vierge lui apparut de nouveau et lui dit : Tu es mon ambassadeur sur cette terre, mon enfant. Rentre dans la chambre de la malade, que tu rappelleras en mon nom de la mort à la vie, car cette jeune fille m'a toujours invoqué avec amour et confiance. Retourne donc vers elle et dis-lui : Je suis le P. de Bray, ambassadeur de Notre-Dame des Anges et son envoyé sur cette terre. Au nom de la Souveraine des Anges, levez-vous et marchez ! Soyez guérie ! Le bon Père fit ce qui lui avait été commandé, et à l'instant la jeune fille fut guérie. Un grand-vicaire de l'archevêché de Toulouse, ayant sommé le R. P. de Bray de dire si le fait était vrai, celui-ci répondit qu'à l'heure de la mort il ne pourrait pas dire autrement.

★★

» Pendant plusieurs années, bien que le R. P. de Bray fût favorisé de visions, on ne remarqua rien de ces faveurs extraordinaires, si ce n'est cette humilité, qui fait comme le fond de sa nature, jointe à une dévotion ardente à la Très-Sainte Vierge. Il passait pour avoir des talents ordinaires et pour n'avoir fait que des études incomplètes. On ne tenait pas compte des connaissances infuses et des lumières surnaturelles, qui lui avaient été départies par la Sainte-Vierge, et dont personne n'était instruit que son confesseur et ses supérieurs. On ne le croyait pas capable de visions et de révélations divines ; on l'aurait plutôt cru dupe des rêves de son imagination ou des illusions du démon.

« Comme il lui avait été prédit par figures, dans la vision qu'il eut à Portioncule, et par paroles dans celle dont il fut favorisé le 16 juin 1863, dans l'église du Gésu à Toulouse, les souffrances morales et physiques ne tardèrent pas à l'accabler, et elles font d'autant plus d'effet que le Révérend Père est d'une sensibilité extraordinaire. Il est comme attaché à la croix, écrasé sous la pression de la maladie, de la persécution, de la calomnie. Les dernières années qu'il passa dans la Compagnie ont été pour lui une agonie continuelle. Privé de santé, accablé de douleurs qui déconcertent les médecins, il était le plus souvent réduit à l'impuissance d'agir ; de sorte qu'il ne pouvait ni prêcher, ni confesser, ni écrire, étant confiné dans sa chambre et cloué sur son lit. En même temps il voyait, avec un serrement de cœur indicible, tout ce que l'on faisait pour miner sourdement l'œuvre de Notre-Dame des Anges, pour la rendre suspecte et pour la faire tomber ; car on le croyait dans l'illusion. L'excès de la douleur s'exhale quelquefois dans la correspondance du Révérend Père. Dans une lettre datée du 22 septembre 1871, il dit : Je souffre à mourir, soit dans mon cœur, soit dans mon âme, soit dans mon corps.

Le bon Dieu m'éprouve, les hommes me persécutent et les démons me tourmentent de toutes manières. Plus je vis, plus les croix deviennent lourdes et pesantes : tout mon être est brisé et dévasté comme une vigne que la grêle a ravagée. Dans une autre lettre, du mois de juin 1872, il dit encore à ce sujet : Les douleurs de la passion prédite vont toujours en s'élargissant de plus en plus ; elles me font mourir petit à petit, et m'enlèvent la vie goutte à goutte. Dans une autre lettre de la même époque, il s'exprime ainsi : « La souffrance est ma vie, elle semble être l'huile qui alimente mon existence, et lorsque la main de Dieu me fait le plus souffrir, il s'élève dans mon être des angoisses indicibles, dans ma chair et mes os des maladies mystérieuses qui font dire aux médecins : Il n'y a rien à y faire.

» Cet état, naturellement inexplicable, n'a jamais complètement cessé, quoique la santé du Révérend Père se soit notablement améliorée depuis. On dirait que le divin Sauveur le fait participer à son calice d'agonie, à l'exemple de toutes les victimes expiatoires qui souffrent en sacrifice pour la réparation des péchés du monde (1). Mais si les douleurs qu'il endure sont accablantes, les consolations que la Providence lui ménage pour l'encourager, dans cette voie pénible, ne lui manquent pas non plus. A l'automne de l'année 1871, le bon Père, à genoux devant la statue de la Sainte-Vierge, se plaignait amoureusement à Elle des maux qu'il endurait : C'est bien triste, disait-il, d'avoir une mère dans le ciel et de ne pas en recevoir des consolations dans une si grande douleur. Sou-

(1) C'est bien là la cause des souffrances du R. P. de Bray. Le 22 mai 1875, Berguille, tenant en mains sa photographie, s'écria en extase : « O pauvre victime ! O quelle humilité ! Faites-les cesser (ces souffrances), je vous en prie. »

dain Marie lui apparut et lui dit d'un air de reproche, mais avec une bonté ravissante : Allons, tu es un enfant gâté, et en même temps Elle lui sourit comme une mère. Une autre fois, étant dans une désolation inexprimable : Ah! dit-il, si un serviteur pleurait ainsi devant son maître, celui-ci en serait certainement attendri, et moi, votre serviteur, je pleure si amèrement devant vous, et vous n'avez pas pitié de moi. A peine avait-il prononcé ces mots que la Sainte-Vierge lui apparut, essuya ses larmes et lui donna une petite tape sur la joue, comme le fait une mère à son enfant mutin. Le 9 mai 1872, le pauvre Père, étant depuis plus d'un mois privé du bonheur de pouvoir célébrer la Sainte-Messe et même de communier, revint à sa chambre de la messe qu'il avait entendue ; il se jeta aux pieds de son crucifix et pleura de la privation de la Sainte-Communion, quand tout à coup il vit le ciel ouvert et Marie, entourée d'une multitude innombrable d'anges, qui, sur l'ordre de leur Reine, lui apportaient la Sainte-Communion. Un vendredi d'avril de l'année 1872, Notre-Seigneur lui apparut sous la figure de l'Ecce-Homo et lui dit : Pauvre enfant, les douleurs de ta passion ne sont pas encore finies ; mais courage et confiance! les beaux jours de la résurrection viendront, et ton cœur sera dans la joie.

» Toutes ses faveurs n'altèrent en rien l'humilité du bon Père qui est d'une simplicité d'enfant. Il ne croit pas avoir mérité cette bienveillance de la Sainte Vierge ; au contraire, il s'en croit et il s'en dit indigne, mais il se laisse aimer par Elle comme l'enfant qui se laisse caresser par sa mère et qui ne s'en étonne, ni ne s'en enorgueillit pas.

» On a été porté à mettre en doute les révélations et les miracles du R. P. de Bray, parce qu'il lui est arrivé de temps en temps de faire des plaintes contre ses détracteurs ; mais jamais il n'a connu l'aversion ni la rancune contre ceux qui l'ont blâmé ou qui ont persécuté son œuvre, mais il leur a toujours pardonné de bon cœur. Il est bon de se rappeler, pour ne pas tomber dans l'erreur, que les faveurs gratuites, telles que visions, prophéties et miracles, ne supposent pas toujours la sainteté dans ceux qui les reçoivent ; par conséquent, l'absence de sainteté dans le R. P. de Bray ne serait pas du tout un argument contre la réalité de ses visions. De plus, il ne faut pas oublier que ceux qui sont extraordinairement favorisés du Ciel ont besoin aussi plus que d'autres d'humiliations extérieures et intérieures, pour ne pas être portés à s'enorgueillir des dons de Dieu.

» La position du R. P. de Bray n'étant plus tenable dans la Compagnie, et, de plus, les treize ans qu'il devait y passer après ses premiers vœux étant expirés, il demanda son exéat au R. P. Beckx, général de la Compagnie, ce qu'il obtint au mois de novembre 1872. Depuis ce temps, il vit comme aumônier dans un château du département des Landes (1). »

Nous omettons ici un alinéa ; il y s'agit des destinées futures du R. P. de Bray, question qui a soulevé tant de dénégations. Nous voulons éviter les questions irritantes, et laisser à la Providence trop blasphémée le soin de conduire et de réaliser ses volontés adorables. Nous avons exposé une succession de grands prodiges, contre lesquels nul ne s'inscrira en faux ; nous n'allons pas au-delà.

---

(1) Voir, pour ces détails, l'article : *Notice sur l'Archiconfrérie de Notre-Dame des Anges*, publié par le *Rosier de Marie* dans le courant de ces dernières années.

# LOUISE LATEAU, BERGUILLE, MARIE-JULIE

Le lecteur s'est déjà demandé si ce livre ne contiendrait pas quelques pages relativement aux trois extatiques connues de l'Europe entière, celle de Bois-d'Haine, en Belgique, celle de Fontet et celle de la Fraudais, près Blain.

A le vouloir, nous serions pleins de discours, comme parle Job, sur ces trois extatiques, dont deux, Louise Lateau et Marie-Julie, ont reçu les sacrés stigmates. Nous ne devancerons pas l'heure prochaine où sera publiée la vie de Louise Lateau, par le R. P. Séraphin, passioniste, nommé commissaire spécial pour l'examen des faits surnaturels de Bois-d'Haine, par Monseigneur l'évêque de Tournay, et qui a été en possession de tous les renseignements concernant l'extatique. Le P. Séraphin vient de mourir à Rome, plein de jours et de bonnes œuvres, et nous savons que jusqu'à ses derniers moments, il a travaillé à la vie de Louise Lateau. Depuis qu'il s'était retiré à Rome, une lettre hebdomadaire de M. le curé de Bois-d'Haine lui apportait la relation de l'extase de chaque vendredi. L'ouvrage de ce docte religieux paraîtra après la mort de Louise Lateau. Cette mort ne paraît pas éloignée, car la stigmatisée, qui depuis un certain temps est tout à fait alitée, reste dans une extase continuelle, tourmentée par la souffrance et achevant son existence de sacrifice et d'expiation. M. le curé et quelques personnes autorisées par Monseigneur de Tournay sont seules admises auprès de Louise, qui ne peut guère tarder à s'envoler parmi les anges dont elle a été la sœur ici-bas.

Quant à Berguille, les rigueurs qui écartent les visiteurs de sa chaumière, le vendredi, existent toujours. Les extases ne sont plus recueillies comme autrefois ; mais elles se reproduisent régulièrement chaque vendredi, comme dans les temps où les visiteurs pouvaient en être témoins. Que de grâces qui se perdent, dira-t-on ! Sans doute, mais il faut considérer que tout devant servir dans le ménage de la Providence, rien ne se perd absolument dans la demeure champêtre fermée. La voyante y souffre, y prie, sans se plaindre, sans se départir de son humilité primitive. La Mère de Dieu la visite, lui parle et Jésus-Christ continue à lui manifester ses instances pour que les bons recourent à l'invocation ; pour que les tièdes se raniment ; pour que les pécheurs se convertissent. Comme il y a deux ans, N. S. annonce, à Fontet, les rigueurs de sa justice prêtes à éclater ; mais il fait luire aussi les rayons de cette espérance, qui nous garantit des temps fortunés et une félicité prodigieuse sur la terre, sous la protection de la foi catholique redevenue florissante.

Notre-Dame-des-Anges veut toujours que sa basilique s'élève magnifiquement aux lieux où le dessein lumineux s'est une fois montré et où resplendirent ses majestueuses proportions.

Sans murmures, sans plaintes directes, acceptant ce que Dieu permet, nous consacrons aujourd'hui ces lignes à la continuation des faits surnaturels de Fontet, et nous attendons avec patience, mais avec foi, que le ciel glorifie lui-même sa pieuse Servante et qu'il récompense notre persévérance et notre résignation.

Au nom de La Fraudais, des souvenirs pénibles nous assaillent, car nous aussi, nous avons ressenti les traits d'une opposition que nous préférons laisser livrée à ses remords que de la citer au tribunal de la raison et de l'incorruptible vérité. Nous ne soulèverons donc pas le voile qui cache au public des choses mystérieuses que l'équité réprouve. L'avenir est à

Dieu, et nous laissons à l'infaillible sagesse de Celui qui est la lumière et la vertu dans sa source, le soin de tout conduire comme il lui plaît. Si le temps de parler publiquement arrive pour nous, nous le ferons avec le calme d'une bonne conscience, et dans l'unique volonté de concourir à l'accomplissement des célestes volontés.

Ce que nous ne saurions nous empêcher de faire, c'est de rendre hommage à la Victime de La Fraudais, sur les vertus et les privilèges de laquelle nous réservons absolument, cela est de rigueur, les décisions de l'Eglise, mais chez laquelle la pénétration de notre âme et toute l'application de notre esprit nous présentent une victime choisie du Sauveur Jésus pour l'expiation des crimes de la société, comme aussi une voix bénie qui annonce de divins oracles et prononce de séraphiques aspirations.

Point de récriminations ici non plus, mais seulement l'énonciation de ce qui émeut si profondément les personnes désireuses d'assister aux extases hebdomadaires de La Fraudais. Ni prêtres ni laïques ne se rendent dans l'humble demeure où Dieu visite sa Servante, sans y verser des larmes d'attendrissement, et sans s'écrier en sortant : Le doigt du Très-haut est ici. Nos lecteurs savent que Marie-Julie a reçu de Notre-Seigneur la stigmation complète, même la plaie de l'épaule gauche, sur laquelle le Sauveur porta la croix. Pour les renseignements omis ici, voir le *Dernier mot des Prophéties*, la partie qui a précédé celle-ci.

Possesseur d'un certain nombre de pages où Marie-Julie a exhalé son amour pour la Croix, pour le Sacrement de nos autels, pour les amabilités de la foi en général, nous nous attachons uniquement à donner ces effusions, tour à tour solennelles et suaves et qui pénètrent le cœur de sentiments délicieux. Les visiteurs de la Fraudais sont unanimes pour déclarer que l'accent de la voyante donne à ces paroles une onction qui en double l'effet sur les auditeurs ; mais dépourvues même de ce prestige, les élévations, les prières de Marie-Julie ne laissent personne d'insensible et elles ravissent les fidèles amis de Jésus-Christ.

Le jour où seront publiées les extases de la stigmatisée de la Fraudais, le monde religieux sera ému, et un aliment plein d'une vertu évangélique sera donné aux âmes attachées à la piété. Il n'y a pas seulement là le charme de l'amour divin, mais encore une poésie puisée au delà des limites de ce monde et dont on ne trouve d'exemples que chez les élus les plus aimés de la Grâce.

Un des princes de la science médicale, pour voir s'il pourrait expliquer par les lois de son art l'état de Marie-Julie, est allé voir l'extatique, et il est revenu pleinement convaincu que le cachet surnaturel existe sur les manifestations de la Fraudais. Le rapport de ce docteur éminent n'a pas encore été publié, mais nous savons qu'il est des plus affirmatifs.

Voici donc quelques unes des pages que nous avons dans les mains :

PRIÈRE AVANT UNE COMMUNION SURNATURELLE.

« Mon tendre époux vient accompagné des anges. Il vient par le chemin des épines. Je vous adore, ô mon Dieu ! Mon cœur ouvre-toi pour recevoir celui que le ciel et la terre ne peuvent contenir. Il vient dans mon cœur ! Quand vous y serez ô mon bien-aimé, je mourrai d'amour. Je vais avec vous jouir du bonheur d'une céleste union. Il se donne à moi, mon Jésus, à moi vile créature de la terre, pâture des vers, instrument de péché. O pécheresse que je suis ! L'enfer était trop peu pour moi ! Seigneur, comment pouvez-vous vous abaisser ainsi ? Le divin

Maître me sourit. Je m'endormirai dans son amour. Je me reposerai sur le cœur de ma mère. Il se donne à moi celui que les anges adorent ! Je ne vis plus ; l'amour m'emporte vers lui. Mon tendre époux me dit : Oh! reste, cœur que j'ai préparé ; c'est moi qui accours à toi, et toi tu iras ensuite aux pieds du crucifix. O mon Jésus, moi j'irai à mon tour à vous tous les jours où vous ne viendrez pas. »

L'extatique ouvre alors trois fois la bouche, baise son crucifix, pose la vraie croix sur tous ses sens, reste quelques minutes immobile, puis ouvre une quatrième fois la bouche. On allume deux cierges placés sur une table près de son lit. Elle commence alors son acte de contriction. » Mon cœur est brisé de regrets et de douleur de vous avoir tant offensé. Je vois la bassesse de mon être. Il est déchiré par le péché. O mon amour crucifié, puissé-je par mes larmes et mes gémissements obtenir mon pardon. Oh ! plutôt mille fois mourir que de vous offenser encore. Plutôt expirer de quelque manière que vous voudrez que de vous déplaire. O mon amour crucifie, vous m'avez pardonné. Il me fait voir qu'il ne reste pas de tâche sur mon âme. Il l'a purifiée, il a étendu sur elle le voile blanc de son amour. Marie a enlevé toute crainte ; je m'abaisse, je m'humilie.

« O terre, dis-moi, suis-je digne que tu me portes ! Mes péchés ont été si grands ! Comment ne t'es-tu pas entr'ouverte pour m'engloutir, quand je marchais sur ta surface ? Il n'y a pas une plus grande pécheresse que moi ! Ah ! je ne trouve pas d'humiliation assez grande pour y recourir. Quand permettrez-vous, mon Dieu, que la terre se creuse pour me donner un tombeau ; pour me cacher ; pour que du matin au soir je me tienne la face collée au sol et que je ne regarde jamais le ciel ; car mes yeux ont péché. O terre ! pardon ! pardon ! pardon ! O vous, mes amis, pardonnez-moi aussi, je pleure et je gémis.

Dites-moi, ô mon Jésus, jusqu'à quel point il faut que je m'abaisse, moi misère et péché. »

Après l'acte de contrition, Marie-Julie reste quelques moments en silence. Les assistants ressentent une profonde émotion. L'extatique alors ouvre la bouche et baise sa vraie croix, elle soupire, se soulève, demande de l'eau bénite : ses yeux jusqu'alors fermés s'ouvrent et semblent contempler un spectacle qui la ravit, elle fait un grand signe de croix. Le curé de S... récite d'une voix émue le *Confiteor*. Marie-Julie se frappe trois fois la poitrine, étend les bras pour recevoir son Dieu et ouvre la bouche. Nous voyons tous sur sa langue une hostie blanche un peu plus grande que les hosties ordinaires. Marie-Julie ferme sa bouche et l'ouvre à deux reprises différentes ; à chaque fois nous voyons l'hostie. Elle communie et reste dans un grand recueillement. Ses traits sont comme illuminés par une joie céleste. Puis elle baise sa vraie croix et son crucifix, les pose sur son cœur, croise les bras et dit : *Et verbum caro factum est.*

### Action de graces après la communion.

« Mon bien-aimé Jésus, je vous adore et je vous aime de tout mon cœur. Il est à moi celui que les anges adorent; il est venu dans mon cœur, je le possède, ce riche trésor, mon amour ! Je ne vis plus ; je suis morte : mon époux vit en moi tout entier. L'amour arrête les mouvements de mon cœur. A peine ai-je reçu son corps adorable et son sang précieux qu'ils se perdent en moi comme une rosée. Il est venu par le chemin des grâces ; il est venu accompagné des saints anges et de Marie immaculée. Saints Anges et vous Marie, vous êtes témoins de ma félicité. Il se passe en moi des choses que je ne pourrai jamais redire à la terre. Mon bien-aimé a fait de mon cœur comme un trône que Marie a préparé pour le recevoir. O ma douce mère, il est à moi Jésus, votre divin fils ! Il est mon époux. Esprits célestes, vous êtes jaloux de mon partage. Le ciel est en moi-même ; je n'ai plus d'intelligence, tout en moi est amour ! Il n'y a rien d'humain en moi : un brasier divin me pénètre tout entière. L'amour m'enveloppe comme un manteau. Pars, mon cœur, pars vers la patrie de là-haut.

» O sacré cœur de Jésus, soyez notre espérance. Faites germer et fleurir cette fleur pour la France.

» O sacré cœur de Jésus, donnez à nos âmes le bonheur de croire que c'est vous-même et non les hommes qui nous sauverez. Faites germer et fleurir cette fleur pour la France.

» O sacré cœur de Jésus, donnez pour le Souverain-Pontife la foi qui fortifie, l'espérance qui console. Faites germer et fleurir cette fleur pour la France.

» O sacré cœur de Jésus, secourez l'Eglise qui gémit et qui pleure de votre absence. Faites germer et fleurir cette fleur pour la France.

» O sacré cœur de Jésus, par vous la France si coupable va être relevée. Faites germer et fleurir cette fleur pour la France.

» O sacré cœur de Jésus, qui allez bientôt faire éclater une si grande victoire, je vous vois vous envoler vers notre Père commun pour lui annoncer cette belle victoire. Faites germer et fleurir cette fleur pour la France.

» O sacré cœur de Jésus, contre lequel les impies blasphèment, montrez-leur votre puissance. Faites germer et fleurir cette fleur pour la France.

» O sacré cœur de Jésus, en vous les évêques et les prêtres espèrent ; ils vous ont consacré leurs diocèses et leurs paroisses. Faites germer et fleurir cette fleur pour la France.

» O sacré cœur de Jésus, qui allez bientôt rendre sa grandeur à notre France et qui lui accorderez un zélé Serviteur, pour faire aimer la vertu, la piété, la religion. Faites germer et fleurir cette fleur pour la France.

» O sacré cœur de Jésus, en qui le saint Pontife espère..... les mains jointes.... au pied de son crucifix, où son cœur est posé sur le vôtre. Venez vite et portez-lui ce baume salutaire pour guérir ses maux et ceux de la sainte Eglise, notre Mère. Faites germer et fleurir cette fleur pour la France.

» O sacré cœur de Jésus, vous dites : Patience ; je vous apporterai la victoire et la paix ; je vous sauverai ; mais priez, priez beaucoup, priez toujours. Faites germer et fleurir cette fleur pour la France.

» Prions, adorons ce cœur aimant. Prions Marie immaculée qu'elle supplie Jésus de nous relever ; de nous accorder cette fleur bénie, gage de félicité, laquelle ne se flétrira plus jusqu'aux siècles des siècles. Attendons l'heure mille fois bénie de notre délivrance.

» Jésus nourrira mon âme de sa parole. Mon sein est une fournaise d'affection. Je nage au sein des plus pures délices. Je goûte la paix des anges. Je cours à l'odeur des parfums de mon Sauveur. O pécheurs de la terre, venez donc partager mon bonheur. Convertissez-vous. C'est vous, mon Dieu, qui me liez avec les chaînes de votre tendresse, et qui me dites : Lève-toi, tout est prêt pour célébrer notre union dans l'éternel banquet. »

### Cantique.

» Mon doux Jésus appelle sa colombe. Elle entend sa voix ; elle suit son bien-aimé.

» Blanche colombe, tu te caches dans les fleurs de la terre ; mais bientôt sur les pas de ton bien-aimé, tu cueilleras des fleurs au ciel.

» Colombe du Seigneur, tu attendras encore ton bien-aimé ici-bas, mais bientôt tu seras unie à lui dans la cité des anges.

» Laissez-moi m'approcher de celui que j'aime ; je recevrai de ses mains la couronne qui ne se flétrit jamais.

» C'est Marie, ma bienheureuse Mère qui vient couper le dernier lien qui m'attache à cette vie, et qui m'ouvre les portes du Paradis où je dois m'envoler.

» Qu'il me tarde de m'élancer vers le séjour de la paix pour y chanter sans fin avec les purs esprits !

» Je me reposerai là-haut auprès de la Mère de mon Dieu, après mon pèlerinage de la terre.

» Heureux jour qui sera le dernier, je quitterai la terre, la lumière d'ici-bas, pour les clartés inaltérables de là-haut.

» Les chœurs angéliques s'avancent pour te recevoir, blanche Colombe ; prends la croix et monte au séjour du bonheur sans fin. »

### Prière

*Révélée dans l'extase du 7 mars 1878, fête de saint Thomas d'Aquin, un des directeurs du ciel de Marie-Julie, et qui lui apprend l'amour du Très-Saint-Sacrement.*

« O très-doux et très-aimable Jésus, c'est au pied de cet autel que s'exhalent les parfums de l'adorable hostie, du Très-Saint Sacrement. Je tomberai au pied de l'autel et je donnerai un baiser à mon cher crucifix. O mon Sauveur, c'est votre amour qui compose cette prière dont l'encens monte vers l'auguste Trinité. C'est sous le voile eucharistique que sont cachées la paix et la consolation pour toute la famille de la terre.

» Je tomberai toute émue d'amour au pied de l'autel du Très-Saint Sacrement, et je donnerai le dernier baiser de mes lèvres expirantes à mon cher crucifix.

» O adorable et très-doux Jésus, c'est ici que découlent la douceur et les aromes célestes pour embaumer et enivrer les cœurs de vos enfants. C'est en ce tabernacle béni que résident le pouvoir, la puissance, la bonté, la clémence, la charité de notre Dieu.

» Je tomberai de bonheur au pied de l'autel de l'Eucharistie, et je donnerai à mon cher crucifix, le baiser de mon âme expirante de joie de posséder Jésus. O Jésus, trésor des chrétiens, source inépuisable de richesses morales, vous n'avez point emprunté aux lys et aux roses les parfums dont vous embaumez les cœurs qui vous visitent avec respect et vous reçoivent humblement.

» Vous êtes une fontaine abondante de délices. Je tomberai crucifiée au pied de l'autel de mon Sauveur, et je vous donnerai, ô mon cher crucifié, le plus affectueux baiser.

» O Jésus, victime d'amour dans votre Sacrement, vous ne cessez de nous solliciter par un appel matinal.

» Je me désaltérerai dans ces eaux pures ; je me plongerai, heureuse colombe, au fond du divin tabernacle, et je vous dirai : O puissance de mon Jésus, rassasiez-moi de vos délices, car je brûle de vous posséder.

» Au pied de l'autel, je ferai un effort vers mon bien-aimé, je lui demanderai qu'il me donne des ailes pour voler jusqu'au séjour de l'éternel repos.

» Au pied de cet autel, je baiserai mon crucifix et je dirai : O Jésus, que mon attente est longue ! Je lui demanderai de devancer l'heure. O chaste époux, c'est votre voix qui appelle la colombe au pied de cet autel, car vous voulez me dévoiler votre amour et cette prière dans laquelle l'âme froide trouvera un feu qui la réchauffera et un bonheur qui la transportera.

» Je me reposerai près de l'Agneau sans tache ; puis je tournerai mon regard mourant vers cette terre où mes yeux n'auront plus de larmes à verser. »

» Vous voulez, Seigneur, que ceux qui diront cette prière dictée par votre tendresse, soient vos enfants d'adoption. Lisez-là et méditez-la, leur dites-vous, vous verrez que ma toute-puissance l'a composée. Pour moi, ce sera l'invocation de ma quatorzième communion à venir. »

### Aspiration vers l'Eucharistie

*dont Marie-Julie a été privée longtemps, comme on sait. Pendant l'extase, elle s'arrêta le 29 août dernier, auprès d'un digne prêtre qui était présent, et prononça cette effusion :*

« Mon Père, donnez-moi mon Jésus. Mon cher Père, ayez pitié de ma pauvre âme ; ayez pitié d'une âme qui nuit et jour ne désire que son cher Trésor, son cher amour. Mon Père, donnez-moi mon Jésus du Tabernacle !

» O mon Dieu, cueillez mon âme dans ce désir ; ravissez mon âme, puisque la porte du Tabernacle de son époux lui est fermée. O cher Père ! mon âme est dans l'agonie de l'amour.

» Autrefois, j'ai goûté tant de bonheur, tant de délices auprès de l'Epoux de mon âme ; aujourd'hui, je suis privée de mon unique affection. Aucun martyre ne peut égaler les tourments de cette privation de mon époux. Je suis brisée de douleur.

» Le soleil se lève et éclaire de ses rayons le Tabernacle, et moi, je ne puis pas même voir la prison fermée de mon bien-aimé. Oh ! si j'étais la petite lampe de l'autel, je brûlerais jusqu'à ce que je fusse épuisée. Si j'étais seulement l'huile de la lampe, je m'insinuerais dans la petite mèche pour brûler devant Celui que j'adore et pour me consumer. Si j'étais le petit grain de sable du Tabernacle, je m'élancerais vers mon amour...

» Cher Père ! cher Père ! donnez-moi mon Jésus ; donnez-moi mon Jésus du Tabernacle !

» Que mon martyre est long ! Ah ! ayez pitié de mon martyre !

» Cher Père ! Vous qui aimez mon Jésus, ne me refusez pas mon Jésus. Cher Père ! Vous le donnez à tous les fidèles qui vous le demandent, ne me refusez pas mon Jésus !

» Si je pouvais faire passer mon amour crucifié dans tant d'âmes qui ne le désirent pas, mon martyre serait moins grand ; l'affection de ces âmes pour mon bien-aimé allègerait ma douleur. Mais l'amour n'est pas aimé.

» Je ne puis plus supporter mon supplice, je ne puis plus être séparée de mon unique trésor.

» O mon amour ! donnez-moi tous les martyres, mais ne laissez pas mon âme privée de vous ! »

### Prière que Marie-Julie récite chaque jour en l'honneur de sainte Germaine.

*O douce et bienheureuse sainte Germaine,* épouse de Jésus-Christ, qui aimiez la solitude, priez pour nous.

*O douce et bienheureuse sainte Germaine,* épouse de Jésus-Christ, qui aimiez les montagnes, priez pour nous.

*O douce et bienheureuse sainte Germaine,* épouse de Jésus-Christ, qui vous conduisait chaque jour dans la solitude pour vous parler au cœur, priez pour nous.

*O douce et bienheureuse sainte Germaine,* épouse de Jésus-Christ, vers qui chaque matin, au lever du soleil, les anges descendaient en forme de guirlande, symbole de votre future couronne, priez pour nous.

*O douce et bienheureuse sainte Germaine,* épouse de Jésus-Christ, vers qui, à l'aurore, les anges venaient pour vous consoler, priez pour nous.

*O douce et bienheureuse sainte Germaine,* épouse de

Jésus-Christ, vers qui la Vierge Marie se rendait pour essuyer vos larmes et vous apporter les parfums du Seigneur, priez pour nous.

*O douce et bienheureuse sainte Germaine*, épouse de Jésus-Christ, à qui les esprits purs faisaient cortège, priez pour nous.

*O douce et bienheureuse sainte Germaine*, épouse de Jésus-Christ, que les envoyés du Seigneur visitaient dans l'isolement, faisant mûrir votre âme pour le ciel, priez pour nous.

*O douce et bienheureuse sainte Germaine*, épouse de Jésus-Christ, qui aimiez les humbles et les petits, priez pour nous.

*O douce et bienheureuse sainte Germaine*, épouse de Jésus-Christ, à qui la Sainte Vierge Marie, mère du Verbe incarné, apportait chaque jour les grâces et les perfections du Seigneur, priez pour nous.

*O douce et bienheureuse sainte Germaine*, épouse de Jésus-Christ, près de qui volaient les blanches colombes et les oiseaux du ciel, chantant avec vous : Saint, saint, saint est le Seigneur des armées, vous invitant déjà aux noces éternelles de l'Agneau, priez pour nous.

*O douce et bienheureuse sainte Germaine*, épouse de Jésus-Christ, à qui allait, matin et soir, la Reine des Vierges, quand vous étiez à genoux, les yeux baignés de larmes, qu'elle portait au Seigneur comme un encens d'agréable odeur, priez pour nous.

*O douce et bienheureuse sainte Germaine*, épouse de Jésus-Christ, qui marchiez dans les ronces et les épines, lesquelles bientôt se changeaient en fleurs, priez pour nous.

*O douce et bienheureuse sainte Germaine*, épouse de Jésus-Christ, qui semiez sur vos pas les grâces et les vertus de Jésus-Christ, priez pour nous.

*O douce et bienheureuse sainte Germaine*, épouse de Jésus-Christ, qui marchiez sur les pas du Sauveur, le suivant sur la montagne des Oliviers, priez pour nous.

*O douce et bienheureuse sainte Germaine*, épouse de Jésus-Christ, qui vous avanciez avec le Rédempteur au Golgotha, priez pour nous.

*O douce et bienheureuse sainte Germaine*, épouse de Jésus-Christ, qui avez suivi les traces sanglantes de votre époux dans les rues de Jérusalem, priez pour nous.

*O douce et bienheureuse sainte Germaine*, épouse de Jésus-Christ, qui avez été calomniée, persécutée, parce que notre cher époux le permettait; ô vous qui vous priviez du nécessaire et qui chaque jour dirigiez vos pas vers l'isolement d'un pauvre étendu par terre, alors que ce pauvre était Jésus-Christ lui-même, priez pour nous.

*O douce et bienheureuse sainte Germaine*, épouse de Jésus-Christ, à qui le Seigneur demandait quel avait été le plus beau jour de votre vie, et qui lui répondîtes : C'est celui de ma première communion, lequel dura constamment pour vous, priez pour nous.

*O douce et bienheureuse sainte Germaine*, épouse de Jésus-Christ, à qui le Seigneur disait : Les pluies ont cessé, les tristes frimas ont disparu, les jours d'orage ne sont plus; lève-toi et viens, ma colombe, ma bien-aimée, et je te couronnerai, priez pour nous.

*O douce et bienheureuse sainte Germaine*, épouse de Jésus-Christ, qui vous écriiez, les yeux levés vers le ciel. Seigneur, pas une couronne de fleurs, mais une couronne d'épines, priez pour nous.

*O douce et bienheureuse sainte Germaine*, épouse de Jésus-Christ, qui étiez plus innocente qu'un agneau et plus pure que l'eau des fontaines, priez pour nous.

*O douce et bienheureuse sainte Germaine,* épouse de Jésus-Christ, qui nous consolez et nous fortifiez dans nos épreuves et nos fatigues, parce que votre âme était déjà ici-bas la pieuse demeure du divin Maître, priez pour nous.

*O douce et bienheureuse sainte Germaine,* épouse de Jésus-Christ, cette prière sera publiée un jour par le Souverain-Pontife et par mon évêque, puisque Jésus-Christ, notre cher époux, le permet, priez pour nous.

*O douce et bienheureuse sainte Germaine,* épouse de Jésus-Christ, qui nous viendrez en aide dans les tribulations, dans les maux, dans les afflictions, vous que Jésus-Christ, dans les douleurs, nous commande d'honorer et d'invoquer, priez pour nous.

*O douce et bienheureuse sainte Germaine,* épouse de Jésus-Christ, qui nous protégerez avec les trois Maries et le Sacré-Cœur, priez pour nous.

*O douce et bienheureuse sainte Germaine,* épouse de Jésus-Christ, qui voulez que votre culte soit publié dans le monde entier, Jésus-Christ, notre époux, ne permettant pas que vous soyez une fleur oubliée, mais une fleur toujours nouvelle, priez pour nous.

*O douce et bienheureuse sainte Germaine,* épouse de Jésus-Christ, protégez-nous contre les dangers ; mettez-nous à l'abri des orages du monde, priez pour nous.

ORAISON. — Rentrez, ma petite sœur, rentrez, ma Germaine, dans la béatitude que Notre-Seigneur vous a préparée. Qu'un jour, nous aussi, après nous être avancés sur vos traces, nous allions dans cette joie permanente, et que nous possédions cette félicité. Comme vous, nous fuirons le monde, pour mériter d'aller chanter éternellement avec les anges et les saints, dans le cortège du Verbe sans fin glorifié. Ainsi soit-il.

## Réparation tardive.

Le lecteur vient d'écouter les invocations touchantes de Marie-Julie. Eh bien ! il y a eu un journal qui a eu le triste courage de publier, sous la signature d'un jeune écrivain, M. l'abbé de la Chesnoye, une diatribe amère, injurieuse, pleine de fiel contre la voyante de Bretagne : Ce qui se passe à la Fraudais est une comédie, et vient en outre de Satan ; et sur ce thème, il a été servi au public des *Annales de l'Archiconfrérie pour la réparation du blasphème,* paraissant à Saint-Dizier (Haute-Marne) quatre pages d'invectives, à la fois du plus mauvais goût, et d'un sentiment qui ne peut s'appeler que la haine de parti pris. Que l'auteur de l'article ait été l'écho de passions ténébreuses, cela n'est pas douteux ; mais qu'il puisse excuser son défaut de charité, et sa prose de mauvais aloi, cela lui est impossible.

Nous disons la même chose à M. l'abbé Servais, directeur des *Annales*, à ceci près qu'il croyait de bonne foi à des assertions fausses de tout point, et qu'il a tenté de s'innocenter par des lettres où il exprime ses regrets pour l'insertion qui a eu lieu. Toutefois, M. l'abbé Daurelle et nous qui étions attaqués dans l'article de M. de la Chesnoye, nous avions le droit de réponse, et nos répliques ont été présentées. Ayant appris que M. l'abbé Daurelle avait réfuté l'article malsain, nous lui avions cédé le pas ; mais M. l'abbé Servais a temporisé, beaucoup temporisé ; si bien que plusieurs mois s'étant écoulés, et l'à-propos n'existant, pour ainsi dire plus, la chose en est demeurée là. Les *Annales* ont voulu en être quittes avec une petite page ambiguë, où la réponse de M. l'abbé Daurelle et la nôtre sont mentionnées ; où est exprimé un certain regret de la chose faite, mais où M. de la Chesnoye n'est pas blâmé, mais comblé en quelque sorte de circonstances atténuantes.

Les choses en étant là, il n'est que juste de consigner dans ce livre notre lettre aux *Annales*. Cette lettre, la voici :

*Réponse aux Etudes sur l'illuminisme contemporain*

ARTICLE PREMIER. (1)

Nimes, le 13 septembre 1879.

« Monsieur le Directeur,

» Aujourd'hui seulement, un ami me communique la dernière livraison des *Annales de l'Archiconfrérie pour la réparation du blasphême.*

» Auteur du *Dernier mot des prophéties*, bien grossièrement attaqué ainsi que ma personne, dans ce cahier de votre Revue, je réponds à l'agresseur, comme c'est mon droit.

» Je ne puis m'expliquer l'admission d'une telle énormité, dans une publication à laquelle son but imposait essentiellement tant de circonspection. Peut-être étiez-vous absent ?

» Quel est cet abbé de la Chesnoye, dont j'entends prononcer le nom pour la première fois dans le monde religieux ? On soupçonnerait un masque ici. Je me rends compte du travestissement, car la plume qui écrit ne respecte ni les titres bien acquis, ni la jouissance d'une légitime considération, ni toute une carrière consacrée à la défense de l'Eglise, ni les insignes récompenses venues du Vatican, ni de nombreuses félicitations épiscopales.

» Ce sont pourtant là des titres avec lesquels avait à compter M. de la Chesnoye, qui n'en a pas moins essayé d'entamer une vie forte de son intégrité. Bien que je ne songe pas, comme

---

(1) Il devait y avoir une succession d'articles ; il va sans dire que le deuxième n'a pas paru.

l'agresseur, à oublier les mansuétudes évangéliques, je ne supporterai pas que sa main téméraire me mette de la boue au front.

» Libre à M. de la Chesnoye de défrayer sa faconde sardonique sur la *Voyante Théotiste*, sur *David Lazzaretti et son porte-étendard* ; mais quand il se permettra de vilipender Berguille et Marie-Julie, en prenant surtout un de mes écrits pour objet de ses sarcasmes, je l'arrêterai au passage, et je lui dirai qu'il outrage de parti-pris ce qu'il ne connaît pas ; qu'il est, malgré certaines assurances qu'il affecte, ennemi du surnaturel divin, et que son article n'est qu'une misérable et calomnieuse déclamation.

» Un catholique sérieux, lorsqu'il discute, ne prend pas les allures d'un joueur de galoubet ou de tambour de basque. Quand on touche à l'œuvre d'un écrivain qui a fait ses preuves, on ne s'avance pas avec les dehors d'un baladin ou d'un fort de la halle.

» Avant de traîner dans le ruisseau deux victimes de la Croix et du Sacré-Cœur, on prouve au moins que l'on sait un peu de théologie mystique ; on montre qu'on a ouvert le *Directoire* du P. Scaramelli ou toute autre autorité, et l'on vient, à l'aide des règles prescrites, prouver que les extases de nos Voyantes sont *diaboliques*, comme se permet de le proclamer M. de la Chesnoye.

» Au nom de qui parle-t-il ? Qu'il exhibe sa délégation ; nous verrons alors au profit de quoi sont proférés ses lazzis de mauvais aloi, et s'il dépend de lui de nous ravir la liberté que nous avons de suivre l'opinion qui nous sourit, au sujet de nos extatiques, en attendant que l'Eglise ait prononcé sur les faits.

» M. de la Chesnoye s'est fait connaître à nous comme un penseur de mauvais goût et vide de connaissances spéciales.

Aussi n'établit-il absolument rien d'efficace contre ce que nous avons écrit, au moyen de ses paroles échevelées. Quoi ! demain sera peut-être le jour de la fuite et du martyre, et il se plaît aujourd'hui à dénigrer deux personnes privilégiées dont le tombeau sera peut-être un jour glorieux !

» Le démon, que M. de la Chesnoye voudrait voir à Fontet et à la Fraudais, est partout où se manifeste l'orgueil, l'hérésie, les basses aspirations ; mais il ne hante pas les demeures de nos victimes, qui sont l'asile de la prière, de la pénitence, de l'humilité, de la charité, de tout ce qui est saint et pur.

» Ils sont étranges, en vérité, ces opposants avec leurs passions ; ils ont voué une haine implacable, et cela sans examen, à nos Extatiques, et parce que personne ne s'est rencontré pour les confondre avec la plume, il n'est pas de hardiesse ténébreuse qu'ils ne se soient permis, tant au mépris de la raison que de la douceur dont les vrais chrétiens ne se séparent jamais.

» Quelle misère en effet ! Quel oubli des convenances ! Quelle fièvre de commande ! Car nous, qui avons blanchi dans la lutte pour la vérité ; nous, narrateur convaincu de manifestations, que nous avons tout lieu de tenir pour célestes ; de par M. de la Chesnoye, nous avons recommandé *la perfidie, l'imposture, le diabolisme, les arcanes de l'enfer.*

» Les stigmates de Marie-Julie mettent fort en colère notre agresseur qui, après une période pleine d'objectifs mal sonnants, ajoute à ces blessures vénérables, la preuve de sa déraison ; il nomme la sainte enfant de la Fraudais : *Médium de Satan.*

» A la fin, M. de la Chesnoye parle du livre de M. l'abbé Daurelle sur Fontet, ouvrage docte et orthodoxe, qui n'a nullement été condamné, comme on le dit quelquefois, mais très-bien accueilli. Or, M. de la Chesnoye, fait à ce propos des allusions inexactes, et emploie quelques lignes à attaquer Berguille, sur les extases de laquelle il ne sait pas davantage que sur celles qui regardent la Fraudais.

» La conclusion à tout ceci, c'est que M. de la Chesnoye, oublieux de sa dignité, en se faisant l'écho des déclarations que nous venons de relever, a fait preuve d'ignorance et n'a peut-être guère su ce qu'il disait ni ce qu'il faisait. »

Telle était notre réponse à l'article en question.

Nous ajoutions seulement les Litanies de Sainte-Germaine, données ici précédemment, en demandant à l'agresseur si une pareille invocation, si tant de foi, de poésie, d'amour de Dieu, pouvait être une inspiration de l'abîme et une dictée du prince des démons.

Nous avons dû consigner dans ce livre cette protestation, qui, quoique tardive, n'aura pas moins son effet.

Nous avons évité de toucher à des questions irritantes, se rattachant à l'article de M. de la Chesnoye : espérons qu'il nous en sera tenu compte.

## Prophétie de Pouillé.

Une âme pieuse, qui a étudié de près les faits surnaturels et qui peut en parler avec autorité, a appelé notre attention sur l'apparition de la Sainte Vierge, à Pouillé, en 1872. Elle pense que la prophétie qui est renfermée dans les pages suivantes est d'une actualité réelle. C'est sur son avis que nous la publions. Tout le monde saisira la révélation, sans qu'il soit besoin de commentaire.

Mgr Fournier, de sainte mémoire, alors évêque de Nantes, mit le plus grand soin à faire procéder à l'enquête dont l'interrogatoire ci-après est la pièce historique, déposée aux archives du Palais épiscopal. Un grand vicaire présidait la commission.

C'est donc un document officiel que nous avons sous les yeux. Le voici. Chacun méditera après l'avoir lu. Ce document était déjà connu de plusieurs, mais à l'heure qu'il est, combien en est-il qui y pensent?

### Interrogatoire.

Questions adressées à la petite fille Joséphine Prod'homme, qui eut 13 ans au mois d'avril 1872, et qui, dit-on, a vu la Sainte Vierge dans l'église de Pouillé, sa paroisse.

Pouillé est à trois heures d'Ancenis (Loire-Inférieure).

D. — Comment avez-vous vu la Sainte Vierge ?

R. — Le jour du mercredi des Cendres, à onze heures et demie.

D. — Pourquoi étiez-vous toutes à l'église ?

R. — Emilie (c'est la maîtresse d'école) nous avait amenées neuf petites filles pour faire une neuvaine.

D. — Est-ce pendant la neuvaine que vous avez vu la Sainte Vierge ?

R. — Quand nous finissions le *Pater* et l'*Ave Maria*, la Sainte Vierge est descendue, les mains tendues ; elle s'est mise sur les marches, le pied à la troisième marche.

D. — De quel côté était-elle tournée ?

R. — Du côté des enfants.

D. — Etait-elle du côté de l'autel?

R. — Non, elle était au milieu, à la dernière marche, en bas.

D. — Quand vous avez vu la Sainte Vierge, l'avez-vous dit aux petites filles ?

R. — Je ne l'ai pas dit le mercredi. Je l'ai dit le jeudi.

D. — Pourquoi ne l'avez-vous pas dit le mercredi ?

R. — Je croyais d'abord que c'était un ange ; mais lorsqu'elle fut descendue, je vis bien que c'était la Sainte Vierge.

D. — Comment l'avez-vous vue le deuxième jour ?

R. — A la même heure, pendant la neuvaine.

D. — Est-ce à l'église que vous avez dit aux petites filles que vous voyiez la Sainte Vierge ?

R. — Non, c'est à la porte de l'église ; puis les petites filles l'ont dit à Emilie.

D. — La maîtresse vous a-t-elle cru ?

R. — Non.

D. — Vous a-t-elle grondée ?

R. — Oui.

D. — Comment avez-vous vu la Sainte Vierge une seconde fois ?

R. — Emilie m'a dit : Puisque tu dis que la Sainte Vierge est à l'église, va voir si elle y est encore.

D. — L'autre petite fille a-t-elle vu la Sainte Vierge ?

R. — Non, mais elle était toujours à la même place.

D. — Comment y êtes-vous allée une troisième fois ?

R. — Emilie m'a dit : Allons voir si elle y est toujours.

D. — On dit que vous vous êtes mise à genoux près du bénitier.

R. — Oui.

D. — Pourquoi ?

R. — Parce que ma maîtresse l'a dit.

D. — La Sainte Vierge vous a-t-elle parlé ce jour-là ?

R. — Non, nous avons fait une petite prière et nous sommes parties.

D. — Vous laissiez donc la Sainte Vierge toute seule ?

R. — Oui.

D. — Pourquoi la laissiez-vous ?

R. — Parce qu'il fallait aller à l'école.

D. — Quand vous quittiez l'église, la Sainte-Vierge s'en allait-elle ?

R. — Je ne l'ai vue venir qu'une fois le mercredi et partir le vendredi.

D. — Comment l'avez-vous vue le vendredi?

R. — Nous avons été à la neuvaine et j'ai dit à Emilie : *Elle est là.* — Elle m'a dit : Où ? — J'ai dit : *A la même place.*

D. — Que vous a dit la maîtresse, après?

R. — La maîtresse est venue avec moi dans le sanctuaire et m'a dit : Où est-elle ? J'ai dit : Elle est devant vous, vous touchez à sa taille. (Quelquefois elle dit à la ceinture de la robe; mais il faut comprendre que c'était une robe à la Vierge, ayant une ceinture attenante comme dans la robe de l'Immaculée Conception.)

D. — Qu'a fait la maîtresse alors ?

R. — Emilie m'a dit : Puisque tu la vois, demande-lui donc à ce que tu touches sa main et son pied.

D. — Les lui avez-vous touchés ?

R. — J'ai touché sa main et son pied.

D. — Comment avez-vous fait?

R. — La Sainte Vierge a fait ça, et moi j'ai fait ça. — (Elle a fait le mouvement. La Sainte Vierge, après être descendue, avait placé ses mains l'une au-dessous de l'autre sur la poitrine. A ce moment, elle a tendu la main droite à la petite fille. Elle a mis la main sur la sienne.)

D. — Vous êtes-vous mise à genoux pour toucher son pied?

R. — Non, je me suis baissée, j'ai touché son pied, mais je n'ai rien senti.

D. — Qu'avez-vous fait après ?

R. — Emilie m'a dit : Demande ce qu'elle veut. J'ai dit : Que demandez-vous? Elle m'a dit : *Des prières et que le monde se convertisse.*

D. — Et après ?

R. — Après, nous sommes revenues à notre place, et à genoux.

D. — Quand vous avez été à votre place, avez-vous fait des prières ?

R. — Non. Emilie m'a dit : Demande-lui si elle veut venir près de nous. Elle y est venue.

D. — A-t-elle marché pour s'y rendre ?

R. — Non, elle a glissé.

D. — Il n'y a donc pas de sainte table à l'église ?

R. — Elle a passé par dessus entre deux petites filles, et s'est rendue auprès de nous, ma maîtresse et moi.

D. — Comment s'appellent les deux petites filles ?

R. — Victoire Rousselière et Louise Rolat.

D. — Quand la Sainte Vierge a été rendue près de vous, vous a-t-elle parlé ?

R. — Ma maîtresse m'a dit : Demande-lui si elle veut qu'on lui fasse des questions ?

Elle a répondu *oui*.

D. — Quelles questions aviez-vous faites ?

R. — Emilie m'a dit de demander : La guerre viendra-t-elle ?

*Oui*, mais si le monde se convertit, elle ne viendra pas par ICI (Bretagne).

(Toutes les questions étaient données à l'enfant par la maîtresse. Elle les faisait tout haut sans être entendue des autres. La petite fille répétait tout haut les réponses qu'elle avait reçues).

D. — Quand la guerre viendra-t-elle ?

R. — *Le 25 mars, le 30 mars et les premiers jours d'avril.*

D. — Quelle guerre ce sera-t-il ?

R. — *La guerre des P.*

D. — Demande-lui si le Saint-Père sortira de Rome (il en était question).

R. — *Il ne sortira pas, mais il souffrira beaucoup.*

D. — Demande lui si elle nous aime bien.

R. — *Oui, mais il faut beaucoup prier.*

D. — Quelles prières vous sont les plus agréables ?

R. — Elle a dit : *l'Ave Maria, l'Ave Maris Stella.*

D. — Lui avez-vous demandé autre chose ?

R. — Non.

D. — La Sainte Vierge, qu'a-t-elle fait après ?

R. — Elle s'en est allée.

D. — Comment s'est-elle en allée ?

R. — Elle s'en est retournée en passant par dessus la sainte table ; elle a monté peu à peu et a disparu.

D. — La Sainte Vierge était-elle triste ?

R. — Non, chaque fois que je l'ai vue elle riait, (souriait).

D. — Regardait-elle le tabernacle ?

R. — Non, elle nous regarde toutes, elle tourne la tête de chaque côté, pour nous voir. En s'en allant, elle a regardé le tabernacle.

D. — Savez-vous ce que c'est que le tabernacle ?

R. — Oui, c'est où est N. S. à l'autel.

D. — Avez-vous dit quelque chose, quand la Sainte Vierge s'est élevée vers la voûte ?

R. — J'ai dit : Elle s'envole, elle s'envole. Je ne la vois plus qu'un peu ; je ne la vois plus.

D. — On dit que vous avez pleuré en sortant de l'église ?

R. — Oui, mais c'était de joie d'avoir vu.

D. — Espérez-vous voir la Sainte Vierge ?

R. — Oui.

D. — La Sainte Vierge vous l'a-t-elle dit ?

R. — Non.

D. — La Sainte Vierge vous a-t-elle dit que c'était cette année qu'on aurait la guerre ?

R. — Elle ne me l'a pas dit.

D. — Comment la Sainte Vierge était-elle habillée ?

R. — La robe était bien large par dessus et bien montante.

D. — De quelle couleur était-elle ?

R. — Bleue, blanc, rose, *tout brassé*.

D. — Y avait-il de l'or ?

R. — Non, mais c'était tout brillant.

D. — Avait-elle un voile et une couronne ?

R. — Elle n'avait pas de voile, mais une couronne bleue, blanc, rose, or.

D. — La couronne était-elle plus haute au milieu ?

R. — Non, elle était ronde. Il y avait des fleurs et des barres. (Des rayons lumineux.)

D. — Comment étaient ses cheveux ?

R. — Ils n'étaient pas noirs, mais un peu comme les miens (châtains); ils étaient partagés ; je ne les voyais que jusqu'au cou.

D. — La Sainte Vierge était-elle entourée de lumière ?

R. — Oui, c'était si brillant que je ne pouvais regarder. Je mettais ma main sur les yeux. (La maîtresse et les enfants remarquaient qu'elle avait la main au-dessus des yeux, quand elle parlait à la Sainte Vierge, comme quand on regarde le soleil. Le démon ne produit pas la lumière, il est ténèbres.)

D. — Comment les mains de la Sainte Vierge étaient-elles posées ?

R. — Tendues d'abord, puis comme ça après. (Elle met les siennes l'une au-dessus de l'autre sur la poitrine.)

D. — Quelles manches la Sainte Vierge avait-elle ?

R. — Des manches droites.

D. — Comme celles des religieuses ?

R. — Pas si larges.
D. — Quelle voix avait la Sainte Vierge.
R. — Une voix douce comme nous, mais douce, douce, bien plus douce.

Ces questions ont été faites devant au moins 40 personnes, laïques, religieuses, prêtres, enfants, dans la ville d'Ancenis, où on avait fait venir Joséphine Prod'homme. Les questions et réponses ci-jointes constituent un interrogatoire officiel. Il est à remarquer qu'on a laissé aux réponses toute leur naïve simplicité. L'interrogatoire a eu lieu peu de temps après le miracle. A la suite de cet interrogatoire, Mgr Fournier envoya à Pouillé, nombre d'hommes, supérieurs par l'intelligence et le jugement, notamment un de ses vicaires généraux. Tous affirment qu'il n'est plus possible de concevoir un seul doute sur la miraculeuse apparition. Tous sont revenus profondément émus sur la candeur, la droiture et la piété de la petite Joséphine qui, depuis sa naissance, semble véritablement protégé par la Providence. Née en même temps que deux autres petites filles, Joséphine avait été condamnée par les médecins au moment de sa naissance. Le vicaire de la paroisse avait accepté d'être le parrain de cette pauvre créature qu'il consacra d'une manière toute exceptionnelle à la Sainte Vierge. Peu de temps après, les deux autres petites sœurs moururent, et Joséphine se fortifiant d'une manière inespérée, se trouve être aujourd'hui (1872) une robuste enfant de treize ans.

Depuis le miracle, Joséphine, quoique constamment entourée, n'a rien perdu de sa modestie ni de son calme ; rien ne peut la faire se contredire. Elle est religieuse de Saint-Gildas.

. Un détail qu'il est bon de noter, c'est que la pierre sacrée de l'Eglise de Pouillé est faite d'un morceau de rocher de la Salette.

Depuis un quart de siècle, la Sainte Vierge nous poursuit de ses avertissements multipliés, de ses apparitions. C'est une mère qui veut soustraire les enfants coupables, au bras d'un père irrité. Les églises de Bretagne et surtout de Nantes veulent fléchir le ciel. — Beaucoup de conversions s'opèrent. Mgr Fournier est plein d'espoir pour son diocèse, qui a toujours donné sans compter, son sang et son or pour toutes les bonnes causes.

Les châtiments sont conditionnels, peut être n'aura-t-on pas à redouter le 25 mars, si nous prions beaucoup.

Un personnage disait aux jeunes filles de l'école de Pouillé : « Mais votre petite compagne *ment*. « Ce n'est pas vrai, elle n'a pas vu la Sainte Vierge. — *Ah ? non*, crièrent-elles toutes ensemble. — Mais si, elle ment. — Oh ! reprit une enfant intelligente, si nous disions que nous avons vu la Sainte Vierge, on pourrait dire que nous avons menti ; mais *Joséphine*, oh ! celle-là ne *ment jamais*. (C'est le témoignage de l'enfance).

(*Fin du rapport*).

## Le Lis blanc.

Cette prédiction est d'une victime connue seulement de quelques personnes pieuses, mais dont les visions ont été recueillies soigneusement et seront un jour publiées. Ce qui s'est réalisé déjà des choses annoncées par ce recueil, qui est considérable, garantit l'accomplissement de l'ensemble. Cette Voyante est morte en odeur de sainteté. Elle appartient à une région septentrionale de la France. Elle écrivait elle-même les apparitions dont elle était favorisée, sur la recommandation des personnes qui la visitaient.

« Juin 1879.

» Ce soir, Jésus, mon bon père, m'est apparu. Il n'était pas triste, comme d'autres fois, et il était couvert de lumière.

» Je lui ai jeté de l'eau bénite, me défiant toujours des ruses du démon.

» Ta prudence me plaît, m'a-t-il dit alors. Puis il a ajouté :

» Je vais te confier un secret de mon cœur. Les amis de la
» foi travaillent à sauver la France prête à succomber ; mais
» le Lys blanc, fidèle symbole des bons, viendra et sera reçu
» avec bonheur. Beaucoup veulent le fouler aux pieds ; mais
» la tige sera protégée. La France sera alors donnée au Sacré-
» Cœur.

» Le Bien-Aimé sera rappelé, et il rétablira l'ordre et fera
» fleurir la piété.

» Malgré les factions qui veulent l'abattre, mon Esprit
» sera avec lui, lui donnera la force de combattre efficace-
» ment et il sortira victorieux de toutes ses luttes. »

Dans la même vision, il y eut trois communications pour trois personnes différentes, et le sceau du surnaturel divin y éclatait.

Trois jours auparavant, la Voyante avait révélé un fait ignoré du public et dont l'accomplissement a émerveillé tous ceux qui eurent connaissance de la prédiction.

## La onzième stemma du frère Hermann.

Nous avons publié, dans le temps, la prophétie entière du frère Hermann, religieux de la vieille abbaye de Lehnin, dans le Brandebourg. Cette vaticination passe en revue successivement les générations de la Maison régnante de Prusse, et en révèle les faits et gestes. L'empereur Guillaume représente la onzième génération, et c'est le seul *stemma* sur lequel nous voulions revenir ici. Les récents commentaires ont jeté une vive lumière sur ces derniers termes de la prophétie. Nous laissons la parole à un confrère qui, après un premier chapitre consacré aux dix premières révélations, traite comme suit la dernière :

Nous avons annoncé la consécration solennelle de l'ancienne église abbatiale de Lehnin, dans la marche de Brandebourg, relevée de ses ruines par ordre exprès de l'empereur Guillaume, qui voulait ainsi jeter un défi à la prophétie du moine de Lehnin, dont nous rappelons le premier verset plus loin.

L'Allemagne continue à s'occuper du frère Hermann, dont le nom n'est prononcé à la cour prussienne qu'avec une sorte de réserve craintive. S'il vivait aujourd'hui, il serait bien vite empoigné par les gendarmes de M. de Bismarck, en vertu des lois de mai et des lois sur la presse. Mais il est mort, et comme les Allemands ne se font pas faute de ressusciter sa prophétie, le tout-puissant empereur ne désespère pas de confondre le frère Hermann en le bravant sur sa tombe. Cette bravade n'a fait qu'aviver la curiosité populaire, et jamais la prophétie n'a été mieux connue. L'Allemagne possède sur cette prophétie quatre manuscrits qui, si nous ne nous trompons, se trouvent à Cœttingue, Dillembourg, Welfenbuttel, et dans les archives de famille de la cour prussienne.

Donc le frère Hermann prédit l'avenir de la Marche de Brandebourg et passe en revue tous les margraves, électeurs et rois, souverains de ce pays. Chose singulière, la prophétie s'est accomplie jusqu'à ce jour à la lettre, et la circonstance paraît d'autant plus étonnante que les vers qui la contiennent sont toujours d'une grande clarté. On n'y rencontre ni phrases vagues, ni pensées douteuses et ambiguës. Ainsi la prophétie dit que la réforme sera introduite sous Joachim I, et qu'une femme (*mortifera pestis*) implantera partout ce poison dont le souverain seul ne sera pas atteint, mais dont la race royale sera imprégnée jusqu'à la onzième *stemma*. En effet, ce fut la mère de Joachim I<sup>er</sup> qui introduisit la réforme dans le Brandebourg.

La prophétie se lamente ensuite sur la destruction de Lehnin et passe en revue le sort des dix premières *stemmata*. La onzième *stemma* contient deux souverains : Frédéric-Guillaume IV et Guillaume I<sup>er</sup>, son frère, le roi actuel, empereur d'Allemagne, dont la prophétie parle de la façon suivante :

> Tandem sceptra gerit
> Qui ultimus stemmatis erit.
> Israel infandum
> Nefas audet morte piandum.
> Tunc pastor recipit gregem ;
> Germania regem.

Ce qui veut dire :

> Enfin il tient les sceptres
> Celui qui sera le dernier de sa génération.
> Israël ose (commettre)
> Un crime odieux qui par la mort s'expiera.
> Alors le pasteur reprend son troupeau
> Et l'Allemagne son roi.

*Tandem sceptra gerit qui ultimus stemmatis erit.* Frédéric-Guillaume IV a été *primus (undecimi) stemmatis*.

Nous insistons surtout sur le pluriel *sceptra*, car, dans deux autres passages ayant trait aux aïeux de Guillaume I<sup>er</sup>, le frère Hermann emploie le singulier *sceptrum*. Ne peut-on l'expliquer par la situation actuelle, qui a fait de Guillaume I<sup>er</sup> le roi de Prusse et l'empereur d'Allemagne ?

*Israël infandum nefas audet morte piandum.* L'*Infandum nefas*, on le connaît maintenant en Allemagne, car ses enfants ont subi des outrages que leur avaient épargnés les hordes suédoises de Gustave-Adolphe et de Mannsfeld. *Infandum nefas*, l'expression traduit vigoureusement le kulturkampf et ses odieuses persécutions.

*Israël audet !* Est-ce que dans toutes les entreprises anti-catholiques de la Prusse nous ne retrouvons pas le masque et l'action de la juiverie internationale ? Le frère Hermann laisse expier le *nefas* par *morte*. Avis à Israël !

*Tunc pastor recipit gregem* ; *Germania regem*. Ce vers se rapporte également à la onzième *stemma*, mais attend encore sa réalisation, quoique les Prussiens pur sang prétendent qu'il se soit réalisé par l'établissement du nouvel empire allemand. L'interprétation est risquée ; il y a *Tunc recipit Germania regem. Tunc :* seulement alors que « le dernier de la onzième génération » tiendra le sceptre, l'Allemagne *reprendra* le roi aux deux sceptres, qui *tandem*, c'est-à-dire comme le dernier de la série des souverains, *précédera* la venue du nouveau roi.

Les vers que nous avons cités le 2 juillet, en en donnant la libre traduction, l'établissaient plus clairement encore. Rappelons-les :

> De sa race il sera le dernier souverain.
> Lehnin debout, voici l'autre empire romain.
> Le pasteur triomphant écrase l'hérésie
> Et le loup est chassé loin de la bergerie.

Il est vrai que Lehnin a été relevé par Guillaume I$^{er}$, qui, voulant forcer la prophétie, ordonna la reconstruction le jour de la proclamation de sa dignité impériale. Nous avons le temps de voir si la prophétie se contentera de cette interprétation.

★★

En Allemagne, ceux qui croient aveuglément à la prophétie du moine de Lehnin pensent, les uns, que la maison de Prusse se convertira avec la majorité des protestants et rentrera dans le giron de l'Eglise, et les autres, que la Prusse et la monarchie prussienne périront et que l'on rétablira le saint empire sous l'antique race des Habsbourg, *Receptio regis*; ces derniers mots, on le voit, concilient le *morte piandum* avec le *recipit Germania regem*.

Nous n'avons pas besoin de dire, après avoir mis sous les yeux de nos lecteurs les pièces du procès, que nous ne prétendons nullement prendre parti pour ou contre la prophétie. Elle nous a paru à plus d'un égard fort curieuse, et nous savons qu'au-delà du Rhin on s'en occupe plus que ne le voudrait le tout-puissant chef du kulturkampf.

## Saint Michel et la France.

Pendant que Berguille, le 29 septembre 1876, parlait de saint Michel, comme on peut le voir dans notre première partie du *Dernier mot des prophéties*, Marie-Julie disait elle-même dans son extase :

« Grand saint Michel, c'est vous qui venez planter l'étendard de la Croix sur la France... France, espère, lève la tête, n'entends-tu pas le cri de la victoire? Lève les yeux vers le ciel, France ; relève-toi avec confiance ; Saint Michel archange accourt te faire triompher avec le drapeau du Sacré-Cœur. Il apporte la paix et la joie. Un nouveau bonheur t'est promis. Saint Michel te sauve avec le drapeau du Sacré-Cœur, et la Croix ; c'est la croix qui ramènera les sentiments d'amour de Dieu dans les âmes...............

» Saint Michel semble rassembler sous ses ordres de zélés défenseurs ; mais ils ne parviennent pas à enlever le grand voile noir. Tous les blasphémateurs réunis, les impies, l'emportent. Alors le redoutable archange retourne vers le ciel, et revient avec la bannière du Sacré-Cœur qui brille avec la *Croix* et réduit en cendres les ennemis du Dieu vivant.

» L'enfer semble se rouvrir ; Satan précipite la bannière du Sacré-Cœur, mais Saint Michel, par une grâce divine, la voit et la sauve.......

» Saint Michel archange, vous allez chercher le serviteur de Marie, (le roi) ; vous avez la croix sur le cœur, donnez lui l'espérance.

» Il faudra faire de grands sacrifices. C'est par ce signe de la croix que nous vaincrons.

» Par la croix, France tu vaincras.

» Jésus écoute la demande des grâces dont nous avons besoin. Je vous en demande pour les bons pères de l'Eglise, pour les amis de Saint Michel et de la Croisade. Grand Saint Michel, vous qui ce soir, devez obtenir le succès de cette aumône de prières, donnez lui le succès dès aujourd'hui. Le divin Cœur demande la Croix pour sauver l'Eglise et la France. »

Ces notes nous ont été communiquées par un homme de grande foi, M. le comte de B.. ; il les a lui-même recueillies à la Fraudaïs.

Le texte suivant nous est arrivé de la même source :

« Le poison est resté sur ce trône, il faut qu'il soit purifié ;
» car c'est un autre Saint Louis qui doit s'y asseoir sur les lys
» embaumés...

» Le Roi doit venir dans le fort de l'orage, mais il restera
» sain et sauf, car la Mère de Dieu le garde et le protège pour
» être l'héritier d'une couronne méritée, qui lui a été ravie.

» Laissez dire et affirmer aux hommes qu'il ne viendra
» jamais ; écoutez-les, mais demandez-leur s'ils sont prophètes.
» Enfants de la Croix, quand viendra le règne de ce prince, la
» France sera très affaiblie ; mais Dieu récompensera par de
» grands prodiges notre patrie, après l'avoir criblée et fait
» beaucoup souffrir.

» Le saint Archange me montre maintenant la bannière du
» Sacré-Cœur que je n'avais pas vue, et me dit :

» Voilà comme nous allons marcher sur les frontières de
» France, portant la bannière et l'épée ; je tiens sous mes pieds
» tous les ennemis de Dieu et toute cette franc-maçonnerie.

» Quand le règne de Dieu sera commencé et la paix rétablie,
» nous marcherons sur Rome, puisque la France doit se dévouer
» à la défense du saint Siège. Le souverain Pontife nouveau est
» encore bien plus exposé que celui que Dieu a *cueilli*. »

## Contre Paris.

Le 26 juin 1734, un religieux, le frère B..., à l'aspect des dissolutions et des mille turpitudes qui souillaient la ville de Paris, lui annonça le sort qui l'attendait.

« O Paris, s'écria-t-il, ton sein est plein de serpents ; les loups y dominent ; les lions y font leur demeure ; les tigres y ont leur retraite aussi bien que les renards. Des armées d'aspics y logent, et en font comme le théâtre de leur guerre. Tremble ô mère prostituée ; tremble jusqu'au fond des os ! Un fouet de fer armé de pointes, s'élève déjà dans les airs, et se prépare à te faire souffrir tous les tourments que ta prostitution mérite, et c'est le Tout-puissant qui manie ce fouet redoutable, et qui déjà l'appesantit sur les têtes les plus puissantes ! Il remplira tout de sang et de carnage. Les vallées seront jonchées de corps morts. Les collines dégoutteront d'un sang impur et pourri. Ta vaste enceinte ne sera plus qu'un cimetière, qu'une ruine. L'enfer dévorera les hommes, les femmes et jusqu'aux petits enfants. Les troupeaux même n'en seront pas exempts, et rien de l'anathème n'échappera au feu de l'abîme. Tout sera consumé par ce même feu dont la flamme s'élèvera jusqu'aux nuées et dont la fumée s'étendra au bout de l'univers. »

Cette prédiction n'est-elle pas étonnante? Le moine pieux, dont les papiers anciens, qui nous fournissent ce document, ne nous donnent le nom que par l'initiale B..., n'avait-il pas pénétré, de son regard illuminé, et jusqu'en 93, et jusqu'aux journées de juillet, de juin, de février, enfin jusqu'au temps de la commune de 1871, et même à ces jours plus sinistres encore vers lequel nous nous acheminons?

Ces serpents, ces loups, ces lions, ces renards, ces tigres, ces armées d'aspic, il est facile de les reconnaître ; mais ce qui est plus caractéristique peut-être encore, *c'est ce feu dont la flamme s'élève jusqu'aux nuées*. Ne sont-ce pas les incendies qui suivirent le 4 septembre et ceux que le radicalisme sans frein nous fait encore redouter dans l'avenir ?

## Vision de Jean de Roquetaillade, de l'ordre des Frères Mineurs.

Les prédictions sur l'avenir qu'il dévoilait, et où le clergé était signalé comme devant subir tant de sanglantes épreuves, le rendirent suspect et le firent enfermer dans les prisons d'Avignon. L'archevêque de Toulouse, frappé des vérités qu'il avait annoncées, lui envoya demander combien dureraient les guerres qui alors désolaient la France. Frère Jean fit répondre au prélat que ces guerres s'allumeraient de plus en plus, que la terre serait désolée, le clergé dépouillé de ses biens, exilé, précipité dans les cachots, conduit au supplice, massacré en masse vers la fin de l'année 1792. Que la révolution irait exerçant ses ravages ; mais qu'à la fin un Ange, Vicaire de Dieu, viendrait réformer le sacerdoce, le rappeler à la vie des apôtres, et convertir les Sarrasins, les Turcs, les Tartares.

Qu'à cette époque, l'univers serait dans une paix profonde ; mais qu'avant ces jours de bénédiction, les maux croîtraient dans le monde ; la nation serait dans le deuil, le roi dans la tristesse, les justes dans l'abattement. L'arrivée de l'Envoyé du Seigneur serait le commencement de la transformation générale.

Cette vaticination date du milieu du treizième siècle, sous le pontificat d'Innocent IV, réfugié en France, à cause de ses querelles avec Frédéric II. Ce pape assembla le concile général de Lyon, en 1245. Saint Louis était alors sur le trône. A travers les âges, Frère Jean avait donc vu les phases de notre révolution, de ses commencements en 1789, aux temps du pontife saint et du monarque fort.

Voici en quels termes il a transmis sa prédiction à la postérité.

« *Unus angelus Christi Vicarius transmittetur a corde Christi qui faciet omnes voluntates ejus et omnes ecclesiasticos viros reducet ad modum vivendi Apostolorum, universa scrutabitur et extirpabit, et omnes virtutes ecclesiasticas in mundo seminabit, multos destruet saracenos, Tartaras et Turcas convertit. Ante autem destruet nolentes converti ad ipsum : totus orbis sub ipso pacificabitur, et ideo ab illo tempore et ultrà crescent mala in mundo. Princeps magnus lugebit et rex induetur mœrore, manus populi dissolventur, donec mittatur illa die vicarius futurus toliu seculi reformator felix.* »

Il fut trouvé, après le 14 juillet 1789, sous les décombres de la Bastille, une enveloppe en parchemin, portant en forme d'adresse, des caractères indéchiffrables : un cachet couleur de sang y scellait un petit papier manuscrit, ayant pour intitulé ces mots latins : *Prœsagium regni Ludovici decimi sexti, anno Domini* MDCCLXXXXII. *Mihi translatum in carcere inspiratione divina* ; c'est-à-dire : prédiction sur le règne de Louis XVI, à moi venu par inspiration divine, en prison, en 1782.

Cet écrit contenait ce qui suit :

« *Rex sine potestate.... sceptrum inter plures.... unde nasci debent calamitates infinitœ..... Princeps fugitivus inexorabilis hostis suœ patriœ factus... Religio sine cultu... Sacerdotes in lacrimis.... populus universus in mœrore... sanguis effusus supra terram..... horrida signa in cœlo.... Mors primi principis ecclesiœ..... Sanctus sedes translatus et aliud adhuc quod ad miseram meam posteritatem animus horrescit transmittere.... sed postea regnabunt pax et religio* ».

Voici la traduction :

« Le Roi perdra son pouvoir... le sceptre sera disputé par plusieurs... De là naîtront des calamités sans fin... Un prince fugitif sera l'inexorable ennemi de sa patrie... La religion sera sans culte... Les prêtres seront dans les larmes... La peuple entier sera dans l'affliction... Le sang couvrira la terre... Des signes effrayants apparaîtront dans le ciel... Mort du premier prince de l'Eglise... Le Saint Siège sera translaté, et il y aura encore d'autres malheurs que mon esprit a horreur de transmettre à mon infortunée postérité... Mais après ces évènements refleuriront la religion et la paix. »

La révolution dans ses amertumes et sa désolation se trouvait annoncée dans ces quelques lignes.

## Voyante du Périgord.

Nous trouvons dans un de nos cartons, une pièce fort authentique, que nous avions un jour transcrite, d'un opuscule sur la révolution, devenu introuvable, et intitulé : *Prophéties anciennes et nouvelles*. 78 pages in-8º, sans lieu ni date. Cette note nous est une preuve nouvelle que les voyants sont moins rares qu'on ne le croit communément, et qu'en réalité, comme l'ont avancé des esprits supérieurs, tous les évènements considérables ont été prédits avant leur perpétration.

« On ne peut révoquer en doute que tous les siècles ont eu leurs prophètes ; ce siècle même (le 18e), quoique plongé dans l'erreur et l'iniquité la plus grande, par une permission divine, est encore éclairée sur son sort par les révélations qu'a eues une demoiselle de Périgord, connue sous le nom de Suzette de a Brousse ; voici ce qu'en disait dernièrement une lettre adressée à une personne de Paris, que l'on me dispensera de nommer :

« Je ne sais, Monsieur, si vous avez ouï parler des prophéties d'une demoiselle de Périgord, laquelle nous assure que les calamités présentes doivent être suivies de plus grands maux encore, après lesquels cependant renaîtront l'union et la paix.

» Cette demoiselle assure que dans peu (en 1792), il paraîtra au ciel le plus effrayant phénomène, visible à tous les yeux, et qui sera le signal de la terrible catastrophe à laquelle nous atteignons.

» Il y a six ans qu'elle m'a annoncé, ainsi qu'à beaucoup d'autres, la tenue des Etats-Généraux, dont il y a deux ans qu'elle a fixé l'époque.

» Elle a prédit les troubles qui naîtraient de cette assemblée : elle assure encore plus particulièrement que les calamités présentes augmenteront à l'infini en 1791 ; que le Saint Siége sera transféré dans un lieu nouveau, (enlèvement de Pie VI) ; enfin mille autres événements qu'elle ne m'a pas permis de révéler.

» Il paraît qu'elle est beaucoup désirée à l'assemblée nationale ; car elle m'assure dans ses lettres qu'il ne se passe pas de semaine qu'elle n'en reçoive de M. le marquis de la Fayette, et de plusieurs autres personnes recommandables qui la pressent de s'y rendre. Je ne m'y rendrai, dit-elle, que lorsqu'il sera temps.

» Je ne doute pas, monsieur, que l'on n'y soit surpris de sa fermeté, de sa force d'esprit, et de son talent pour la parole.

« Elle m'a aussi annoncé, depuis nombre d'années, à quel mépris serait livré le culte divin ; la persécution qu'auraient à essuyer les ministres de la religion ; le retour enfin des prêtres à l'ancienne église apostolique, etc., etc.

## Notes et calculs sur la fin des temps.

S. Cyprien, Lactance, S. Jérôme, S. Augustin, ont dit que le monde ne doit durer que 6,000 ans.

S. Irénée, S. Hilaire, S. Gaudens de Bresse, S. Justin, martyr, Victorin, Raban-Maur, Germain de Constantinople, Julius Hilarion, S. Isidore de Séville, ont parlé de même.

Ajoutons S. Grégoire-le-Grand, S. Chrysostôme, S. Cyrille d'Alexandrie, S. Hippolyte de Porto, Sixte de Sienne, le savant Serarius, l'abbé Joakhim, Genébrard, Bessarion, Pic de la Mirandole (1).

(1) Il écrivait en 1486, et disait que le christ apparaîtrait dans 514 ans et 25 jours, ce qui donnerait précisément 2000 ans et 25 jours au

Pierre Bongo de Bergame, Anastase Sinaïte, Feuardent, Nicolas de Cusa et beaucoup d'autres, tant païens que juifs et chrétiens, ont soutenu la même affirmation.

Cette opinion, dit Cornelius à Lapide, soutenue d'un commun accord par les chrétiens, les hébreux, les gentils, par les grecs comme par les latins, doit être regardée comme une antique et générale tradition, et je la tiens pour une conjecture également commune et probable, pourvu toutefois qu'elle n'ait pas la témérité de vouloir préciser soit l'année, soit le jour où finiront ces 6,000 ans, et c'est ainsi que semblaient l'avoir entendu S. Augustin, le vénérable Bède, le savant Péreïra, Suarez, Joseph Acosta et d'autres ; car il est écrit que de ce jour et de cette heure, nul ne sait rien, si ce n'est le Père éternel (Marc. XIII, 32).

Mais en parlant ainsi, le divin Sauveur a bien soin d'avertir ses disciples qu'il y aura des signes avant-coureurs de son dernier avènement et de la fin du monde. Observez-les, ajouta-t-il, et que personne ne vous séduise ; mais de même qu'en voyant les branches du figuier déjà tendres pousser des feuilles, vous dites que l'été approche, de même lorsque vous verrez tous ces signes, vous saurez bien que le Fils de l'homme est près d'arriver et presque à la porte. (Math., XXIV, 32, 33).

Il y aura donc des signes, et parmi ces signes la grande apostasie qui doit suivre la chute de l'empire romain, et précéder l'Antechrist. Or, elle est sous nos yeux, cette apostasie funeste et universelle : pas un gouvernement catholique sur la terre ! l'église est opprimée ! le pape est prisonnier ! J.-C. est nié et blasphémé ! Ainsi parlait, il y a plus de 1500 ans, S.

---

règne de J.-C., et 6,000 depuis la création. S'est-il trompé...? Oui, du moins en donnant une date fixe, ce qui est contraire au texte évangélique.

Cyrille, évêque de Jérusalem; il ne nous reste donc plus qu'à attendre l'arrivée de l'ennemi de J.-C. Quand viendra-t-il cet homme de péché? Lorsque l'empire romain sera détruit : *tunc autem Christus veniet*. Et il s'emparera de l'empire romain alors vacant, dit S. Chrysostôme, voulant régner sur l'univers et même sur Dieu. Mais comme l'empire des Mèdes fut renversé par les Babyloniens, celui des Babyloniens par celui des Persés, celui des Perses par celui des Macédoniens, et celui des Macédoniens par celui des Romains; de même, celui des Romains sera renversé par l'Antechrist, et l'Antechrist sera exterminé par J.-C. Lire le chapitre II aux Thess. de S. Paul, et regarder ce qui se passe autour de nous...

D'ailleurs, l'Evangile qui devait être prêché dans toute la terre avant la fin du monde, est présentement connu partout.

S. Vincent Ferrier, qui mourut en 1418, ne cessa pas de prêcher et de prédire, et cela par l'ordre exprès de J.-C., la même vérité.

S. Malachie, archevêque d'Armagh, en Irlande, qui mourut à Clairvaux, en 1148, a fait un catalogue emblématique et figuré de tous les pontifes romains, depuis son temps jusqu'à la fin du monde. Alphonse Ciaconius, patriarche d'Alexandrie, a expliqué ces symboles et en fait l'application exacte *appositi*, à chaque pontife depuis Célestin II, élu le 25 septembre 1143 jusqu'à Clément VIII, couronné le 30 janvier 1592. (Voir notre traduction au début de ce livre).

Cornelius nous laisse ignorer si les papes Léon XI (1605, 27 jours de règne) et Paul V (1605-1621) ont été reconnus par Ciaconius dans cette prophétie. Il se contente de dire qu'à partir de Grégoire XV (1621-1623), la prophétie ne compte que trente-deux papes jusqu'au dernier, qui aura nom *Pierre, Romain*.

Or, continue l'auteur, nous avons eu 238 papes dans 1623

ans, ce qui donne un règne de près de sept ans. Mais à ce compte, le dernier des 32 papes aurait dû cesser de vivre en 1837, et cependant il en reste encore onze, savoir : *Lumen in cœlo* (Léon XIII), — *ignis ardens*, — *religio depopulata*, — *fides intrepida*, — *pastor angelicus*, — *pastor et nauta*, — *flos florum*, — *de medietate lunæ*, — *de Labore solis*, — *gloria olivæ*, — *petrus Romanus*.

Suite des calculs du même auteur : de Saint-Pierre à Lucius II, mort le 13 février 1145, 168 papes ; de Lucius à Urbain VIII (6 août 1623 exclusivement, 70 papes ; d'Innocent X (1644) à la fin du monde, 32 papes = 270 ; de Saint-Pierre à Urbain V (1644), 238 papes n'ont pas régné en moyenne sept ans, puisqu'à sept ans chacun, ils seraient arrivés à l'an 1666, tandis qu'ils n'ont pas dépassé 1644, 22 ans de moins. Mais depuis Innocent X (1644) jusqu'à Pie IX (1846), durant un espace de 202 ans, les papes ont régné près de onze ans l'un dans l'autre, puisque 19 fois 11 donnent 209 ans qui, ajoutés à 1644, nous conduiraient à 1853, dépassant de 7 ans 1846. Or, en supposant un règne de onze ans à chacun des douze papes à venir, nous trouvons 12 fois 11 ou 132 ans, qui, ajoutés à 1846, nous mènent à l'an 1978.

Nous avons placé ces notes et ces calculs dans ce recueil, à cause de ce qu'ils renferment d'érudit et de curieux, et comme éclaircissement à l'ensemble de l'ouvrage.     A. P.

## Extrait d'un commentaire manuscrit.

Le second ange répandit sa coupe sur la *mer*, et elle devint comme le sang d'un mort.

Il n'est pas nécessaire de répéter que la *mer*, c'est l'Allemagne.

La plaie qui a été répandue sur la terre n'a atteint que les hommes qui avaient le caractère de la bête, et ceux qui adoraient son image ; mais le fléau qui tombera sur la mer sera bien autrement terrible. Cette malheureuse mer deviendra comme le sang d'un mort, et tout ce qui a vie dans la mer mourra. Le sang lui donnera l'apparence de la vie, et cependant elle sera morte. On pourra croire qu'elle est en état de se mouvoir et d'agir, et cependant elle sera frappée d'une impuissance radicale et semblable à une personne paralysée. Le sang répandu donne la vie ; il y a dans l'effusion du sang une vertu cachée et mystérieuse qui sauve, mais il faut que ce sang soit vivant, soit le sang d'un être vivant. — Que peut donc signifier le sang d'un mort, et la mort devenue le partage de tout animal vivant dans la mer, si ces figures ne sont pas l'annonce de calamités effroyables ?

Nous avons déjà vu le dragon s'arrêter sur le sable de la *mer*, là où la mer était et ne sera plus. Au 21e chapitre, v. 1er de la révélation, nous rencontrons ces paroles "« Et la mer n'était plus ». Les populations des contrées que le prophète désigne sous le nom de mer seraient-elles vouées à une extermination entière, ou condamnées comme les Israélites des tribus schismatiques à un triste exil dans des régions étrangères ou éloignées? Fasse le ciel qu'il n'en soit pas ainsi. Toujours est-il que la mer est réservée à un châtiment qui sera grand et qui, selon les apparences, surpassera les plaies dont les autres nations coupables seront frappées. Si la peine doit être proportionnée au crime, il faut avouer que l'Allemagne, cette mer de tant d'erreurs monstrueuses, a bien mérité le sort funeste qui semble devoir être son partage.

Mais les malheurs extrêmes dont l'Allemagne serait menacée tomberont-ils sur toutes les nations germaniques ou autres renfermées dans son cercle, et qui lui sont unies par une communauté de gouvernement, de lois, de langage, d'intérêts, de coutumes ? Nous ne le pensons pas. Nous sommes portés à croire que ces malheurs sont réservés aux populations de l'Allemagne *septentrionale*, qui sont, à proprement parler, la *mer* : l'Allemagne méridionale nous semblerait devoir être encore la *Terre*. En effet, les contrées de l'Allemagne qui avoisinent le plus l'Italie faisaient partie de l'ancien empire romain et étaient comprises dans la grande fraction de cet empire qu'on appelait l'Illyrie. Il faudrait peut-être venir à l'interprétation que nous avons donnée en premier lieu et d'après laquelle la *mer* serait formée de l'Allemagne septentrionale, des royaumes du nord de l'Europe, des Pays-Bas, et même de l'Angleterre. Cependant cette fois, nous en détacherions l'Angleterre, parce que cette nation aura sa plaie particulière, la plaie de la cinquième coupe et sera désignée dans cette circonstance sous le nom de *Trône* de la *Bête*.

Pourquoi ne dirions-nous pas notre pensée toute entière ? Lorsque le dernier des Antechrists, l'Antechrist par excellence, aura établi son empire dans l'air, c'est-à-dire dans les parties du monde situées hors de l'enceinte des sept églises, il marchera avec toutes ses forces contre la république chrétienne ; il l'envahira et ne se proposera rien moins que de substituer dans les sept églises la domination de l'enfer au règne du divin Jésus. Dieu viendra au secours de son église, il fera descendre du ciel un feu qui dévorera l'homme de péché avec les hordes impies qui marcheront à sa suite (Ch. 20, v. 9.) La république chrétienne sera arrachée à sa ruine.

Toutefois le mal que ce suppôt de Satan lui aura fait sera grand. Ce mal atteindra d'une manière plus particulière, nous le pensons, les nations de la *mer*, en punition de leur attachement obstiné à l'hérésie. Rappelons-nous ce qui est dit dans la prophétie adressée à Thyatire, la quatrième des sept églises (ch. 2, v. 22-24), de Jésabel, cette femme qui s'annonce comme prophétesse, qui enseigne et séduit les serviteurs de J.-C. pour les faire tomber dans la fornication et leur faire manger de ce qui est sacrifié aux idoles, c'est-à-dire pour les entraîner dans le schisme, l'hérésie, et leur faire accepter comme une doctrine, bonne et chrétienne, un enseignemrnt *donné au nom* du pouvoir politique et dans l'intérêt des princes temporels, qui ne sont que de vaines et impures idoles, toutes les fois qu'ils veulent substituer, dans les choses de la religion, leur autorité tout humaine, toute terrestre, au pouvoir spirituel et divin de l'Eglise de Jésus-Christ. — Je lui ai donné du temps, dit le Christ, pour faire pénitence, et elle n'a pas voulu se repentir de sa prostitution. Mais je vais, poursuit le Sauveur, la réduire au lit et accabler d'afflictions ceux (les princes) qui commettent l'adultère avec elle, s'ils ne font pénitence de leurs œuvres. Je frapperai de mort ses enfants, et toutes les églises connaîtront que je suis celui qui sonde les reins et les cœurs et je rendrai à chacun de vous selon ses œuvres. Enfin le divin Maître ajoute : Mais je vous dis, à vous et à tous ceux de vous autres qui êtes de Thyatire et qui ne suivez pas cette doctrine, que je ne mettrai pas de nouvelles charges sur vous.

Quel meilleur commentaire et plus lumineux pourrait-on produire, que cette admirable prophétie écrite à la quatrième Eglise, pour expliquer les symboles qui représentent les effets de la seconde coupe répandue sur la mer. Il ne faut pas laisser inaperçu le rapport étonnant qui existe entre la femme, cette Jesabel de la prophétie écrite à Thyatire, la quatrième des sept églises, laquelle Jésabel, en punition de sa prostitution, est réduite au lit, et l'image que présentent les symboles qui accompagnent l'effusion de la deuxième coupe, dont la plaie tombe sur la mer qui devient comme le sang d'un mort. On ne peut voir de peintures plus différentes, plus dissemblables ; et cependant dans ces deux peintures, au fond de ces deux tableaux, gît la même pensée. C'est de l'une et de l'autre part l'annonce d'un châtiment semblable, ou, pour mieux dire, du même châtiment, d'un seul et même châtiment ; c'est l'impossibilité de se mouvoir, ôtée à un être qui vit, ou au moins qui a encore les apparences de la vie ; c'est un être frappé de paralysie.

Conférer avec ce commentaire les prophéties allemandes publiées dans la *Revue Britannique* en 1850, reproduites par l'*Univers* en 1856, par le *Monde* en 1866 ; et de nouveau par l'*Univers* en 1870, le 6 août ;

2º L'article *le roi de Prusse et la Révolution*, 13 novembre 1849, dans les *Mélanges religieux, politiques et littéraires* de Louis Veuillot, tome IV, 1847-50, qui est très remarquable, et dont les conclusions s'accomplissent à la lettre ;

3º « *Dernier mot.* » Page 65 ;

4º *Vie de Anne-Cath. Emmerich*, tome 3º, p. 184, automne 1822 ; par l'abbé Cazalès.

« Une fois étant en extase, elle fit entendre ces paroles ou plutôt ces lamentations : Ils veulent enlever au pasteur le pâturage qui est à lui ! Ils veulent en imposer un qui livre tout aux ennemis ! » Alors saisie de colère, elle leva son poing fermé en disant : Coquins d'Allemands ! Attendez ! vous n'y réussirez pas. Le pasteur est sur un rocher. » (*Extrait d'un commentaire inédit.*)

## Prédiction de la sœur Rosa Colomba.

Cette Voyante était religieuse dominicaine. Elle mourut le 6 juin 1847, au monastère de Sainte-Catherine de Taggia, province de Nice. Sa prophétie, comme les vaticinations en général, renferme quelques expressions qu'il n'est pas toujours facile de bien adapter aux faits qu'elles concernent ; il y a quelques variantes dans la manière dont le texte révélateur déposé à Vintimille, a été donné au public ; mais ces expressions et ces variantes n'atteignent que certains détails, et non le corps de la prédiction. Nous avons fait en sorte de rendre non pas le texte rigoureux dans l'expression, mais le sens le plus probable et le moins éloigné de la vérité.

*Le livre des Prophéties*, publié à Rennes en 1870, parle comme suit de cette fleur du cloître, page 209 : « La sœur Rosa Colomba, dominicaine du couvent de Taggia, en Piémont, va nous apporter des révélations encore plus dignes d'intérêt. Pour le coup, nous avons à faire à une personnalité réelle, très-vénérable, et dont les prédictions, recueillies avec soin de son vivant, ont été entourées de toutes les garanties d'authenticité désirables. La vue prophétique lui était habituelle, mais l'humble religieuse savait dissimuler ses dons sous les dehors d'une simplicité touchant à l'enfance. Aussi n'apportait-on d'abord aucune attention à tout ce qu'elle annonçait ; ses compagnes s'amusaient souvent de ses prédictions, lorsqu'il lui arrivait de dire : « Pauvre Louis-Philippe, tu t'enfuiras un jour de la France pour aller mourir en Angleterre ». Ce n'est que lorsque les événements eurent donné l'éveil aux religieuses qu'elles commencèrent à en prendre note. Procès-verbal authentique en fut dressé et déposé aux archives de l'évêché de Vintimille, et c'est à ce procès-verbal que sont empruntés les extraits qu'on va lire ».

« Après avoir annoncé l'avènement de Pie IX, son exil, son retour à Rome, la chute de Louis-Philippe, le règne de Napoléon, sœur Rose poursuit en ces termes :

« Le roi Charles-Albert accourra le premier sur le champ de

bataille. Vaincu et obligé de fuir en exil, il ira mourir aux confins de l'Espagne. — A Charles-Albert succèdera un roi *puéril.* — Après sa mort, éclatera une grande persécution qui sera l'œuvre de ses fils même. — On verra paraître un persécuteur. Il se donnera le nom de Rédempteur (Garibaldi) et un grand nombre d'hommes s'uniront à lui pour persécuter la religion par des maximes fausses et par la force. Telle sera leur malice, telle sera leur astuce qu'ils séduiront bien des personnes. — L'Italie sera le théâtre de ces évènements, et une guerre sanglante contre la religion fera un grand nombre de martyrs. — Cette persécution sera générale en Italie. Quelques évêques seront lâches, mais le plus grand nombre demeurera fidèle et souffrira beaucoup pour la foi.

» L'Angleterre retournera à l'unité; les Russes persuadés par le Pape deviendront plus humains envers les catholiques de l'empire. Le catholicisme refleurira en Turquie.

» Dans la persécution, les religieux auront leurs biens confisqués; il y aura des victimes dans le clergé.

» Un grand ébranlement éclatera dans l'Europe entière : la paix ne se rétablira que lorsque les lys, descendant de Saint Louis, remonteront sur le trône de France.

» Alors l'Eglise, purifiée par la persécution, rebrillera plus belle que jamais. Les fidèles auront été décimés par les évènements, mais il y aura une grande ferveur.

» Les Prussiens porteront la guerre en Italie; ils y convertiront les églises en écuries. L'Eglise sera alors battue par la tempête. Le Piémont subira plus de maux que le reste de l'Italie.

» Il y aura une grande ligue de plusieurs nations. La Prusse sera finalement vaincue, humiliée.

» Plusieurs peuples hérétiques, les Russes en particulier, rentreront dans le giron de l'Eglise.

» Un Napoléon règnera, puis tombera du trône (1).

» Plusieurs des sœurs du Couvent de Taggia vivront encore, quand se déchaînera la grande persécution. Toutes ne persévèreront pas, et celles qui seront demeurées fidèles seront crucifiées sur le monticule du jardin, avec ceux qui auront cherché un refuge dans le monastère.

» La fureur populaire aura le dessus. L'exil des Jésuites sera le commencement des perturbations. Les ordres religieux seront réduits dans leur nombre. Il y aura des hospitaliers pour héberger les pèlerins venant honorer les reliques des martyrs. Des chevaliers se croiseront pour la défense de l'Eglise.

» Le fils de Victor-Emmanuel sera détrôné. »

Rosa Colomba avait précisé les moindres circonstances de ses derniers moments. « L'Italie, s'écriait-elle souvent, est couverte d'impiété ; des malheurs affreux tomberont sur elle et bouleverseront le monde entier. » Comme preuve de sa prédiction, elle avait annoncé que, quatre ans après sa mort, sa tombe serait ouverte et que son corps serait trouvé entièrement consumé. L'ouverture a eu lieu au temps dit, et la constatation a été faite selon que la voyante l'avait annoncé.

## Le secret de sœur Mélanie

### (Marie de la Croix).

La Salette commença en 1846, cette succession d'apparitions de la Mère de Dieu, où elle est venue prodiguer à la France de solennels avertissements. Si jamais il a été fait abus des

(1) Ce fait est accompli.

grâces divines, c'est assurément au dix-neuvième siècle. Les manifestations du ciel, de même que les ébranlements politiques et sociaux, n'ont rien ou presque rien changé dans la vie morale des peuples, et c'est là un spectacle qui met la mort dans l'âme au chrétien qui honore ce nom.

Nous n'avons pas à revenir ici sur la prophétie de la Salette, connue de tout le monde ; c'est le secret de Mélanie, secret relatif au moment présent et aux évènements formidables dont l'heure est venue qui va nous occuper. Léon XIII a voulu voir a sœur Mélanie, qui fut la petite bergère des Alpes. Que lui a-t-elle dit ? Nous n'avons pas à le raconter ; nous dirons seulement que Sa Sainteté a été très-émue.

Sœur Mélanie, ou Marie de la Croix, a séjourné à Rome, vivant dans un monastère et dans une solitude absolue. Elle y a préparé la règle d'un Ordre qu'elle doit fonder, après la crise prochaine, sous le nom des *Apôtres des derniers temps*. Un saint prêtre français, au bout de la vie, et possesseur d'un vaste immeuble, très-propre à recevoir une communauté, en a fait don à sœur Marie de la Croix, pour y établir la première maison de son Ordre.

Le secret de Mélanie ne devait être révélé que graduellement et à de certaines dates. Il a été connu de quelques personnes, fractionnellement d'abord, puis dans l'ensemble. M. l'abbé Bliard, dans un voyage en Italie, en 1870, fut autorisé par Mgr l'évêque de Castellamare, non loin de Naples, à entretenir la bergère de la Salette des confidences que la Sainte Vierge lui avait faites, et obtint de sœur Marie de la Croix une minute de son secret. Nous avons sous les yeux ces quelques pages, corroborées par des notes particulières qui nous sont venues de divers côtés.

A cause de certaines graves particularités que Mélanie a gardées devers elle ; de réticences que les détenteurs du secret estiment devoir s'imposer ; de dates sur lesquelles il faudrait recourir à des commentaires, pour les assimiler aux autres prédictions ; nous ne publierons pas textuellement le Secret tel que nous le possédons. Nous en ferons seulement un exposé dans lequel nous mettrons autant de fidélité et de clarté que cela dépendra de nous. Généralement nous emploierons les paroles de la Voyante, et toujours ses propres pensées.

### Exposé.

Dès 1858, Mélanie pouvait publier son Secret. Elle n'en laissa échapper qu'une partie, adaptée aux affaires du temps, et attendit pour le reste. Il était raide, en effet, de jeter au sein d'un public blasé, courbé sous le sensualisme, des reproches à la manière de ceux que les prophètes d'Israël écrivaient contre les cités et les peuples coupables.

La Sainte Vierge se plaint amèrement de prêtres, ministres de son fils, qui mènent mauvaise vie, qui profanent ainsi les saints mystères, qui se déshonorent par l'amour de l'argent et des plaisirs.

Cette conduite appelle la vengeance, et le courroux d'En-Haut est suspendu sur la tête des prévaricateurs : Malheur aux personnes consacrées à Dieu qui, par leurs infidélités et leurs désordres, crucifient de nouveau le Sauveur ! Leurs péchés ont irrité le Ciel et le châtiment est à leurs portes. Il ne se trouve plus personne pour implorer miséricorde pour le peuple ; il n'y a plus d'âmes généreuses et de saints dignes d'offrir la Victime sans tache au Père céleste, en faveur du monde. Malheur aux habitants de la terre ! Le Seigneur va épuiser sa colère, et personne ne pourra se soustraire à tant de maux. Au premier coup de son épée flamboyante, les montagnes trembleront d'épouvante, parce que les crimes des hommes sont montés jusqu'au firmament.

La terre sera frappée de toutes sortes de plaies. La peste et la famine seront du nombre. Il y aura des guerres continuelles...

La société sera en proie à de terribles fléaux ; les nations subiront un sceptre de fer et boiront le calice de la colère de Dieu.

Le Saint-Siège sera en butte à la rage des impies ; mais que le Vicaire du Christ, ferme et généreux, combatte avec les armes de la foi et de l'amour, le Sauveur sera avec lui.

Ici se place un portrait de Napoléon, dont Pie IX devait se méfier ; il devait abandonner la défense de l'Eglise, et tomber bientôt, en punition de son apostasie.

L'Italie, qui par ambition à secoué le joug du Seigneur, sera livrée aux désastres de la guerre ; la terre y sera rougie de sang ; les religieux chassés : ils seront décimés par une mort cruelle. Beaucoup se sépareront de la religion. Le Pape doit se tenir en garde contre les suppôts de l'enfer, dont plusieurs même feront de certains prodiges.

Lucifer, déchaîné avec de nombseux démons, fera d'incroyables efforts pour abolir la foi, et sans une grâce particulière, les personnes mêmes consacrées à Dieu, sacrifieront à l'esprit des mauvais anges. Il y aura des maisons religieuses où la piété s'altèrera et qui perdront une partie de leur pieuse famille.

Les mauvais livres abonderont, et les démons obtiendront un relâchement général pour tout ce qui regarde le service de Dieu.

La Voyante décrit les derniers temps, vers lesquels l'humanité marche à grands pas, et montre les esprits ténébreux exerçant un grand pouvoir sur la nature, ayant des églises pour les honorer, transportant merveilleusement des hommes d'un lieu en un autre ; de mauvais prêtres, faute d'humilité et de zèle, seront parmi ces personnes ainsi dominées.

Les démons, pour mieux séduire, sembleront ressusciter des hommes; et les esprits mauvais, sous ces figures, prêcheront un Evangile contraire à celui de Jésus-Christ. Ces prodiges extraordinaires auront lieu, parce que la vraie foi sera éteinte et que la fausse lumière éclairera la terre.

Les dix rois de l'Antechrist désoleront le monde.

Le Vicaire du Verbe fait homme aura beaucoup à souffrir, parce que pour un temps, l'Eglise sera livrée à de grandes persécutions ; ce sera le temps des ténèbres ; l'Eglise traversera une crise affreuse.

La France, l'Italie, l'Espagne, l'Angleterre, seront en guerre ; le sang coulera dans les rues ; le Français se battra avec le Français, l'Italien avec l'Italien ; puis il y aura une guerre générale épouvantable. Pour un temps, Dieu ne se souviendra plus de la France ni de l'Italie, parce que l'Evangile du Christ n'est plus observé.

Le saint Père aura bien des afflictions à supporter ; mais Dieu le soutiendra jusqu'à la fin. Les méchants attenteront à sa vie.

Un avant-coureur de l'Antechrist, avec des tronpes de plusieurs nations, combattra contre le Sauveur du monde ; il répandra beaucoup de sang et voudra anéantir le culte du Très-Haut.

La nature elle-même frémit d'épouvante dans l'attente de ce qui doit arriver à la terre souillée de crimes. Que le monde tremble ! Que ceux qui font profession d'adorer Jésus-Christ soient dans la frayeur, parce qu'il en est qui s'adorent eux-mêmes ; que les lieux saints ont connu la corruption, et que de pieux asiles ont méconnu l'esprit du Seigneur.

C'est ainsi que le démon exerce son empire sur les cœurs, et que là où devrait ne se trouver que l'innocence et la perfection se glisse la discorde et le goût des plaisirs charnels.

Mélanie a écrit que l'antechrist naîtrait d'un homme et d'une femme qui, d'après leurs promesses aux pieds des autels, auraient dû être l'une l'ornement du cloître, l'autre l'honneur du sanctuaire. Elle retrace à grands traits les ravages de l'homme du mal, qui ne vivra que d'impureté, de mensonge, de blasphème, de séduction, et qui fera des prodiges infernaux. Il présidera à la dévastation de la Vigne du Christ, Celui cependant qui l'écrasera finalement, en déchaînant sur lui sa foudre.

Paris sera brûlé, Marseille engloutie ; plusieurs autres grandes villes visitées par de terribles châtiments du ciel.

Nous reproduisons le passage suivant, qui est un appel de la Sainte Vierge aux restes fidèles d'Israël, tel que l'ont donné M. Girard et M. l'abbé Bliard.

« J'adresse un pressant appel à la terre ; j'appelle les vrais disciples du Dieu vivant et régnant dans les cieux ; j'appelle les vrais imitateurs du Christ fait homme, le seul et vrai sauveur des hommes ; j'appelle mes enfants, mes vrais dévots, ceux qui se sont donnés à moi pour que je les conduise à mon Divin Fils ; ceux que je porte pour ainsi dire dans mes bras, ceux qui ont vécu de mon esprit ; enfin, j'appelle les apôtres des derniers temps, les fidèles disciples de Jésus-Christ qui ont vécu dans le mépris du monde et d'eux-mêmes, dans la pauvreté et dans l'humilité, dans la peine et dans le silence, dans l'oraison et dans la mortification, dans la chasteté et dans l'union avec Dieu, dans la souffrance et inconnus du monde; il est temps qu'ils sortent et viennent éclairer la terre. Allez et montrez-vous comme mes enfants chéris ; je suis avec vous et en vous, pourvu que votre foi soit la lumière qui vous éclaire dans ces jours de malheur ; que votre zèle vous rende comme des affamés pour la gloire et l'honneur du Dieu Très-Haut; combattez, enfants de lumière, vous, petit nombre qui y voyez, car voici le temps des temps, la fin des fins..... »

Une note de la bergère de la Salette semble indiquer que le monde n'avait plus désormais cent ans à vivre. Cette question a été traitée dans cet ouvrage.

Telle est en substance, avec quelques réticences et des particularités que la Voyante s'est encore réservée, le véritable secret de la Salette.

## Cinq lettres inédites de sœur Marie de la Croix, victime de Jésus. (La Bergère de la Salette)

Nous devons à l'amitié de M. l'abbé H..., du diocèse de Bayeux, un fervent serviteur de Marie, la communication des lettres dont nous sommes heureux d'enrichir ce recueil :

J.-M.-J.

« Castellamare, le 2 avril 1872.

» Monsieur,

» Que Jésus soit aimé de tous les cœurs !

» Je réponds à votre bonne lettre et je vous remercie de la photographie que vous avez eu la charité de m'envoyer.

» Que la divine Vierge vous conserve jusqu'à la fin dans la foi de notre sainte religion, et protège, d'une manière particulière, vos trois chers enfants. La vie est courte et pleine de pièges ; nous devons plus que jamais nous attacher à la Sainte Eglise, au Pape infaillible, fuir les libres penseurs, prier et beaucoup prier.

» Qui peut connaître les secrets du Très-Haut ?... Qui peut savoir si Dieu, toujours bon, toujours plein de miséricorde, ne se laisserait pas fléchir pour pardonner encore une fois la ville de Paris. Il est si bon, notre bon Dieu ! . La France est bien coupable et Paris, foyer de tous les vices, trône des détrôneurs du divin Maître, est menacé et bien menacé. J'ai écrit plusieurs fois à un de mes frères, qui est à Paris, pour lui dire de quitter au plus tôt cette ville. Quoique je sache fort bien, que je sache trop quel est l'endroit de la France qui n'aura pas à souffrir dans la tourmente générale que Dieu prépare, nous sommes tous coupables!... Pauvre France, pauvre Italie!...

» Prions, prions, prions sans cesse.

» Agréez l'hommage du profond respect avec lequel je suis, Monsieur, votre très-humble et très-respectueuse

» MARIE DE LA CROIX, victime de Jésus. »

*L'œil de Dieu veille sur moi.*
*Mon salut est dans la Croix.*
*Vive Notre-Dame de la Salette !*

J. M. J.

Castellamare di Stabia, 15 avril 1875.

Monsieur l'abbé,

Que Jésus soit aimé de tous les cœurs. Je viens de recevoir votre bonne lettre ainsi que votre offrande, je vous en suis bien reconnaissante, bien sûre que la Très Sainte Vierge vous le rendra au centuple en cette vie et en l'autre. Quoique je sois très-indigne, je prierai pour vous, Monsieur l'abbé, et pour les personnes qui vous sont chères.

Je suis heureuse d'apprendre le sacre de Sa Grandeur Monseigneur le Coq; nous avons un très-grand besoin de bons évêques ; les temps sont si mauvais ! Les premiers pasteurs doivent en tout, donner le bon exemple ; si les pasteurs, si les chefs sont bons, le peuple aussi sera bon.

La France est malade, parce qu'elle s'est éloignée de la vraie vie : l'amour de Dieu, l'ardeur de la foi. Oui, nous nous sommes éloignés de notre fin principale ; c'est fâcheux, c'est malheureux ; c'est bien triste ; et la France ne se relèvera que quand elle se sera humiliée devant le Seigneur, et quand elle retournera à lui sincèrement. Nous sommes tous coupables ; qui plus, qui moins, et nous devons tous mettre la main sur notre conscience, et reconnaître nos torts et nos infidélités envers le bon Dieu.

J'ai reçu en son temps votre lettre, et comme vous m'annonciez, je crois, deux livres, j'attendais toujours qu'ils vinssent pour vous en accuser réception ; ils ne sont pas encore arrivés. Il est probable qu'ils se seront perdus ou qu'on les aura retenus dans quelque bureau de poste. Dieu l'a permis ainsi, qu'il en soit béni ; je vous en remercie la même chose. Je vous prie, Monsieur l'abbé, de vouloir prier pour moi, j'en ai un vrai besoin.

Priez aussi pour le clergé de ce diocèse, afin qu'il soit exemplaire ; sans le bon exemple des prêtres, on ne peut rien espérer de la part du peuple, qui aime à voir le ministre des autels dévot, fervent, humble, charitable et surtout bien détaché des choses de la terre ; si non, ses sermons et ses exhortations ne font aucun effet....

Agréez l'hommage du plus profond respect, avec lequel je suis, Monsieur l'abbé, votre très-humble et indigne servante Marie de la Croix, victime de Jésus.

*L'œil de Dieu veille sur moi.*
*Mon salut est dans la Croix.*
*Vive Notre Dame de la Salette !*

J. M. J.

Castellemare, le 16 août 1875.

Mon très-révérend Père,

Que Jésus soit aimé de tous les cœurs. Je vous remercie infiniment de l'offrande que vous avez eu la grande charité de m'envoyer ; je n'ai pu vous répondre alors, parce que j'étais sur mon départ pour la France, et à mon retour je trouve votre dernière lettre.

La partie du secret qui est dans le livre qu'a écrit le bon M. Girard, lequel n'est plus sur la terre, est toute vraie ; seulement il a rencontré beaucoup de contradictions, parce que aujourd'hui on ne veut pas savoir la vérité, et que chacun veut agir au gré de ses caprices, loin de ses propres devoirs ; mais il viendra un temps où les yeux des endormis s'ouvriront, mais il sera trop tard pour eux. Les prêtres, en certains lieux, s'éloignent de leurs devoirs, et on ne voit plus en eux les traces des exemples de Jésus-Christ ; on ne peut que rarement dire : Ce prêtre fait ce que Jésus-Christ faisait étant sur la terre ; ce prêtre est toujours au pied des autels ; ce prêtre console les affligés, soulage les malheureux, visite les malades, les pauvres et les orphelins ; ce prêtre est mortifié, il est humble et pauvre ; ce prêtre est la vive image de Jésus-Christ, etc. Les apôtres vraiment saints sont rares, et s'il y en avait davantage, nous ne serions pas tombés si bas ; on ne veut pas le reconnaître ; on se fait illusion, on sait que tout va mal, on se contente de dire : Quand viendra le triomphe de l'Eglise, quand changera le gouvernement, nous ferons ceci, cela, etc.; on regarde loin de soi, mais on a peur de se regarder soi-même et de réformer ce qu'il y a de mal en soi. Eh ! n'est-ce pas navrant d'entendre dire aux personnes du monde : Les prêtres nous font perdre la foi, les prêtres courent après l'argent, les honneurs et les plaisirs, les prêtres sont pleins d'orgueil d'eux-mêmes ; ils sont dédaigneux envers les pauvres ; les prêtres ne se soucient pas des âmes ; les prêtres se hâtent de vite dire leur messe et puis on ne les voit plus dans les églises ; les prêtres ont moins de piété que nous, qu'est-ce donc que la religion qu'ils nous prêchent? etc. Et cependant les prêtres sont les Anges de la terre ; ce sont eux qui doivent nous montrer le chemin du Paradis ; quel compte ils devront rendre à Dieu, s'ils ne sont pas tels que leur vocation le demande ! On ne veut pas entendre parler de châtiments, de fléaux; et cependant on n'est pas innocent ? N'est-ce pas parce que ces personnes-là sentent au fond de leur conscience des choses qu'elles ne veulent pas avouer ou qu'elles n'ont pas le courage de déraciner ? Et pour cela elles s'irritent contre la Salette, qui leur fait connaître leurs plaies ; pauvres âmes, elles sont dignes de compassion ! Prions, prions pour elles, et prions pour l'Europe entière.

Mais quoique la plus indigne, je prierai pour vous, mon très-révérend Père, et pour vos deux protégées. Le bon Dieu vous récompensera largement de tout ce que vous avez fait et vous faites pour elles, quoiqu'il y en ait une qui ne reconnaisse pas tous vos bienfaits.

Je vous prie de prier pour moi, et de vouloir bien me bénir.

Agréez l'hommage du profond respect avec lequel je suis, mon très révérend Père, votre très reconnaissante servante,

MARIE DE LA CROIX, victime de Jésus.

*L'œil de Dieu veille sur moi.*
*Mon salut est dans la croix.*
*Vive Notre-Dame de la Salette !*

J.-M.-J.

Castellamare di Stabia, 21 décembre 1875.

« Mon Très-Révérend Père,

» Que Jésus soit aimé de tous les cœurs. J'ai reçu en son temps la brochure : *La Résurrection de Berguille* ; je vous en remercie beaucoup. Je vous suis aussi très-reconnaissante pour l'offrande que vous avez eu la charité de m'envoyer ; que la Très-Sainte-Vierge vous en récompense au centuple et vous protège en tout temps.

» Je croyais déjà vous avoir dit dans une de mes lettres, que la partie du secret que je remis moi-même à M. l'abbé Bliard, et qui est dans le livre que fit M. Girard, de Grenoble, est bien ce que je reçus de la part de la Très-Sainte Vierge, le 19 septembre 1846. Quant aux personnes qui veulent savoir si cette partie du secret que j'ai donnée à M. Bliard, est la même que celle que j'écrivis au Saint-Père et qui fut portée par MM. Gérin et Rousselot ; ces personnes, dis-je, ne doivent pas s'en mettre en peine ; elles doivent, avec amour et reconnaissance, profiter des avis de notre bonne Mère : c'est une ruse de notre amour propre que de vouloir chercher à nous distraire de nos devoirs, pour connaître ce que nous ne devons pas savoir. Ce fut avec peine que je livrai cette partie du secret à M. Bliard, parce que, comme je le lui disais, les esprits n'étaient pas disposés à recevoir ces plaintes de notre Divine Mère. Il est bien vrai que ce n'était pas à moi, ignorante comme je le suis, de faire cette réflexion ; mais je craignais d'être indirectement la cause du mépris que l'on pouvait faire d'une chose toute divine et toute salutaire. Sans doute, si l'on s'arrête à l'instrument, on ne trouvera rien de si méprisable, d'aussi misérable, d'aussi indigne, d'aussi ignorant ; mais la sagesse, la science, l'esprit de foi, doivent faire fermer les yeux sur le porte-voix, pour ne voir que le vrai moyen de salut qui nous vient du ciel par notre miséricordieuse Mère Marie. Voyant que nous nous précipitons dans les abîmes, elle nous rappelle à nos devoirs, nous montre notre oubli de Dieu et la voie qui doit nous faire sortir de l'assoupissement diabolique où nous sommes, et nous faire éviter les fléaux les plus terribles. Une des punitions du bon Dieu, c'est que nous sommes endormis dans une grande indifférence sur la vertu. Nous craignons de dire la vérité, nous craignons de déplaire aux hommes, et nous ne nous mettons pas en peine de déplaire au Seigneur. Nous sommes ambitieux, nous courons après les honneurs et le bien-être, et nous laissons là le soin des âmes que Dieu cependant nous a confiées et desquelles il nous demandera compte.

L'esprit de pénitence nous répugne, et nous trouvons mille prétextes pour nous en abstenir, malgré que nous sachions que nous devons nous mortifier pour nous et pour ceux qui ont les yeux sur nous. Nous aimons la vanité, les richesses, malgré que nous sachions que notre divin Maître a été pauvre, a enseigné la pauvreté et loué les pauvres en esprit. Les temples saints sont déserts. Notre divin Sauveur Jésus-Christ, prisonnier d'amour, voudrait avoir auprès de lui tous ses ministres pour lui tenir compagnie. A très-bon droit, ce serait aux prêtres à visiter leur Divin modèle souvent. Le prêtre a épousé l'Eglise ; la gloire de Dieu doit être toute son ambition et toute sa vie. Le prêtre est appelé à être la lumière des fidèles, leur modèle et leur père. Il n'en est pas toujours ainsi, car notre céleste et bonne Mère ne serait pas venue pleurer et parler comme elle a parlé. Si on méprise l'apparition de la Très-Sainte Vierge sur la montagne de la

Salette, ce n'est pas tout à fait qu'on ne croie pas à l'apparition, mais c'est que les enseignements de la Très-Sainte Vierge piquent l'amour-propre; la vérité est trop cuisante, et pour ne pas dire : Nous voulons marcher avec le courant, il nous en *coûte* de changer de genre de vie, nous ne sommes pas les seuls, nous verrons plus tard; nous ne sommes plus aux jours d'autrefois; les temps sont changés, etc., etc, on se borne à penser qu'on n'est pas obligé de croire à la Salette. Hélas!... les personnes qui parlent ainsi, croient-elles au moins en Dieu? Savent-elles que Dieu ne change pas, et que si les temps changent, c'est nous qui changeons, et que par conséquent nous faisons changer la société. La vie n'est qu'une durée que Dieu nous donne pour observer sa foi, pour le louer et le glorifier, en accomplissant les devoirs de notre état, en imitant Jésus-Christ et en faisant toutes les bonnes œuvres possibles.

Les Apôtres ne pensaient pas comme nous; ils étaient remplis d'amour pour le Seigneur, et le Saint-Esprit les éclairait de sa lumière. Ils parlaient partout sans peur, parce que leur plus grande crainte était de se perdre, en ne remplissant pas *les devoirs sacrés de leur sublime vocation,* qui était d'imiter les vertus de notre divin Maître et de le faire connaître partout en prêchant par leurs exemples et par leurs paroles. La douce Vierge de la Salette n'est pas venue enseigner une nouvelle foi ni un nouvel Evangile; non, certes; qu'on y réfléchisse bien, et l'on verra que cette tendre Mère de miséricorde est venue confirmer, par ses paroles et par ses larmes, la foi de Dieu, de l'Eglise, de l'Evangile, en nous disant que de grands châtiments nous étaient réservés, si nous ne nous convertissions pas. De plus, elle a mis le doigt juste sur les grandes plaies qui offensent beaucoup la Majesté de Dieu en ses enfants; et par la simplicité de ses vêtements, quoique célestes, elle a condamné notre grande vanité ; ses larmes ont marqué, la nécessité de pleurer nos péchés, d'en faire pénitence, et puis, de prendre la voie du ciel en nous élevant au-dessus de toutes les choses terrestres, sans nous arrêter à un arbre, comme fit Judas, le traître, mais de nous confier en la miséricorde de Dieu qui est toujours prête à nous pardonner si nous allons à Lui avec un cœur vraiment contrit et humilié. Nous avons pour médiatrice Marie, prions-là ; allons avec confiance à elle ; elle nous aime et veut nous sauver ; prions, expions et louons son amour.

» Daignez, mon Très-Révérend Père, prier pour moi et moi, quoique je sois bien indigne, je prierai pour vous.

Agréez l'hommage du profond respect avec lequel je suis, mon Très-Révérend Père, votre très-reconnaissante et indigne servante,   MARIE DE LA CROIX, victime de Jésus.

*L'œil de Dieu veille sur moi.*
*Mon salut est dans la croix.*
*Vive Notre-Dame de la Salette.*

J. M. J.

Castellamare, le 12 juin 1879.

« Mon très révérend Père,

» Que Jésus soit aimé de tous les cœurs. J'ai eu hier le bonheur de recevoir votre si édifiante lettre, dont je vous remercie beaucoup, ainsi que des détails que vous avez eu la complaisance de me donner au sujet de Berguille ; je vous remercie aussi des prières et des deux images de Notre-Dame des Anges qui ont été bénites par la Sainte Vierge : je les conserverai avec bonheur ; je vous remercie enfin des bonnes prières que vous voulez bien faire pour moi et surtout au saint sacrifice de la Messe ; c'est une bien grande charité que vous me faites, car j'ai bien besoin de l'aide de Dieu, me sentant comme je le suis, bien misérable, bien indigne et sans aucune vertu.

Je vous suis bien reconnaissante, mon très révérend Père, pour la nouvelle offrande que vous avez eu la très grande charité et bonté de m'envoyer ; que la Très Sainte Vierge vous en récompense, sur la terre et dans le ciel par un surcroît de gloire

Je suis restée cinq mois à Rome, pour écrire par l'ordre du Saint Père Léon XIII, la règle que me donna la Très Sainte Vierge, le 19 septembre 1846, et tout ce qui regarde le nouvel Ordre des Apôtres des derniers temps. Maintenant mes écrits sont soumis à l'examen et je n'ai plus à m'en occuper ; il faut prier et beaucoup prier, afin que le vieux serpent n'ait pas à chanter victoire, comme il a chanté victoire pendant 26 ans, lorsque je présentais la Règle à Grenoble et qu'elle fut rejetée. Prions, prions, prions.

Nous vivons dans un temps bien pervers, et nous n'avons d'espoir qu'en Dieu, dans sa divine miséricorde.

Après nous avoir envoyé sa Mère pour nous avertir des maux qui viendront foudre sur les hommes, s'ils n'observaient pas ses commandements, il ne cesse depuis de poursuivre les hommes par des châtiments qu'il envoie alternativement, et malgré cela, on continue d'offenser Dieu, de travailler le dimanche, de blasphémer. L'indifférence pour ne pas dire la haine pour Dieu et pour tout ce qui regarde la religion, règne partout parmi les hommes ; c'est effrayant d'entendre les faux raisonnements de personnes qui se disent sensées ; nous sommes dans un véritable aveuglement qui est un premier châtiment de Dieu. On ne veut plus entendre parler de pénitence, et cependant il n'y aurait que la pénitence humble et sincère, l'expiation et un vrai repentir qui pourraient nous relever, nous éclairer et nous obtenir miséricorde.

Je crois que le Seigneur ne tardera pas à envoyer de grands fléaux, puisqu'on ne tient pas compte des châtiments avant-coureurs. Il faut beaucoup prier, car les calamités seront terribles et épouvantables ; qui pourra résister à tant de maux réunis ! Ayons confiance en la Vierge Marie ; elle sauvera ses fidèles serviteurs ; aimons-là, prions-la, elle sera avec nous.

Quoique je sois très-indigne, je prierai beaucoup pour vous, mon très révérend Père, pour vos proches, selon vos intentions et pour toutes les personnes que vous m'avez nommées et recommandées.

Agréez l'hommage du plus profond respect, avec lequel j'ai l'honneur d'être, mon très révérend Père, votre très humble, très reconnaissante et indigne servante,

MARIE DE LA CROIX née Mélanie Calvat, bergère de la Salette.

*L'œil de Dieu veille sur moi.*
*Mon salut est dans la Croix.*
*Vive Notre-Dame de la Salette !*

---

Feu notre ami M. Girard, dont le public catholique a connu le zèle pour les intérêts religieux de la Terre-Sainte, et qui était si pieux envers la sainte montagne de la Salette, a fait connaître à un certain nombre de fidèles la lettre suivante de sœur Mélanie. Nous la reproduisons comme propre à émouvoir les cœurs et à les porter à la prière, la grande arme de notre salut commun, au sein des incertitudes et des sombres appréhensions du moment.

« Ma bien chère Mère,

» Que Jésus soit aimé de tous les cœurs ! — Il y a bien long-temps que je n'ai pas eu l'avantage de recevoir de vos nouvelles ; je ne cesse de prier le bon Dieu pour vous, pour mes chers frères et pour mes bonnes sœurs. Que le Dieu des miséricordes veille sur vous ; qu'il vous protège et étende la main sur vos têtes, dans le moment épouvantable qui va éclater sur la France coupable. La mesure des crimes est pleine : pauvre France! pauvre Italie!.. Je désire, chère mère, que vous écriviez encore à mon frère Auguste, qui est à Paris, pour lui dire de sortir de cette ville, ville coupable, siège de tous les vices... Elle doit périr. Hâtez-vous de lui écrire, je vous en supplie, autrement vous aurez à pleurer ; cette ville est condamnée ; elle doit disparaître de la terre. Que mon frère sorte, et sorte le plus tôt possible ; il n'y a pas de temps à perdre... Prions beaucoup, chère mère, prions ; les fléaux les plus terribles, et tels qu'il ne s'en est jamais vu de semblables, vont fondre sur la France. Attachez-vous bien à la Sainte-Vierge, à notre sainte Religion, à N. S. P. le Pape, vicaire infaillible de J.-C. sur la terre. Si vous n'avez pas le scapulaire du Mont-Carmel, faite-vous le mettre, ainsi qu'à tous mes frères ; mais ne perdez pas de temps. Les fléaux viendront à la course et comme des voleurs. Confessez-vous et faites la Sainte Communion. Soyez tous prêts à mourir, si le bon Dieu le veut ; mais ne perdez pas le ciel où nous devons tous nous revoir, pour ne jamais plus nous séparer. Priez, priez, et quand le sang coulera de tous côtés, tout à coup un autre fléau épouvantable apparaîtra et excèdera le premier. Je tremble en voyant tant de maux, je ne peux plus y penser sans épouvante.

» Procurez-vous deux ou trois cierges que vous ferez bénir ; procurez-vous aussi de l'eau bénite, et quand vous entendrez des bruits dans les airs et que la nuit se fera, fermez bien vos portes et vos fenêtres, et faites des prières continuelles jusqu'à ce que nous reconnaissions que Dieu seul est digne d'être adoré et servi. Priez pour notre Saint-Père le Pape, priez pour les prêtres ; soyez unis entre vous, aimez-vous les uns les autres, faites des prières continuelles : Prions, prions ; ne vous affligez pas pour moi, je suis entre les mains de Dieu. Le sang coulera en Italie comme en France ; on persécutera l'Eglise ; on fera mourir les catholiques ; les méchants s'enivreront du sang des chrétiens. Mon Dieu ! mon Dieu ! quel tableau effrayant !... Nous l'avons mérité, mais qui ne sècherait pas de frayeur ? Prions, prions, pleurons, et laissons rire ceux qui ne riront pas alors ; laissons les incrédules se moquer de tout. Un jour, ils croiront, parce qu'ils verront, mais trop tard ; ils devront, malgré eux, boire jusqu'à la lie le calice des vengeances du Seigneurs des seigneurs. Prions beaucoup la Très-Sainte Vierge ; nous avons un grand besoin de son assistance et de son aide ; prions-la avec confiance. Vous feriez bien, ma chère Mère, de faire venir ma sœur Julie à Corps ainsi que son mari.

» Les habitants de mon cher pays devraient beaucoup prier, pour Notre Saint-Père le Pape, pour les pauvres prêtres. Oh ! mon Dieu, pourquoi ne s'est-on pas converti ?

Agréez l'hommage du profond respect avec lequel je suis, ma chère et bien-aimée mère, votre très-respectueuse et attachée fille ,        MARIE DE LA CROIX, victime de Jésus.

*L'œil de Dieu veille sur moi.*
*Mon salut est dans la croix.*
*Vive Notre-Dame de la Salette !*

## Prophétie complétée.

C'est du bon curé de Maumusson, en Bretagne, un des saints de ce pays, que nous parlons ici. Il y a un an environ, que ses dépouilles ont été solennellement translatées et mises en honneur dans un lieu sacré. Ce que l'on sait des prophéties de l'abbé Souffrant, consiste en un texte trouvé, en 1817, dans les papiers de M. de Bourbon-Chalus. Le voici :

« L'abbé Souffrant avait annoncé les évènements de 1814 et de 1815. Il avait prédit en chaire la chute de Bonaparte. MM. de Turpin, de Condé et de Bourmont étaient allés le voir en 1814, et voici à peu près ce qu'il leur avait dit :

« Ne vous réjouissez pas, car votre joie ne sera pas de longue durée. La branche aînée des Bourbons quittera encore la France. Le moment sera proche lorsqu'on arrangera les chemins vicinaux et qu'on fera la guerre aux Turcs. Sous le règne de l'usurpateur, un mouvement sera tenté en Vendée. Vous, mon cher Turpin, vous y prendrez part, mais vous ne réussirez pas. L'usurpation sera chassée et le moment de sa chute sera précédé par des mouvements en Italie.

» La République sera proclamée ; elle ne sera pas de longue durée.

» Puis viendra un Napoléon. — Je ne puis dire qu'elle sera sa puissance ; mais ce qu'il y a de certain, c'est qu'il en aura assez pour battre monnaie.

» Il viendra ensuite des événements terribles qui seront diminués si nous nous convertissons.

» Tenez pour certain que les grands évènements seront proches :

» 1º Lorsqu'on voyagera par terre avec la plus grande facilité : je ne sais comment cela se fera, mais je vois des voitures marcher avec la rapidité de l'oiseau ;

» 2º Lorsque le nombre des légitimistes restés vraiment fidèles sera tellement petit qu'on les comptera. Dans votre ligne à vous, je ne sais pas si vous pourrez en trouver dix. Les églises seront fermées pendant quelque temps. Le sang coulera par torrents dans le Nord et le Midi. Je vois le sang couler comme la pluie un jour d'orage ; et les chevaux ayant du sang jusqu'aux sangles.

» Paris sera détruit. L'Ouest épargné à cause de sa foi. Les ennemis se dévoreront entre eux. C'est principalement dans les villes que le sang coulera.

« Trois cris domineront: Vive la République ! Vive Napoléon ! Vive le Grand Monarque !

» C'est lorsqu'on croira tout perdu que tout sera sauvé, car entre ce cri : *Tout est perdu !* et celui : *Tout est sauvé !* il n'y aura, pour ainsi dire, pas d'intervalle.

» Le grand monarque sera de la branche aînée des Bourbons. Il fera des choses extraordinaires et dans les évènements tout sera si miraculeux, que les incrédules seront forcés d'y reconnaître le doigt de Dieu.

» Un noble de la Loire-Inférieure jouera un rôle important pour le rétablissement du grand et saint Pontife.

» Toute justice sera rendue. La religion fleurira dans tout l'univers. »

Ce texte renferme des faits accomplis, d'autres qui restent à s'accomplir, mais qui sont en pleine concordance avec le corps des prophéties. Seulement ce n'est pas l'abbé Souffrant qui a écrit la prédiction. S'il l'avait tracée de sa main, elle serait plus complète. Le voyant a laissé verbalement surtout ce qui lui avait été révélé jusqu'à nos temps, et c'est auprès de quelques personnes qui l'ont connu, et qui avaient sa confiance, qu'il faut puiser ce qui manque au texte précédent.

Nous connaissons, nous, deux vénérables bretons octogénaires, à qui le vénérable curé a promis qu'ils seraient témoins de l'apparition du Monarque fort. A leur âge, ils ne sauraient se promettre un grand prolongement de vie, d'où il faut conclure que l'heureux Envoyé n'est pas éloigné de nous. Ce fait est entièrement inédit et nous le donnons comme certain. Il nous semble avoir une importance réelle dans le concert de preuves que nous possedons sur la manière dont les complications actuelles et les ébranlements qui arrivent, doivent finalement se dénouer à l'universelle satisfaction des honnêtes gens.

L'abbé Souffrant a déclaré que l'approche des temps nouveaux et de la double défaite des méchants de l'intérieur et de l'étranger, seraient marqués par divers signes : la température excessive, des choses extraordinaires, l'Italie et l'Espagne en république.

Une personne qui est dévorée du zèle de la maison de Dieu a reçu de M. l'abbé Souffrant, la recommandation de propager quatre dévotions spéciales à l'approche des grands évènements. Cette personne considère la promesse qu'elle a faite au digne vieillard, comme une mission à laquelle elle consacre tout ce que le Seigneur lui accorde de force et d'activité. Ces dévotions sont :

1º Invoquer N. S. dans les souffrances de sa passion.

2º Solliciter des prières publiques au Sacré-Cœur et y participer dévotement.

3º Prier avec ferveur la Vierge Immaculée et S. Joseph, patron de l'Eglise universelle.

4º Se placer sous le patronage de S. Michel, et lui recommande l'Eglise et la France, dont il est le plus puissant défenseur après Jésus-Christ.

Comme l'abbé Souffrant avait vu exactement la situation présente, et comme il est en harmonie avec l'esprit de l'Eglise, qui a tant glorifié, il y a quelques années, les dévotions recommandées par le curé de Maumusson !

Nous avons dit que l'abbé Souffrant n'a pas laissé de texte prophétique, de sa main, sur les affaires de France ; nous n'avons pas voulu englober dans cette affirmation un gros registre laissé à ses héritiers, et où il suivait Holzhauzer dans l'explication de l'Apocalypse. Nul doute qu'il ne se trouve dans ce manuscrit des passages du plus haut intérêt sur notre histoire contemporaine. Les lumières surnaturelles accordées au prophète breton doivent briller dans ces pages. L'original a été vendu à M. le prince de Lucinge une somme de 1400 ou 1500 francs. Nous présumons que cet objet est passé en des mains royales.

» J'avais copié quelques centaines de pages, à l'âge de 15 ans nous écrit un ami de Bretagne, qui devraient se retrouver à l'évêché de Nantes. Mais j'ai toujours eu les faits prédits dans la mémoire, et tout ce que j'ai connu s'est réalisé à la lettre. Avant de mourir, le confesseur du digne vieillard exigea de lui la déclaration devant N.-S.-J.-C. qu'il avait toujours parlé selon l'esprit de Dieu. La déclaration eut lieu hautement. A Maumusson, la mémoire de l'abbé Souffrant est restée en vénération. Il était le confesseur de mon père, qui était pauvre alors. Or, la prophétie annonçait le retour de Napoléon 1$^{er}$, et un impôt sur le sel, pour couvrir les frais de la guerre. L'abbé Souffrant, qui avait déjà sauvé la vie à mon père, lui fit acheter une grande quantité de sel, en lui procurant une caution. L'acquéreur était alors traité de fou. Mais Napoléon revint au jour dit, et ce fou, vendant alors le sel acheté, à gros bénéfice, réalisa une fortune.

» Le bon curé contraignit mon père à être réfractaire, et le jour de Pâques, il lui ordonna d'aller à la messe. Celui-là redoutait les gendarmes, mais Louis XVIII allait bientôt reparaître : il arriva en effet au jour fixé.

» Quelqu'un de la maison de l'abbé Souffrant m'a raconté en détail les prédictions du saint prêtre ; c'est ce que nous disent les autres prophéties les plus exactes. J'ai vu s'accomplir ponctuellement tout ce qui m'a été dit. Les choses arrivées déjà conformément à la vaticination, assurent la réalisation de ce qui appartient encore à l'avenir. Il n'est pas de confirmation plus formelle de l'ensemble des prophéties que celles émanées du vénérable abbé Souffrant. »

## Une apparition de la très-Sainte Vierge à Knock (ouest de l'Irlande).

Un homme de foi et d'instruction a communiqué de Porville Roseren, comté Sippevary, au *Pèlerin*, le récit suivant, écrit d'après les attestations qui lui sont venues :

« Dans la soirée du jeudi 21 août 1879, veille de l'Octave de l'Assomption, peu de moments après le coucher du soleil, la personne qui venait de fermer l'église de Knock, petit village du diocèse de Tuam, à quatre milles de Claremorris, comté de Mayo, aperçut une grande lueur blanche sur le pignon de la sacristie, au chevet de l'église et orienté au S.-S.-E. Il était alors environ sept heures et demie du soir, et le soleil venait de se coucher à l'O.-N.-O. derrière l'église. Le ciel était d'ailleurs couvert, et il tombait une bruine épaisse. La circonstance la frappa, mais elle n'y ajouta pas une grande importance sur le moment, quand, environ une demi-heure plus tard, son attention fut éveillée par la remarque d'un autre paroissien qui déclarait apercevoir la Sainte Vierge avec deux Saints, debout devant le pignon du chevet de l'église, ou celui de la sacristie. C'etait l'endroit même où la lueur avait d'abord été aperçue. Il y avait maintenant plusieurs témoins rassemblés, hommes, femmes et enfants, tous ravis de la vision qui se présentait à leurs yeux. Ils voyaient la B. V. Marie vêtue de blanc, la tête couronnée d'un diadème éblouissant, les yeux levés au ciel, les mains étendues comme celles du prêtre à l'autel et paraissant en prière. (C'est une attitude familière à l'église parmi nos populations, surtout dans les provinces de l'Ouest.) A sa droite, la tête un peu inclinée vers la Sainte Vierge, on voyait saint Joseph fort aisément reconnu à ses traits traditionnels et notamment à sa barbe grisonnante. A la gauche du groupe était un autel surmonté du crucifix, environné d'une vive lumière, et sur l'autel un agneau éblouissant de blancheur avec une croix étendue sur lui. Du côté de l'évangile, et par conséquent immédiatement à la gauche de la Sainte Vierge, se tenait un évêque la mître en tête, tenant de sa main gauche un livre où il paraissait lire, et élevant la droite comme pour bénir ou enseigner. Les témoins crurent unanimement reconnaître saint Jean l'évangéliste, dont ils avaient vu une statue dans une église voisine. La vision était noyée dans une vive lumière, à travers laquelle on voyait scintiller comme des étoiles dans une nuit d'hiver. Cependant l'atmosphère était sombre et pluvieuse, et les témoins de la vision ne cessèrent d'être inondés par la brume, pendant environ deux heures que dura l'apparition. Mais la pluie semblait pourtant respecter la muraille contre laquelle se projetait l'apparition, et qui demeura parfaitement sèche.

Le curé de la paroisse le J.-R. abbé Cavanagh, chanoine et archidiacre du diocèse, assisté de deux de ses collègues, MM. les chanoines de Waldvord et Bourke, et de plusieurs autres du doyenné, fit une enquête sévère et interrogea quatorze témoins oculaires, dont les dépositions furent identiques et invariables. C'était du reste tous des gens d'une honorabilité à toute épreuve. Cette enquête eut lieu le 8 octobre, quand déjà le pays était tout en rumeur. Cependant l'autorité diocésaine ne crut pas devoir encore sanctionner officiellement les pèlerinages spontanés qui se produisaient. Le curé se borna à recommander à ses paroissiens une neuvaine en l'honneur de la

Mère de Dieu, neuvaine qui parut, du reste, avoir les meilleurs résultats dans la paroisse.

Mais un fait plus remarquable encore se produisait au même lieu, le jeudi 1ᵉʳ janvier dernier. Ce jour-là, en plein jour, au sortir de la grand'messe de midi, par conséquent entre une et deux heures du soir, les paroissiens voyaient devant la muraille où la première apparition s'était montrée, comme une colonne de proportions élégantes, élevée au-dessus d'un piédestal richement orné, et surmontée d'une statue, tandis qu'on en voyait deux autres à droite et à gauche de sa base. Plus loin s'élevaient trois autres colonnes ou piliers d'une beauté remarquable, mais de moindres dimensions, et enfin un autel contre la muraille de la sacristie. Toute cette vision était figurée par des effets de lumière et d'ombre, qui en faisaient une image très-distincte projetée sur la muraille. Enfin, trois jours plus tard, le lundi 5 janvier, veille de l'Epiphanie, à onze heures du soir, un grand nombre de personnes aperçurent, toujours devant la même muraille, une grande lumière, et au milieu comme une statue de la B. V. Marie, entourée d'étoiles scintillant et se mouvant, et où les assistants crurent voir comme des anges planant à l'entour.

Les témoins de ces faits sont nombreux et unanimes dans leurs récits. Depuis, le concours des pèlerins sur les lieux est considérable. Des malades et infirmes y viennent de tout le pays environnant, et si l'on en croit la voix publique, un grand nombre y ont obtenu leur guérison. Aussi déjà voit-on accrochés à la muraille de l'apparition une béquille, des bâtons, de nombreuses images et autres objets de piété, laissés en témoignage ou *ex-voto*. La béquille était celle d'un jeune homme atteint depuis neuf ans d'une luxation de la hanche, et qui ne pouvait marcher qu'à l'aide d'une crosse et d'un bâton. Il a été guéri subitement et les a laissés en témoignage. Depuis il a affirmé, par lettre, sa guérison au vénérable curé, l'abbé Cavanagh, à qui il certifie la stupéfaction de ses amis et voisins, lorsqu'ils le virent revenir marchant aussi bien qu'aucun d'eux. Une petite fille de dix ans, *aveugle de naissance*, est venue au pèlerinage, à Knock, avec ses parents. Ils l'avaient menée il y a quelque temps à Dublin, et l'avaient fait examiner par les premiers médecins, qui tous avaient déclaré son infirmité incurable. Elle a été guérie subitement en présence de la foule des pèlerins, en priant devant la muraille de l'apparition et frottant ses yeux avec de la poussière de l'enduit. Mais ce ne sont, affirment les témoins, que deux exemples de faits renouvelés chaque jour. Déjà l'enduit de la muraille a été enlevé par les pèlerins jusqu'a une hauteur de dix pieds. Chaque semaine le concours augmente; surtout les lundis et jeudis, jours qui semblent avoir été plus particulièrement choisis par la Mère de Dieu pour les principales apparitions, comme pour les guérisons miraculeuses (1).

Il n'entre assurément pas dans ma pensée de prévenir la décision de l'Ordinaire ; je ne puis cependant taire le témoignage attribué aux vénérables ecclésiastiques chargés de l'enquête officielle, et qui attesteraient *officiellement* que les dépositions recueillies par eux offrent le caractère le plus satisfaisant.

Un autre fait remarquable serait que l'agitation populaire causée par l'affreuse disette qui désole nos comtés de l'Ouest et qui semblait prendre cet été, dans la paroisse de Knock' une tournure inquiétante, se calma très-sensiblement à la suite de la neuvaine conseillée par le curé à l'occasion de la première apparition.

---

(1) Une des dernières signalées serait celle d'un M. Ansbourg, qui avait perdu la vue depuis un an et l'avait recouvrée subitement, le lundi 19 janvier, en présence de plusieurs centaines de pèlerins.

Mais, je le repète, le prélat qui gouverne le diocèse (1) n'a pas encore prononcé son jugement. Ce que je viens de vous dire n'a donc qu'une autorité fort restreinte, puisque mon récit ne repose que sur de simples témoignages populaires; je n'ai pas cru pourtant devoir vous taire, dans l'espoir que par votre entremise il puisse contribuer à la gloire de la Mère de Dieu, et servir de témoignage à l'humble reconnaissance de ses enfants de l'extrémité de l'Europe, qu'elle daigne visiblement consoler dans leurs cruelles épreuves de l'heure présente.

# LES PROPHÉTIES SUR LES TEMPS PRÉSENTS

## Conclusion.

Un prophète de ce siècle, à qui Notre Seigneur a montré l'effrayant tableau des châtiments prochains mérités par notre âge décrépit, a recueilli ces mots de la bouche du Sauveur, dans une vision : « Prevenez mon peuple, car si je dois vous surprendre tous pour le jour de la délivrance, il n'en est pas ainsi pour l'heure de ma justice. Préparez-vous, préparez-vous, car bien des yeux qui voient aujourd'hui seront fermés dans peu de temps : les intelligences seront obscurcies, et ce sera autant de cadavres que je rejetterai ». Ceux donc qui seront demeurés sourds aux avertissements d'en haut, en seront punis.

Comment expliquer l'indifférence des uns, le dédain des autres, pour les révélations prodiguées à nos temps par le

---

(1) C'est Mgr Mac-Hale, archevêque de Tuam, le *doyen de l'Episcopat d'Irlande et peut-être de l'Eglise universelle,* dont la sagesse et la haute sainteté sont universellement reconnues.

ciel, surtout depuis un tiers de siècle? Aujourd'hui, on n'ose plus attaquer la Salette ni Lourdes, Lourdes surtout, à cause des miracles pour ainsi dire quotidiens qu'on y enregistre. Mais si on concède ces deux grandes apparitions, on rejette le reste, malgré les plus impérieuses raisons qu'il y a d'écouter ces plaintes d'en haut; de procéder à des informations canoniques, et, au moyen des règles prescrites par l'Eglise, de constater si là où le surnaturel se manifeste, c'est Dieu ou le démon qui intervient. L'esprit gallican, autrement dit le catholicisme libéral, une hérésie, somme toute, est pour beaucoup dans ces hostilités. Les doctrinaires de la politique ont infesté de leurs théories néfastes le domaine de la foi, et de là la piété équivoque, les opinions obtuses qui blessent la doctrine catholique. De là, la science théologique oblitérée de plusieurs, le goût pour l'existence commode, un zèle religieux purement extérieur, un nous ne savons quoi de prétentieux qui, avec des apparences d'orthodoxie, déchire la robe sans couture de Jésus-Christ.

La marque la plus caractéristique de ces dispositions incorrectes, quoique déguisées, c'est que le siècle est partout rebelle à ce puissant levier des âges de foi: *Sursum corda*, puisque les supériorités font au loin défaut. La poésie, cette souveraine des âmes, ce langage tout-puissant de la foi, paraît avoir déserté notre sphère, et s'être envolée au séjour où elle anime les éternels transports des élus. Le flambeau divin de cette vertu céleste n'est plus agité sur les fronts prédestinés, et nulle voix enchanteresse ne résonne plus aux oreilles des créatures d'ici-bas. Dire la poésie, c'est aussi dire l'éloquence, car saint Chrysostome et Bossuet sont deux poètes et deux grands poètes. Au moment où tout sombrait en France, principes, libertés, grandeur nationale, la tribune est demeurée veuve d'une de ces personnalités sublimes qui se placent au-dessus des procédés mesquins, des tactiques vulgaires, des stériles habiletés, des calculs égoïstes, des ménagements conventionnels, des sous-entendus misérables, pour dispenser la vérité à tous, pour flageller les hypocrisies, flétrir les crimes, stigmatiser le cynisme des apostasie, rejeter les compromis d'entre-deux aussi bien que les complots du jacobinisme. Nous caractérisons ici une de ces voix allumées par la foudre, voix qui commande, qui éclate comme l'ouragan, qui courbe les têtes, qui rend les oppositions cauteleuses muettes, qui cloue les séditieux sur leurs bancs, qui régente en un mot une assemblée ramollie ou perverse, et qui la terrasse, pareille à un lion d'Afrique qui, dans l'arène où il aurait combattu, aurait mis ses adversaires hors de combat et promènerait ses regards sur les gradins stupéfaits de l'amphithéâtre.

Savez-vous pourquoi les âmes fortement trempées ne se produisent plus; pourquoi un roi de la tribune n'a pas surgi? C'est que ces courages héroïques, ces vaillances de l'intelligence, sont toujours le produit de la foi, de la vertu d'une nation; et que ces mobiles généreux, ces foyers angéliques ne brûlant plus, les audaces magnifiques dont nous déplorons l'absence sont dans l'impossibilité de se manifester. Le courant magnétique qui anime un génie régénérateur, ne partant pas du sein d'un peuple entier, l'âme vigoureuse, appelée à conduire les destinées publiques, demeure inerte et languit dans l'obscurité, l'obscurité où l'air manque, où les dispositions heureuses s'étiolent, où les ailes de la prééminence manquent d'espace pour se déplier.

Et comment une grande nation ne péricliterait-elle pas, quand la sainteté ne lui transmet pas les effluves qui purifient la vie commune ; quand la science se pare d'un autre bandeau que de celui de l'intégrité doctrinale ; quand la sensibilité des médiateurs sociaux n'embaume pas l'air de ses aromes vivifiants ; quand ce qui élève, ce qui transporte, ce qui transfigure, ce qui rend semblables à Dieu est refoulé par l'atonie de tous et par une dégradation universelle? La vie de l'esprit s'est altérée dans les divers degrés de l'échelle sociale, et toutes les sublimités se sont énervées dans les basses aspirations.

Vous expliquez-vous maintenant l'antipathie contre le surnaturel et la résistance dirige contre les prophéties? Elles font rougir, elles réveillent le remords, elles réprouvent, et chacun veut rester asservi à la matière. Les prédictions, sous la plume de quelques écrivains, ont été parfois inexactement interprétées, et des dates téméraires ont été données. Mais est-ce une raison pour proscrire ou pour mépriser les manifestations surnaturelles ? Avec de la réflexion, on constaterait que les hommes tâtonnent désormais comme s'ils étaient pris de vin. Ils ne savent guère ce qu'ils disent et moins encore peut être ce qu'ils font. Le chaos s'épaissit autour d'eux. L'universalité des individus avoue ne plus voir clair sur les chemins et ignorer où se précipite notre âge dévoyé. Eh bien! la personne sérieuse qui étudie les prophéties est autrement partagée : elle a sous les yeux la cause de la noire confusion qui nous enveloppe ; elle connaît la conséquence des infractions aux lois éternelles ; c'est l'expiation; elle sait que la prière, la pénitence, conjurent les calamités publiques méritées, et qu'à défaut de ces retours qui désarment le courroux suprême, c'est Ninive menacée de destruction.

Ce que nous exposons est l'expression unanime des prophéties. On répliquera peut-être : Mais ces menaces ou ces espérances des vaticinations durent depuis si longtemps, et elles ne se réalisent pas. Quel langage ! Pour les punitions, n'avez-vous pas eu la révolution de 1830, et celle de 1848, et celle de 1870 ? La corruption du régime de juillet, puis celui du coup d'Etat n'ont-ils pas gangrené la France, en triplant en même temps les impôts, en vous endettant de 25 milliards, et chose plus grave peut-être, en créant pour tous la gêne ou la misère, au sein de l'opulence et des tonnes d'or ? La ruine de la vigne, de l'industrie séricicole n'a-t-elle pas pesé sur nous ? Le chômage n'est-il pas dans les centres industriels ? Les inondations n'ont-elles pas dévasté les rives de nos fleuves et plusieurs de nos villes ? Pourquoi comptez-vous tant de guerres sans profit, sans raison souvent, et finalement l'invasion prussienne, sur le point peut-être de se renouveler? Une seule des prédictions lugubres de nos Voyants a-t-elle menti dans nos textes? Et pour la partie consolante, les réparations, les améliorations, les consolations, ont-elles fait défaut ? Il reste maintenant les ébranlements suprêmes, les châtiments les plus colossaux ; et si vous interrogez la situation et votre propre jugement, vous ne pourrez que vous dire : Nous y touchons. Les hommes ont fatigué la patience du ciel ; tous les délais accordés ont été inutiles : la dépravation, la cupidité, le blasphème, le scandale, le dol, l'iniquité dans ses formes les plus échevelées, l'athéïsme lui-même, voilà ce qui prévaut, au point qu'on pourrait encore s'écrier avec Bossuet : que tout est Dieu excepté Dieu lui-même. Cette impénitence appelle des calamités publiques sans nom, et c'est ce que proclament unanimement les prophéties. Le vent de la colère divine passera sur le monde ; puis, quand l'orgueil sera renversé, la terre purifiée, le Seigneur fera descendre la paix, et la félicité prendra la place de la dévastation et du deuil. C'est la promesse de nos prophéties.

Osez encore invectiver les vaticinations ! Vous vous plaignez de certaines obscurités, de certains sens torturés par les commentateurs, qui, eux aussi ont trop auguré de leur pénétration ! Il faut ordinairement tenir compte de l'intelligence humaine, toujours courte par quelque endroit ; de l'accomplissement des prophéties, qui est comminatoire, et dont la réalisation a lieu dans sa rigueur ou avec des adoucissements, selon que les hommes s'amendent ou demeurent endurcis. Il en est de même des délais accordés par la Toute-Puissance d'En-Haut.

Nous pourrions placer ici une concordance curieuse des prophéties en général ; leur trouver des similitudes dans l'histoire universelle ; les justifier pleinement en un mot, par des considérations appuyées sur les évènements. Nous préférons laisser quelque chose à faire à l'esprit du lecteur. Du reste, quand l'heure des châtiments prédits est là ; quand les flammes du couchant annoncent la chaleur torride qu'il y aura le lendemain ; quand les premiers grondements de la foudre, dans un ciel noir, préludent aux horreurs de la tempête, est-ce donc encore le moment de raisonner et de discuter ? Nous préférons terminer ce livre par les strophes ci-après : elles peignent les hommes et les choses.

### Rien ! rien !

Les temps où nous vivons sont un noir pêle-mêle
Où la vaine utopie au rêve creux se mêle :
Entre la terre et Dieu s'est rompu le lien.
L'homme a dit : « Eteignons le feu du sanctuaire ;
» Convertissons le temple en un froid ossuaire ;
  » Je ne crois plus à rien, rien. »

Israël de Baal a célébré les fêtes ;
Il a prêté l'oreille aux voix des faux prophètes ;
Et le ciel l'a soumis au joug assyrien.
Sa harpe est suspendue aux saules du rivage ;
Il pleure amèrement Sion, son héritage ;
  Et pour le consoler, rien, rien.

Cette expiation est le juste partage
D'un peuple au sein duquel règne l'agiotage ;

D'un siècle saturé d'orgueil pharisien.
Le jour où d'un pays le vieil honneur chancelle,
Où la foi des aïeux n'a plus qu'une étincelle,
    Ce qui lui reste n'est rien, rien.

Le prince de l'abîme à ses honneurs convie
Les vaillants du mensonge et de l'hypocrisie,
Les imposteurs cachés sous le masque du bien.
La tombe a dévoré les puissantes natures ;
On rencontre, à l'écart, un reste d'âmes pures ;
    Mais hors de ce choix... rien, rien.

Tournez aux quatre vents votre vue inquiète,
Pour y chercher le nimbe enflammé du prophète
Prêt à nous arracher au sol égyptien
Et nous acheminer vers la Terre promise ;
Pour des impénitents il n'est pas de Moïse ;
    Pour des endurcis... rien, rien.

Ainsi que des troupeaux altérés, en des plaines
Où l'ardeur du soleil tari les fontaines,
Nous nous traînons, Seigneur, privés de ton soutien.
L'homme, dans sa démence, a nié ta parole ;
Sur tes autels souillés il met sa propre idole,
    Lui qui n'est, cependant, rien, rien.

Tu t'es levé, mon Dieu ; l'ange de ta colère,
Aux éclats de la foudre, a confondu la terre.
— Grâce, grâce, Seigneur, nous reviendrons au bien.
Apaise, ô Trois fois Saint, apaise ta vengeance !
— Vous avez mille fois outragé ma clémence.
    — Encore un peu de temps... — Rien, rien !

FIN.

# TABLE

—

|  | Pages. |
|---|---|
| Avertissement.................................... | 3 |
| Introduction..................................... | 5 |
| Vie de S. Malachie .............................. | 13 |
| Tableau des symboles composant la prophétie des Papes | 15 |
| Explication des symboles....................... | 20 |

Célestin II, 20. — Lucius II, 21. — Eugène III, 22. — Anastase IV, 23. — Adrien IV, 23. — Alexandre III, 24. — Pascal III, 28. — Callixte IV, 28. — Lucius III, 30. — Urbain III, 30. — Grégoire VIII, 31. — Célestin III, 32. — Innocent III, 32. — Honorius III, 33. — Grégoire IX, 33. — Célestin IV, 34. — Innocent IV. — Alexandre IV, 35. — Urbain IV, 35.— Clément IV, 36. — Grégoire X, 37. — Innocent V, 38. — Adrien V, 38. — Jean XXI, 39. — Nicolas III, 39. — Martin IV, 40. — Honorius IV, 40. — Nicolas IV, 41. — Célestin V, 41. — Boniface VIII, 42. — Benoît XI, 42. — Jean XXII, 43. — Nicolas V, 44. — Benoît XII, 44. — Clément VI, 44. — Innocent VI, 45. — Urbain V, 45. — Grégoire XI, 46. — Urbain VI, 46. — Benoît XIII, 47. — Clément VIII, 47. — Martin V, 47. — Urbain VI, 48. — Boniface IX, 48. — Innocent VII, 48. — Grégoire XII, 49. — Alexandre V, 50. — Jean XXIII, 50. — Martin V, 51. — Eugène IV, 52. — Félix V, 53. — Nicolas V, 53. — Calixte III, 54. — Pie II, 54.—Paul II, 55.—Sixte IV, 55.— Alexandre VI, 56.— Pie III, 57.— Jules II, 57.— Léon X, 58. — Adrien VI, 59. — Clément VII, 59. —

— 314 —

Pages.

Paul III, 60. — Jules III, 61. — Marcel II, 62. — Paul IV, 62. — Pie IV, 63. — Pie V, 63. — Grégoire XIII, 64. — Sixte-Quint, 65. — Urbain VII, 66. — Grégoire XIV, 66. — Innocent IX, 67. — Clément XIII, 67. — Léon XI, 68. — Paul V, 68. — Urbain VIII, 69. — Innocent X, 70. — Clément IX, 71. — Clément X, 72. — Innocent XI, 72. — Alexandre VIII. — Innocent XII, 73. — Clément XI, 74. — Benoît XIII, 74. — Clément XII, 75. — Benoît XIV, 76. — Clément XIV, 77. — Pie VI, 78. — Pie VII, 82. — Léon XII, 86. — Pie VIII, 88. — Grégoire XVI, 89. — Pie IX, 91. — Léon XIII, 93. — Papes à venir. Ignis ardens, 94. — Religio depopulata, 94. — Fides intrepida, 95. — Pastor angelicus, 95. — Flos Florum, 95. — De medietate lunae, 95. — De labore solis, 95. — De gloria olivae, 96. — Pierre, romain, 96.

Dissertations critiques sur la prophétie............... 96
De la fin du monde. — Conclusion de la prophétie..... 107

## Prophéties nouvelles sur les temps présents.

Révélation de la Sainte Vierge................... 122
Effusion d'une âme envers J.-C. dans l'Eucharistie.. 123
Lettres de religieuses de Rodez sur une extatique..... 126
Un miracle éclatant à Bordeaux................... 127
Prédictions sur les calamités prochaines............. 132
Encore les calamités, puis le salut.................. 133
Faits contemporains prédits il y a 3,000 ans......... 134
La Voyante de Niederbronn....................... 135
Miracle de la conversion de la mère du R. P. Hermann 136
Apparitions de la Sainte Vierge en Pologne......... 138
Holzhauzer sur les temps présents.................. 142
Une Voyante du Sud-Ouest ....................... 144

Pages.

Suite des apparitions de la Sainte Vierge en Pologne   150
Missi a Deo..............................................   152
Calamités sur les villes.................................   155
Prophétie de S. Vincent de Paul.......................   157
Prophétie de Guillaume Postel.........................   163
Prophétie de l'archange Gabriel révélée au bienheureux Amadée..........................................   164
Prophétie d'Anselme, évêque de Sunium ............   166
Prophétie de saint Ange, martyr ..................   166
Prédictions de la vénérable Anna-Maria Taïgi.......   160
Le soleil mystérieux d'Anna-Maria.................   169
Echos surnaturels de la Terre-Sainte................   203
Encore une stigmatisée.............................   205
La révolution d'après Henri Heine.................   208
La tonnerre allemand (suite)......................   205
Prédiction allemande...............................   209
Révélations d'Elisabeth Cunoni Mora...............   210
Grands faits surnaturels dans un élu de la Sainte-Vierge ..............................................   216
Louise Lateau, Berguille, Marie-Julie..............   230
Invocations de Marie-Julie : Prière avant une communion surnaturelle...................................   233
Actions de grâce après la communion.............   235
Cantique..........................................   237
Prière du Saint-Sacrement, le jour de la Saint Thomas d'Aquin................................................   238
Prière touchante en l'honneur de Sainte Germaine...   241
Réparation tardive................................   245
Prophétie de Pouillé..............................   249
Le lis blanc......................................   257
La onzième stemma du frère Hermann.............   258

|   | Pages. |
|---|---|
| Saint Michel et la France | 262 |
| Contre Paris | 264 |
| Vision de Jean de Roquetaillade | 265 |
| Prédiction trouvée dans les décombres de la Bastille. | 267 |
| Voyante du Périgord | 268 |
| Notes et calculs sur la fin des temps | 269 |
| Extrait d'un commentaire manuscrit | 272 |
| Prédiction de la sœur Rosa Colomba | 276 |
| Le Secret de sœur Mélanie (Marie de la Croix) | 279 |
| Cinq lettres inédites de sœur Marie de la Croix | 285 |
| Lettre de sœur Marie de la Croix à sa mère | 295 |
| Prophétie complétée | 297 |
| Une apparition de la très-Sainte Vierge à Knock (ouest de l'Irlande) | 302 |
| Les prophéties sur les temps présents. — Conclusion. | 306 |
| Rien ! rien ! | 311 |

Nîmes. — Typ. CLAVEL-BALLIVET et Cⁱᵉ, rue Pradier, 12.

# OUVRAGES RÉCENTS DU MÊME AUTEUR

QUI PEUVENT LUI ÊTRE DEMANDÉS DIRECTEMENT

rue de la Vierge, 10, à Nîmes.

---

*Preuves éclatantes de la Révélation par l'histoire universelle*, ou les monuments et les témoignages païens, juifs et profanes, de tous les temps et de tous les peuples, confirmateurs de la Bible et du Christianisme. Avec un bref de Sa Sainteté Pie IX et des lettres d'éminents évêques. 4ᵉ édition, mise en rapport avec l'état présent des choses; un beau volume format Charpentier, de 600 pages. Franco par la poste...... 3 fr. 50

Cet ouvrage est la démonstration de nos croyances par les faits et par les aveux des adversaires de la foi, recueillis dans les annales des six mille ans du passé.

*Rome et la France*, 80 articles puisés dans les docteurs de l'Église et les écrivains les plus autorisés, formant un ensemble doctrinal et anecdotique, pour la glorification du Saint-Siège et notre *vieux droit national*, in-18. Envoi franco............................ 0 fr. 50

Vie et culte de S. Christophe, avec photographie du Saint, 1 petit volume............................ 1 fr. »

*Dernier mot des prophéties*, première partie...... 2 fr. 25

www.ingramcontent.com/pod-product-compliance
Lightning Source LLC
Chambersburg PA
CBHW060651170426
43199CB00012B/1742